从 零 开 始 学

RSI指标
与操盘策略

刘益杰◎著

中国铁道出版社有限公司
CHINA RAILWAY PUBLISHING HOUSE CO., LTD.

图书在版编目（CIP）数据

从零开始学RSI指标与操盘策略 / 刘益杰著. —北京：
中国铁道出版社有限公司，2023.3
　ISBN 978-7-113-29782-4

　Ⅰ.①从…　Ⅱ.①刘…　Ⅲ.　①股票投资-基本知识
Ⅳ.①F830.91

　中国版本图书馆CIP数据核字(2022)第200051号

书　　名：从零开始学 RSI 指标与操盘策略
　　　　　CONG LING KAISHI XUE RSI ZHIBIAO YU CAOPAN CELÜE
作　　者：刘益杰

责任编辑：张亚慧　张　明　编辑部电话：（010）51873035　电子邮箱：lampard@vip.163.com
封面设计：宿　萌
责任校对：安海燕
责任印制：赵星辰

出版发行：中国铁道出版社有限公司（100054，北京市西城区右安门西街 8 号）
印　　刷：北京联兴盛业印刷股份有限公司
版　　次：2023 年 3 月第 1 版　2023 年 3 月第 1 次印刷
开　　本：700 mm×1 000 mm　1/16　印张：13.75　字数：191 千
书　　号：ISBN 978-7-113-29782-4
定　　价：69.00 元

前言

长久以来，奔波忙碌于股票投资市场中的投资者们都在找寻一些适合的、科学的、便捷且实用性强的技术分析工具，以期能够在变幻无常的股市波动中，更稳健地投资。

其实，股市中实用的技术分析工具非常多，而 RSI 相对强弱指标绝对算其中一个，它通过特定时期内股价的涨跌幅度情况计算市场买卖力量对比，帮助投资者了解市场中买卖力量的变化，进而相对准确推测出股价未来的变动方向，做出正确的投资决策。

但是很多人会问，RSI 指标难吗？尤其是对刚入门的新手投资者适合吗？

RSI 指标最大的优势在于，其本身非常简单且实用，指标由三根不同周期的 RSI 指标曲线组合而成，易于理解，操作简单，即便是新手投资者，也能轻松上手。

鉴于此，本书从 RSI 指标的基础内容出发，由浅入深地向投资者系统地介绍了 RSI 指标的用法及 RSI 指标与其他指标综合使用的方法，帮助投资者掌握 RSI 指标相关知识的同时，也帮助投资者提升自己的投资分析技能，以便从容应对变幻莫测的股市波动。

全书共七章，可分为三部分：

◆ 第一部分为第 1 章，主要是介绍 RSI 指标的基础内容，让读者对 RSI 指标有一个简单的认识，也为后面 RSI 指标技术分析打下基础。

◆ 第二部分为第 2 ~ 4 章，主要是介绍 RSI 指标的基本应用技法，即如何利用 RSI 指标来做市场分析，帮助投资者决策判断，包括根据 RSI 指标值大小做买卖判断、RSI 指标曲线的基本应用及从 RSI 指标趋势变化中找出买卖点。

◆ 第三部分为第 5 ~ 7 章，属于能力提升部分，要知道任何一种指标都不是完美无缺的，RSI 指标也是如此，所以在实际投资中需要结合多个指标来做综合分析，提高信号的准确性。该部分向投资者介绍了 K 线指标、均线指标、MACD 指标、KDJ 指标及 BOLL 指标等与 RSI 指标组合分析的方法。

为了方便读者快速上手，轻松掌握 RSI 指标相关的投资实战方法，书中添加了大量的实战案例，加深读者对理论知识理解的同时，让读者快速掌握实际运用方法。

最后，希望所有读者都能从书中学到 RSI 指标分析技术知识，并将所学知识灵活运用于股票投资中，获得股市投资最终的胜利。但仍然要提醒投资者，任何投资都存在风险，入市一定要谨慎。

编　者

2022 年 12 月

目录

第1章　从零开始解读 RSI 指标

1.1　RSI 指标的设计原理 2

1.1.1　RSI 指标的基本原理 2

1.1.2　RSI 指标的波动原理 3

1.1.3　RSI 指标的计算 4

　　　实例分析 计算 RSI 指标值 4

1.2　RSI 指标的构成与参数设置 5

1.2.1　RSI 指标的组成与参数修改 6

1.2.2　短线 RSI 指标 8

1.2.3　中线 RSI 指标 10

1.2.4　长线 RSI 指标 11

1.3　RSI 指标在操盘分析中的优势 13

1.3.1　看清买卖双方意图 13

1.3.2　波动灵敏能够更快反应 14

　　　实例分析 五矿发展（600058）RSI 指标更快发出转势信号 15

1.3 3　RSI 指标的客观认识 16

实例分析 云天化（600096）RSI 指标的钝化现象 16

实例分析 藏格矿业（000408）RSI 指标的顶背离滞后现象 18

实例分析 宁波联合（600051）RSI 指标的底背离滞后现象 19

第 2 章　根据 RSI 值大小做买卖决策

2.1　强弱势区间的操作判断 22

2.1.1　RSI 值大于 50 进入强势区间 22

实例分析 诺德股份（600110）RSI 值大于 50，市场处于强势行情 22

2.1.2　RSI 值小于 50 进入弱势区间 23

实例分析 上海贝岭（600171）RSI 值小于 50，市场处于弱势行情 23

2.1.3　RSI 指标自下而上击穿 50 线 24

实例分析 重庆路桥（600106）RSI 指标自下而上突破 50 线 24

2.1.4　RSI 指标自上而下刺破 50 线 25

实例分析 中青旅（600138）RSI 指标自上而下跌破 50 线 25

2.2　RSI 指标的超买超卖区 26

2.2.1　RSI 上行至 80 线之上进入超买区 27

实例分析 广汇能源（600256）RSI 指标进入超买区 27

2.2.2　RSI 下行至 20 线之下进入超卖区 28

实例分析 保利发展（600048）RSI 指标进入超卖区 28

2.3　RSI 指标取值法的运用 29

2.3.1　RSI 指标从高位向下跌至 30 线以下 30

实例分析 常山北明（000158）RSI 指标跌至 30 线以下 30

2.3.2　RSI 指标从低位上涨至 70 线以上 31

实例分析 东方盛虹（000301）RSI 指标涨至 70 线以上 32

2.3.3　RSI 指标在 40 ～ 60 线波动 33

实例分析 奥园美谷（000615）RSI 指标在 40 ～ 60 线波动后走强 33

实例分析 航天发展（000547）RSI 指标在 40 ～ 60 线波动后走弱 34

2.3.4　多头回档防线：50、40、30 线 36

实例分析 新乡化纤（000949）多头回档防线分析 37

2.3.5　空头反弹防线：50、60、70 线 39

实例分析 酒钢宏兴（600307）空头反弹防线分析 40

第 3 章　解析 RSI 曲线的基本应用

3.1　RSI 指标中的曲线排列分析 44

3.1.1　RSI 指标多头排列 44

实例分析 创新资源（600193）RSI 指标呈多头排列 44

3.1.2　RSI 指标空头排列 46

实例分析 复星医药（600196）RSI 指标呈空头排列 46

3.2　RSI 指标中的交叉现象 47

3.2.1　RSI 指标中的黄金交叉 48

实例分析 本钢板材（000761）RSI 指标发出金叉信号 49

3.2.2　RSI 指标中的死亡交叉 50

实例分析 岳阳兴长（000819）RSI 指标发出死叉信号 52

3.2.3　RSI 指标低位二次金叉 53

实例分析 青岛啤酒（600600）RSI 指标发出低位二次金叉 53

3.2.4　RSI 指标高位两次死叉 55

实例分析 岩石股份（600696）RSI 指标发出高位二次死叉 55

3.3　RSI 指标与股价的背离 57

3.3.1　RSI 指标与股价底背离 57

实例分析 东望时代（600052）RSI 指标底背离 58

3.3.2　RSI 指标与股价顶背离 59

实例分析 五矿发展（600058）RSI 指标顶背离 60

3.4　RSI 指标的波动形态应用 61

3.4.1　RSI 指标 W 底形态 ……………………………………………61

　　实例分析 吉林化纤（000420）RSI 指标 W 底形态 ……………62

3.4.2　RSI 指标 M 顶形态 ……………………………………………64

　　实例分析 奥园美谷（000615）RSI 指标 M 顶形态 ……………65

3.4.3　RSI 指标头肩底形态 ……………………………………………67

　　实例分析 广发证券（000776）RSI 指标头肩底形态 …………68

3.4.4　RSI 指标头肩顶形态 ……………………………………………70

　　实例分析 闽东电力（000993）RSI 指标头肩顶形态 …………71

第 4 章　从趋势变化中找 RSI 买卖点

4.1　认识趋势及趋势线 ………………………………………………74

4.1.1　趋势的运行方向 …………………………………………………74

4.1.2　绘制一条趋势线 …………………………………………………76

4.1.3　趋势线的支撑作用与压力作用 …………………………………78

　　实例分析 恒生电子（600570）RSI 指标上升趋势线支撑作用 …79

　　实例分析 大恒科技（600288）RSI 指标下降趋势线压力作用 …80

4.2　RSI 指标中的趋势线运用 ………………………………………81

4.2.1　多头市场中的 RSI 上档压力线 …………………………………82

　　实例分析 桂东电力（600310）RSI 上行突破上档压力线失败 …82

　　实例分析 川能动力（000155）RSI 上行突破上档压力线成功 …83

4.2.2　多头市场中的 RSI 下档支撑线 …………………………………85

　　实例分析 许继电气（000400）RSI 下行跌破下档支撑线 ……86

4.2.3　空头市场中的 RSI 上档压力线 …………………………………88

　　实例分析 深科技（000021）空头市场中 RSI 上档压力线的压制作用 …88

4.2.4　空头市场中的 RSI 下档支撑线 …………………………………90

　　实例分析 盛达资源（000603）空头市场中 RSI 下档支撑线的支撑作用 ……90

4.3　RSI 指标中的转势信号 …………………………………………91

4.3.1　跌破 RSI 上升支撑线 91

　　实例分析　华侨城 A（000069）RSI 指标下行跌破上升趋势线 92

4.3.2　突破 RSI 下降压力线 94

　　实例分析　长虹华意（000404）RSI 指标上行突破下降趋势线 94

4.3.3　RSI 水平趋势向上突破或向下跌破 96

　　实例分析　宇通客车（600066）RSI 下行跌破下水平趋势线 96

　　实例分析　上海贝岭（600171）RSI 上行突破上水平趋势线 98

第 5 章　RSI 指标与 K 线组合应用

5.1　单根 K 线与 RSI 指标发出的买卖信号 102

5.1.1　底部十字星线 +RSI 买入信号 102

　　实例分析　华金资本（000532）K 线低位十字星线 +RSI 金叉 102

5.1.2　锤子线 +RSI 买入信号 104

　　实例分析　华东医药（000963）K 线低位锤子线 +RSI 金叉 105

5.1.3　高位十字星线 +RSI 卖出信号 106

　　实例分析　中信特钢（000708）高位十字星线 +RSI 超买 107

5.1.4　高位倒锤子线 +RSI 卖出信号 108

　　实例分析　吉电股份（000875）高位倒锤子线 +RSI 顶背离 109

5.2　K 线组合与 RSI 指标同频共振 111

5.2.1　早晨之星 +RSI 买入信号 111

　　实例分析　中国船舶（600150）早晨之星 +RSI 超卖 111

5.2.2　曙光初现 +RSI 买入信号 113

　　实例分析　德龙汇能（000593）曙光初现 +RSI 金叉 114

5.2.3　双针探底 +RSI 买入信号 115

　　实例分析　中国天楹（000035）双针探底 +RSI 金叉 116

5.2.4　红三兵 +RSI 买入信号 118

　　实例分析　蓝焰控股（000968）红三兵 +RSI 多头排列 118

5.2.5　黄昏之星 +RSI 卖出信号 ·· 121

实例分析 越秀金控（000987）黄昏之星 +RSI 超买 ···················· 121

5.2.6　乌云盖顶 +RSI 卖出信号 ·· 123

实例分析 闽东电力（000993）乌云盖顶 +RSI 顶背离 ·················· 124

5.2.7　双针探顶 +RSI 卖出信号 ·· 126

实例分析 昆仑万维（300418）双针探顶 +RSI 死叉 ···················· 127

5.2.8　三只乌鸦 +RSI 卖出信号 ·· 128

实例分析 中亚股份（300512）三只乌鸦 +RSI 死叉 ···················· 129

5.3　K 线形态与 RSI 指标结合分析 ·· 131

5.3.1　V 形底 +RSI 买入信号 ·· 131

实例分析 万年青（000789）V 形底 +RSI 金叉 ··························· 132

5.3.2　W 底 +RSI 买入信号 ·· 134

实例分析 林海股份（600099）W 底 +RSI 多头排列 ···················· 134

5.3.3　倒 V 形顶 +RSI 卖出信号 ·· 136

实例分析 苏宁环球（000718）倒 V 形顶 +RSI 空头排列 ············· 137

5.3.4　M 顶 +RSI 卖出信号 ·· 138

实例分析 国际医学（000516）M 顶 +RSI 空头排列 ···················· 139

第 6 章　RSI 指标与均线组合分析

6.1　移动平均线的基础认识 ·· 142

6.1.1　移动平均线的基本特征 ··· 142

6.1.2　MA 与 RSI 指标组合优势 ·· 143

实例分析 皖维高新（600063）MA 与 RSI 组合分析 ···················· 143

6.2　均线波动形态与 RSI 指标组合 ·· 145

6.2.1　均线多头排列与 RSI 指标强势 ·· 145

实例分析 诺德股份（600110）MA 呈多头排列，RSI 上行至强势区 ······· 145

6.2.2　均线空头排列与 RSI 指标弱势 147
　　实例分析 复星医药（600196）MA 呈空头排列，RSI 下行至弱势区 ...147

6.2.3　均线首次黏合向上发散与 RSI 多头排列 149
　　实例分析 南山铝业（600219）均线首次黏合向上发散，RSI 指标
　　多头排列 150

6.2.4　均线首次黏合向下发散与 RSI 空头排列 151
　　实例分析 中央商场（600280）均线首次黏合向下发散，RSI 指标
　　空头排列 152

6.2.5　均线再次黏合向上发散与 RSI 指标强势信号 153
　　实例分析 中盐化工（600328）均线再次黏合向上发散，
　　RSI 发出强势信号 154

6.2.6　均线再次黏合向下发散与 RSI 指标弱势信号 156
　　实例分析 嘉凯城（000918）均线再次黏合向下发散，
　　RSI 发出弱势信号 156

6.3　均线交叉与 RSI 指标交叉 158

6.3.1　均线金叉与 RSI 金叉共振 158
　　实例分析 长源电力（000966）均线与 RSI 同步发出金叉信号 ...159

6.3.2　均线死叉与 RSI 死叉共振 161
　　实例分析 中直股份（600038）均线与 RSI 同步发出死叉信号 ...161

6.4　均线特殊形态与 RSI 指标 163

6.4.1　银山谷与 RSI 表现强势 163
　　实例分析 诺德股份（600110）均线银山谷，RSI 多头排列 164

6.4.2　金山谷与 RSI 发出强势信号 166
　　实例分析 天通股份（600330）均线金山谷，RSI 表现强势 166

6.4.3　死亡谷与 RSI 发出弱势信号 169
　　实例分析 宝光股份（600379）均线死亡谷，RSI 空头排列 169

第 7 章 RSI 指标与其他指标配合

7.1 MACD 指标与 RSI 指标 172

7.1.1 MACD 指标的基本特性 172

7.1.2 MACD 指标与 RSI 指标均发出金叉信号 173

实例分析 南方航空（600029）MACD 指标和 RSI 指标均发出金叉信号....173

7.1.3 MACD 指标与 RSI 指标均发出死叉信号 175

实例分析 三一重工（600031）MACD 指标和 RSI 指标均发出死叉信号....176

7.1.4 MACD 指标底背离与 RSI 指标发出转势信号 177

实例分析 汇源通信（000586）MACD 指标底背离和 RSI 指标金叉 178

7.1.5 MACD 指标顶背离与 RSI 指标发出转势信号 180

实例分析 贵州轮胎（000589）MACD 指标顶背离和

RSI 指标下穿 50 线 180

7.2 KDJ 指标与 RSI 指标 182

7.2.1 KDJ 指标基础认识 182

7.2.2 KDJ 指标超买与 RSI 指标超买 183

实例分析 皖维高新（600063）KDJ 指标和 RSI 指标超买 183

7.2.3 KDJ 指标超卖与 RSI 指标超卖 185

实例分析 保利发展（600048）KDJ 指标和 RSI 指标超卖 185

7.2.4 KDJ 指标金叉与 RSI 指标金叉 186

实例分析 金种子酒（600199）KDJ 指标和 RSI 指标金叉共振 187

7.2.5 KDJ 指标死叉与 RSI 指标死叉 189

实例分析 云天化（600096）KDJ 指标和 RSI 指标死叉共振................189

7.3 BOLL 指标与 RSI 指标 191

7.3.1 认识 BOLL 指标 191

7.3.2 股价向上突破上轨线继续上行，RSI 表现强势 192

实例分析 黄河旋风（600172）股价向上突破上轨线，

RSI 指标上行突破 50 线 192

7.3.3　股价向上突破中轨线与 RSI 金叉 194

　　实例分析 丰原药业（000153）股价向上突破中轨线，RSI 指标金叉.......194

7.3.4　股价向下跌破中轨线与 RSI 死叉 195

　　实例分析 中联重科（000157）股价向下跌破中轨线，RSI 指标死叉.......196

7.3.5　股价向下跌破下轨线与 RSI 空头排列.....................................197

　　实例分析 招商银行（600036）股价向下跌破下轨线，

　　RSI 指标空头排列 198

7.3.6　BOLL 指标喇叭口与 RSI 指标 199

　　实例分析 常山北明（000158）BOLL 指标开口形喇叭口，

　　RSI 指标上穿 50 线 200

　　实例分析 上汽集团（600104）BOLL 指标缩口形喇叭口，

　　RSI 指标下穿 50 线 202

　　实例分析 青海华鼎（600243）BOLL 指标紧口形喇叭口，

　　RSI 指标下穿 50 线 204

第1章

从零开始解读RSI指标

在股市投资中，我们常常通过市场中的多空双方力量强弱的对比情况来进行买卖操作，当多头力量强劲时说明市场强势，反之，当空头力量强劲时说明市场弱势。但是，想要判断多头、空头力量的强弱情况却并不容易。鉴于此，我们可以运用RSI指标，即相对强弱指标，通过指标来查看市场中的买卖力量对比，进而推测股价未来变动方向。

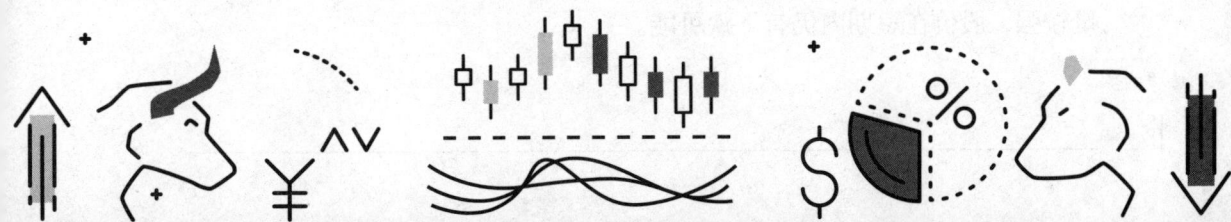

1.1　RSI 指标的设计原理

RSI 指标又称为相对强弱指标和力度指标，它是由 Wells Wilder（韦尔斯·怀尔德）创造的一种通过对特定时期内股价的变动情况计算市场买卖力量对比，来判断股票价格的强弱、推测价格未来的变动方向的技术指标。

RSI 指标在实际的股市投资中是比较常见的一种技术指标，能够给投资者提供准确、真实、及时的市场信息，帮助投资者进行股价走势分析，进行投资研判。想要运用好技术指标，首先需要知道它的基本原理。

1.1.1　RSI 指标的基本原理

股市中有两股核心力量，即多头（买入）力量和空头（卖出）力量，多头强势空头弱势，股价上涨；多头弱势空头强势，股价下跌。所以，研判多空双方的力量强弱变化可以判断未来的股价走势变化。

这是因为股价的形成源于买、卖双方的意愿，当卖方愿意以当前价格或更低的价格卖出，而买方愿意以当前价格或更高的价格买入，交易达成，则股票交易价格形成。无论什么情况下，股市的总体卖出量与买入量总是相等的，但是股民的买卖意愿却不一定相等。

当市场内的股民买入意愿强于卖出意愿，股票供不应求，股价自然会上涨；当市场内的股民卖出意愿强于买入意愿，股票供过于求，股价自然下跌，这就是多头力量和空头力量的强弱分析。RSI 指标就是通过计算某段时间内股价涨跌变化，分析市场买卖意愿强弱程度的指标，英文名为"Relative Strength Index"，简称 RSI 指标。

RSI 指标利用这一原理，通过向上波动幅度和总波动幅度的比值来描述股价走势的强弱变化情况。当股价上涨幅度明显时，说明多头力量强，股价在短期内仍有上涨可能；反之，当价格下跌幅度明显时，说明空头力量较强，股价在短期内仍有下跌可能。

1.1.2　RSI 指标的波动原理

RSI 指标理论认为，股价的波动涨幅变化永远处于一个区域范围内，根据计算，股价的涨跌幅度始终在 0 ～ 100 变动。根据常态分配，RSI 值通常在 30 ～ 70 围绕 50 线波动运行。

50 线为 RSI 指标曲线的波动中心线，RSI 指标通常情况下围绕 50 线上下波动运行，当 RSI 指标曲线过度偏离 50 线，即 RSI 值大于 80 线或小于 20 线，此时就会受到 50 线的吸引而向 50 线靠拢。

图 1-1 所示为国新健康股票（000503）的 RSI 指标波动走势图。

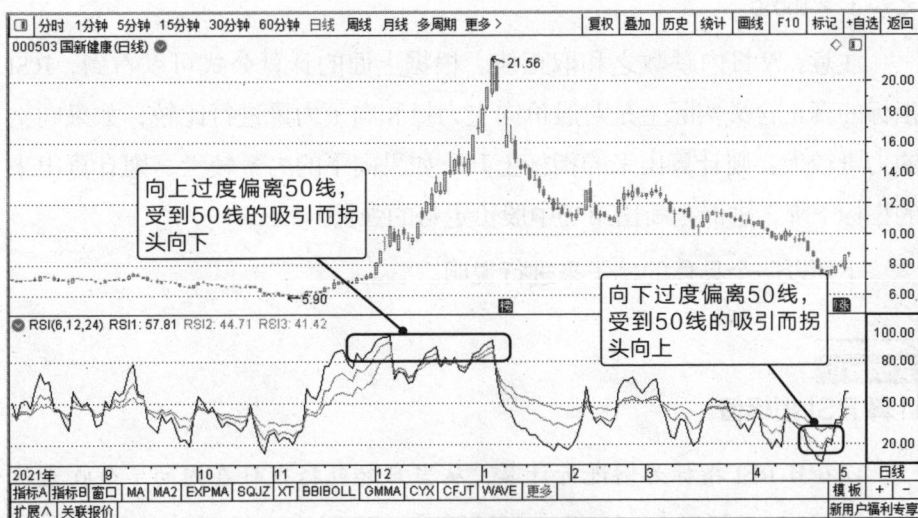

图 1-1　RSI 指标波动走势

从图中可以看到，前期 RSI 指标曲线以 50 线为中心上下波动运行，2021 年 12 月，RSI 指标曲线上行，运行至 80 线上方，向上过度偏离 50 线，随后受到 50 线的吸引而拐头向下，运行至 50 线附近。与此同时，上方的股价也同步止涨转入下跌走势中。2022 年 4 月下旬，RSI 指标曲线向下波动，运行至 20 线下方，使得 RSI 指标曲线向下过度偏离 50 线，随后受到 50 线的吸引而拐头向上，回到 50 线附近。与此同时，上方的股价也止跌企稳。

因此，RSI 指标曲线根据波动原理来看，始终围绕 50 线上下波动，一旦波动幅度出现过度偏离，则意味着行情将发生转变，投资者要注意警惕。

1.1.3　RSI 指标的计算

RSI 指标通过计算某一个时间段内股价上涨总幅度占股价变化总幅度平均值的百分比情况来评估市场内的多空力量强弱对比程度。计算公式具体如下：

RSI（N）=N日内收盘涨数之和 ÷（N日内收盘涨数之和 +N日内跌数之和）×100%

注意，N日内跌数之和取正值。根据上面的计算公式可以看到，RSI 指标的真正含义实际上是对股价向上力量和向下力量进行比较，如果向上的力量较大，则计算出来的指标上升；如果向下的力量较大，则计算出来的指标下降，进而判断出市场中股价走势的强弱。

下面以一个具体的例子来进行说明。

实例分析
计算 RSI 指标值

以 6 日 RSI 指标为例进行计算，从当日起包括当日在内的 7 个收盘价为：12.00 元、15.00 元、16.00 元、14.00 元、10.00 元、11.00 元、13.00 元。以每一日的收盘价减去上一个交易日的收盘价得到 6 个涨跌变化数值，具体如下。

13.00−11.00=2.00（元）

11.00−10.00=1.00（元）

10.00−14.00=−4.00（元）

14.00−16.00=−2.00（元）

16.00−15.00=1.00（元）

15.00−12.00=3.00（元）

可以看到，上述涨跌变化数值中有正有负，再分别计算 6 日内收盘涨数之和与 6 日内跌数之和。

6 日内涨数之和 =2.00+1.00+1.00+3.00=7.00（元）

6 日内跌数之和 =−4.00+（−2.00）=−6.00（元）

跌数之和要取正值，进行绝对值运算后得到 6 日内跌数之和为 6.00。

上式中：6 日涨数之和为股价向上波动的力量大小，6 日跌数之和则为股价向下波动的力量大小。

RSI（6 日）=7.00÷（7.00+6.00）×100%=53.85%

从计算结果可以看到，RSI 值的计算实际上反映的是股价上涨产生的波动在股价总的波动中的百分比情况，百分比越大，股价越强势，上涨就越明显；反之，百分比越小，弱势就越明显，股价下跌也就越明显。计算出某一日的 RSI 值之后，采用平滑运算的方式计算之后的 RSI 指标，再根据 RSI 值在坐标图上的位置将其连成曲线，就得到了 RSI 指标曲线。

1.2　RSI 指标的构成与参数设置

了解 RSI 指标的构成和参数设置情况是正确使用 RSI 指标的前提，RSI 指标的构成比较简单，它是由 3 条不同周期的 RSI 指标构成，每条曲线代表了不同的市场意义。

1.2.1　RSI 指标的组成与参数修改

打开一幅 RSI 指标走势图，如图 1-2 所示，可以看到 RSI 指标由 3 条不同周期的 RSI 曲线和数轴构成。

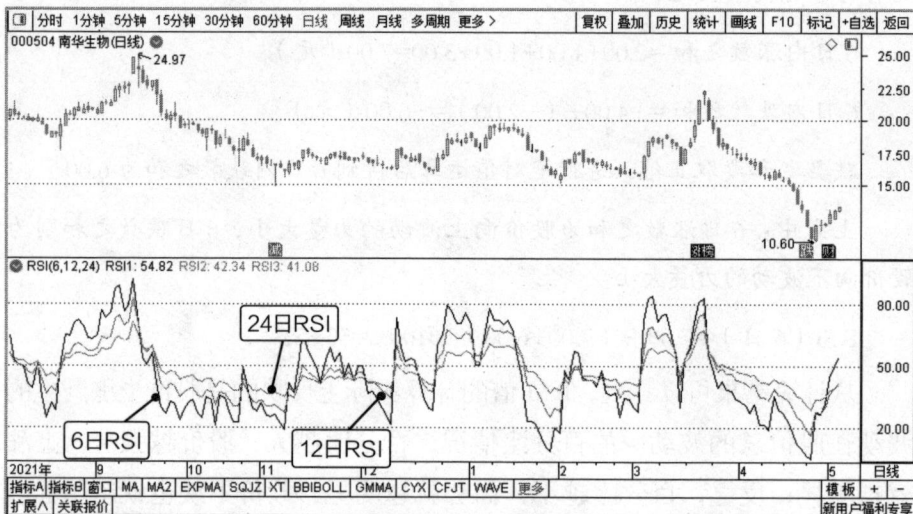

图 1-2　RSI 指标走势图

上图中 RSI 指标的具体构成情况如下：

① RSI 指标中的 6 日 RSI 为短期 RSI 指标，颜色通常为白色。

② RSI 指标中的 12 日 RSI 为中期 RSI 指标，颜色通常为黄色。

③ RSI 指标中的 24 日 RSI 为长期 RSI 指标，颜色通常为紫色。

④ 右侧数轴范围为 0 ～ 100，RSI 指标曲线在 0 ～ 100 范围内波动运行，50 线为中心线。

这里的短期 RSI 指标、中期 RSI 指标和长期 RSI 指标与均线系统中的短期均线、中期均线和长期均线一样，都是表示不同周期下的 RSI 值，其反应速度、灵敏程度存在不同。其中，RSI 指标周期越短，指标越灵敏，周期越长，则趋势性越强。而且这些指标的颜色也不是一成不变的，行情软件不同，颜色方案可能不同。

通常默认情况下，系统设置的 RSI 指标短期、中期和长期分别为 6 日、12 日和 24 日，但这并不是固定不变的，投资者可以根据自己的需要进行重新设置，例如设置为 5 日、10 日、20 日。在炒股软件的副图中右击，在弹出的快捷菜单中选择"副图指标 / 调整指标参数"选项，如图 1-3 所示。

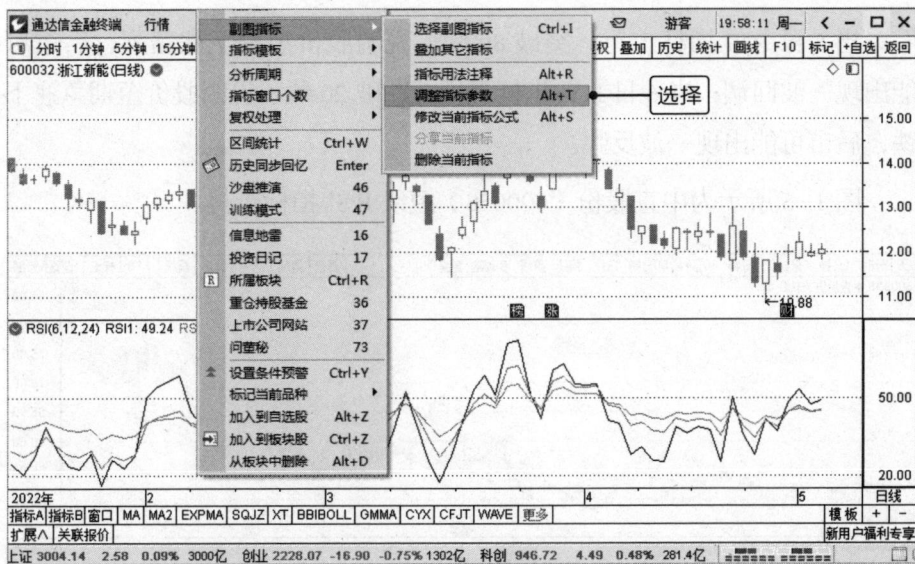

图 1-3　选择"副图指标 / 调整指标参数"选项

打开 RSI 指标参数调整对话框，将原本的"6、12、24"修改为"5、10、20"，然后单击"应用所有周期"按钮即可完成参数修改，如图 1-4 所示。

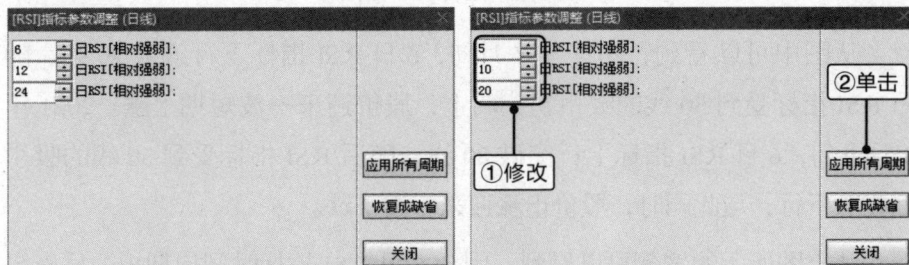

图 1-4　修改 RSI 指标参数

1.2.2 短线 RSI 指标

短线 RSI 指标指的是参数相对较小的 RSI，在 6 日 RSI、12 日 RSI 和 24 日 RSI 中，短线 RSI 通常指的就是 6 日 RSI。6 日 RSI 表示的是 6 日内股价的涨幅变化情况，因为其时间周期短，反应更灵敏，所以更能帮助投资者抓住市场中的一些买卖投资机会。

当 6 日 RSI 指标上行，突破 80 线，说明股价短期上涨猛烈，后市可能出现一波回调；当 6 日 RSI 指标下行，跌破 20 线，说明股价短期急速下跌，后市可能出现一波反弹。

图 1-5 所示为中直股份（600038）短线 RSI 指标走势。

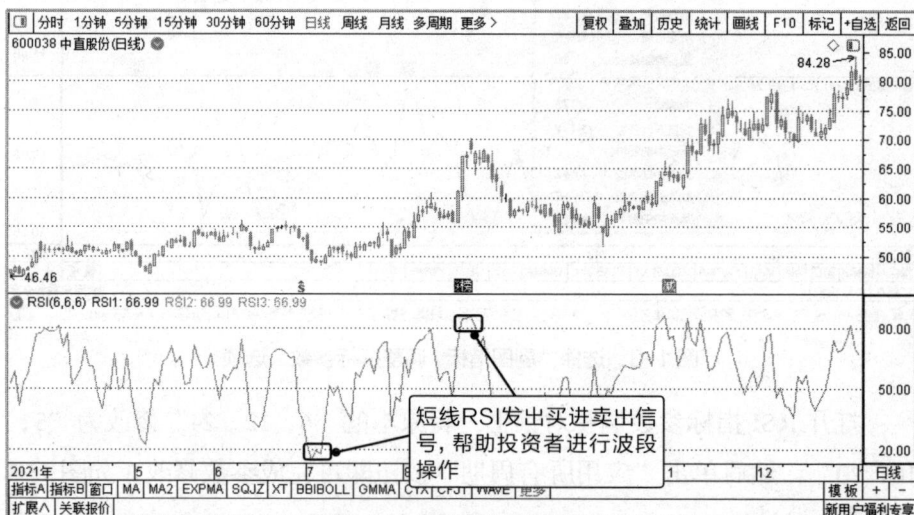

图 1-5　短线 RSI 指标

从图中可以看到，2021 年 7 月初，6 日 RSI 指标下行跌破 20 线，随后 RSI 指标受到 50 线的吸引拐头向上，股价迎来一波短期上涨。2021 年 8 月下旬，6 日 RSI 指标上行突破 80 线，随后 RSI 指标受到 50 线的吸引而拐头下行，与此同时，股价止涨迎来一波下跌。

从上图所示的案例可以看到，因为 6 日 RSI 指标时间周期短，反应灵敏,所以更能帮助投资者抓住市场中细微的行情变化,以便捕捉短期行情。那么,既然短线 RSI 指标参数并不是固定的,为了更精准地把握市场变化,我们可不可以再继续缩短 RSI 指标的时间周期呢?

同样的股价走势,我们将中直股份中的 6 日 RSI 指标调整为 3 日 RSI 指标,结果如图 1-6 所示。

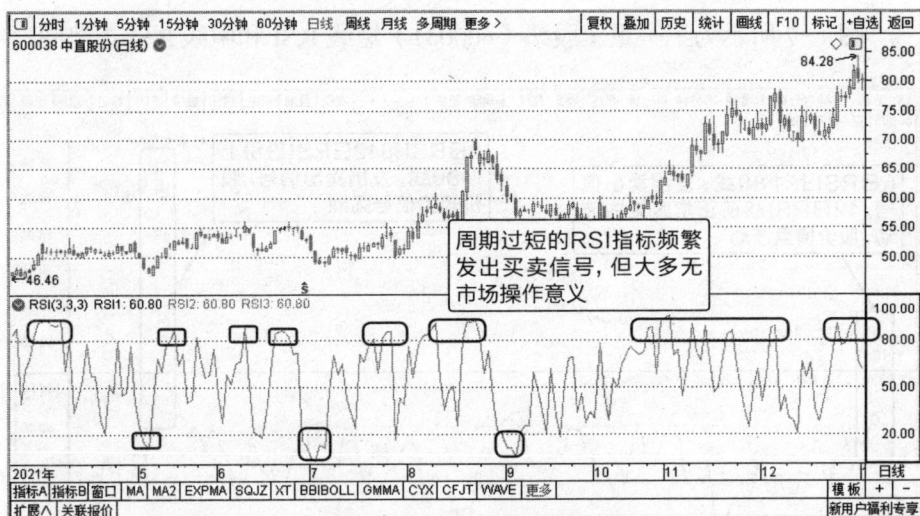

图1-6　3 日 RSI 指标

从上图可以明显感受到,3 日 RSI 指标走势明显波动更猛烈,变化更大,反应也更灵敏,给人以飘忽不定的感觉。同样以突破 80 线和跌破 20 线作为信号判断,可以查看到市场中有更多的操盘机会,如图中框线标出的位置。因为时间周期短,所以 RSI 指标很容易反映出股价急涨急跌的情况,进而频繁发出买卖信号,但很多信号实际操作意义并不大,仅仅维持两三个交易日的上涨或下跌。

因此,我们在设置短线 RSI 指标参数时,既要考虑其短线的灵敏特性,同时也需要考虑当指标过于灵敏时出现的弊端,所以一般情况下,短线 RSI 指标参数设置为 5 或 6 比较适合。

1.2.3 中线 RSI 指标

中线 RSI 指标指的是时间周期相对较长的 RSI，在 6 日 RSI、12 日 RSI 和 24 日 RSI 中，中线 RSI 通常指的是 12 日 RSI。12 日 RSI 表示的是周期为 12 日的股价的涨幅变化情况，相比短线 RSI，它的时间周期更长，信号也更稳定，但是在反应速度上明显滞后于短线 RSI。

图 1-7 所示为三一重工股票（600031）短线 RSI 和中线 RSI 走势图。

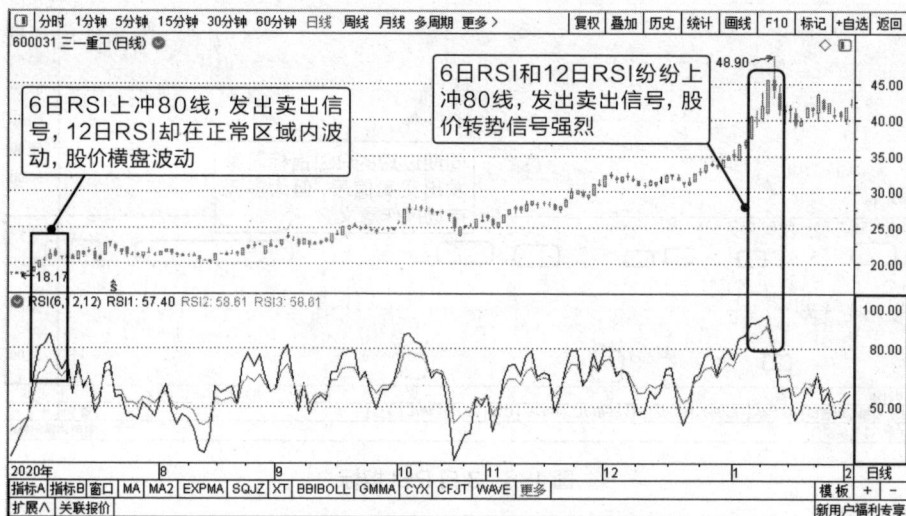

图 1-7　短线 RSI 和中线 RSI

从上图可以看到，6 日 RSI 指标波动情况比 12 日 RSI 指标更猛烈，反应更灵敏，12 日 RSI 指标比 6 日 RSI 指标波动更平稳，发出的买卖信号也更准确。

2020 年 7 月初，6 日 RSI 向上急速拉升突破 80 线，运行至 80 线上方，说明股价短期上涨幅度较大，股价可能止涨下跌。与此同时，12 日 RSI 却在 30 ～ 70 线正常区域波动，没有发出明显信号。从后市股价的走势来看，股价上涨至 21.00 元附近，虽然止涨但却没有出现明显的下跌，而是横盘整理一段后继续上行。所以，这里如果单纯以短线 RSI 指标发出的信号做买卖操作，则极有可能错过后面真正的上升行情。

当短线 RSI 指标和中线 RSI 指标同时发出买卖信号时，能够进一步确认信号的准确性。2021 年 1 月，三一重工股价上涨至 45.00 元上方后止涨，因为前期股价已经经过一轮长时间、大幅度的上涨行情，所以此时的上涨有可能是股价见顶信号。此时查看下方 RSI 指标发现，短线 RSI 指标和中线 RSI 指标纷纷向上攀升，上涨至 80 线上，说明股价短期和中期涨幅过大，是股价止涨下跌的转势信号。

图 1-8 所示为三一重工股票的后市走势图。

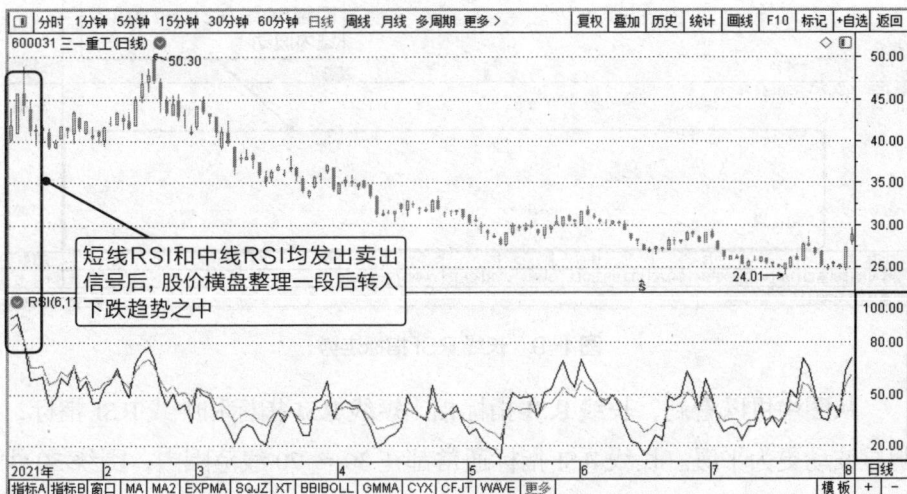

图 1-8　三一重工股价走势

从上图可以看到，短线 RSI 指标和中线 RSI 指标上冲至 80 线上后，受到 50 线的吸引而拐头下行，运行至 50 线附近。与此同时，三一重工的股价在高位横盘整理后转入下跌趋势之中，说明短线 RSI 指标和中线 RSI 组合发出了准确的卖出信号。

1.2.4　长线 RSI 指标

长线 RSI 指标，顾名思义就是指时间周期较长的 RSI，在 6 日 RSI、

12 日 RSI 和 24 日 RSI 中,长线 RSI 通常指的是 24 日 RSI,表示的是 24 日股价的涨幅变化情况。因为长线 RSI 指标的时间周期更长,所以它的反应速度更缓慢,发出的信号也明显滞后于短线 RSI 指标和中线 RSI 指标。

图 1-9 所示为四川路桥股票(600039)长线 RSI 指标走势。

图 1-9 长线 RSI 指标走势

从图中可以看到,长线 RSI 指标相比短线 RSI 指标和中线 RSI 指标,明显波动更为平缓。长线 RSI 指标通常都在 30 ~ 70 线范围内,围绕 50 线上下波动运行,难以出现上穿 80 线和下破 20 线的情况,说明股价上涨变化平缓,没有明显的买卖机会。但实际上,从股价 K 线走势图可以看到,股价波动上行,对于短线、中线操盘来说,同一段走势内既存在买进机会,也存在卖出机会。

所以,当我们运用长线 RSI 指标做买卖判断时,鉴于长线 RSI 指标的稳定性,我们可以将 70 线以上视为卖出机会,30 线以下视为买进机会。若以 80 线、20 线作为判断,长线 RSI 指标难以上穿 80 线、下破 20 线,必然会让我们错过市场中的一些投资机会。

总的来看，短线 RSI 指标、中线 RSI 指标和长线 RSI 指标分别从短期、中期和长期的时间角度反映了股价的上涨或下跌情况，表现出不同程度的稳定性和灵活性。短线 RSI 指标周期短，虽然灵敏，但快速震荡更为频繁，信号可靠性较差；而长期 RSI 指标虽然信号可靠，但不够灵敏，反应慢，所以往往容易错过买卖机会。

在实际投资中，我们应该将短线 RSI 指标、中线 RSI 指标和长线 RSI 指标结合起来，利用短线 RSI 找准潜藏的机会，利用中长线 RSI 判断信号的准确性，进一步提升投资能力，精准研判行情。

1.3　RSI 指标在操盘分析中的优势

RSI 指标是一种在炒股分析中应用频率较高的技术指标，这主要得益于 RSI 指标在技术分析中存在的独特优势，能够使投资者对股价后市走势变化及市场波动情况做出更精准的分析，下面我们就来仔细看看 RSI 指标具备的优势。

1.3.1　看清买卖双方意图

对普通投资者而言，股市投资中最重要的就是要判断主力意图，当一只股票中的主要力量表现做多意愿，那么该只股票上涨的可能性较大，反之，如果一只股票中的主要力量表现做空意愿强烈，那么该只股票大概率会出现下跌。换言之，了解主力动向就可以掌握投资方向。

但是，在实际的投资中，投资者想要抓住主力动向并不容易，而 RSI 指标却不同，它在洞察主力动向方面有着天然的优势，能够准确地找到市场中买卖双方的意图强烈对比情况，进而判断出主力的动向。

我们在前面 RSI 指标的计算中知道了 RSI 指标值的由来，也就是说，利用 RSI 值的大小情况可以清晰地判断出市场中的买卖双方意愿情况。

①当 RSI 值大于 50 时，说明买方意愿大于卖方意愿。

②当 RSI 值小于 50 时，说明卖方意愿大于买方意愿。

③当 RSI 值等于 50 时，说明买方意愿等于卖方意愿，双方达成平衡。

正是因为 RSI 指标本身具备反映买卖双方意愿强烈情况这一特性，所以对投资者分析市场行情、股价走势具有重要意义。

①当 RSI 值大于 50 时，说明市场做多意愿强烈，市场强势，股价看涨。

②当 RSI 值大于 50 且越靠近 100 线，说明市场做多情绪过浓，转势在即。

③当 RSI 值小于 50 时，说明市场做空意愿强烈，市场弱势，股价看跌。

④当 RSI 值小于 50 且越靠近 0 线，说明市场做空情绪过浓，转势在即。

⑤当 RSI 值围绕 50 线波动，说明多空平衡，未来走势不明。

综上所述，可以看到利用 RSI 指标可以清楚洞悉买卖双方力量变化情况，进而掌握主力动向，这是 RSI 指标独有的一大特征，也是其核心优势。

1.3.2 波动灵敏能够更快反应

RSI 指标属于摆荡指标，它根据股票收盘价的变动情况来衡量股价趋势的强度，通过向上波动幅度和总波动幅度的比值来描述股价走势的强弱变化，所以 RSI 指标反应非常迅速，波动频繁、灵敏度高、直观性强、实用性强。RSI 指标往往先于股价发出信号，常用来研判股价中短期趋势，预测股价阶段性顶部和阶段性底部，帮助投资者更快做出相应的反应，抓住市场中的买卖时机。

实例分析

五矿发展（600058）RSI 指标更快发出转势信号

图 1-10 所示为五矿发展股票 2021 年 7 月至 11 月的 K 线走势。

图 1-10　五矿发展股票 2021 年 7 月至 11 月的 K 线走势

从上图可以看到，五矿发展股票前期处于上升行情之中，股价波动上行不断创出新高。2021 年 9 月下旬，股价上涨至 12.00 元上方，创出 13.19 元的新高后止涨，K 线收出大阴线股价回落，随后五矿发展转入下跌趋势之中，股价快速下行。如果投资者此时以 K 线作为投资决策的研判依据，则往往要在 2021 年 9 月下旬，等待股价止涨回落出现明显的转势信号后再抛售持股。

但是，我们查看下方的 RSI 指标发现，前期五矿发展表现为上升行情，波动向上运行时，RSI 指标在 50 ～ 70 线区间波动运行，市场表现强势，2021 年 8 月底，RSI 指标三线上冲，且短线 RSI 指标向上突破 80 线，运行至 80 线上方，说明股价短期涨幅过大，涨势过猛，后市可能迎来一波回调。随后 RSI 指标三线拐头下行，说明市场转弱，发出卖出信号。如果投资者借助 RSI 指标做投资决策分析，那么大概率会在 RSI 发出卖出信号的 9 月初卖出股票。

通过比较可以看到，RSI 指标波动变化频繁，反应灵敏，领先于股价做出反应。投资者借助 RSI 指标能够更快地把握市场，给自己反应时间，准确抓住市场机会。

1.3.3　RSI 指标的客观认识

人无完人，这句话放在技术指标中同样适用，没有一种指标是完美无缺的，RSI 指标也是如此，我们在了解 RSI 指标优势的同时，也要客观地了解其缺点。

RSI 指标的缺点主要包括两点：一是 RSI 指标的钝化现象；二是 RSI 指标的滞后现象。

（1）钝化现象

指标钝化从概念上来理解，是指摆动类指标长期处于超买、超卖位置时，会失去原本具有的买卖指示意义，也就是失效。

放在 RSI 指标中指的是在通常情况下，RSI 指标上行至 80 线或下行至 20 线，则对应发出卖出和买入信号。但是，如果 RSI 指标上行至 80 线后继续上行至 90 线以上，或者 RSI 指标下行至 20 线后继续下行至 10 线以下，此时 RSI 指标可能出现钝化，原本的买卖指示信号失效。如果此时还继续按照指标进行操作，则极有可能出现失误，让投资者错失盈利机会，或者是较早进入市场而被套牢。

实例分析
云天化（600096）RSI 指标的钝化现象

图 1-11 所示为云天化 2021 年 4 月至 7 月的 K 线走势。

从下图可以看到，云天化股票处于上升行情中，股价波动上行，不断向上攀升。2021 年 6 月上旬，K 线收出高开高走的大阳线和涨停大阳线，向上拉升股价，使得股价在几个交易日内从 10.50 元附近快速上涨至 13.50 元上方，短期涨势猛烈。

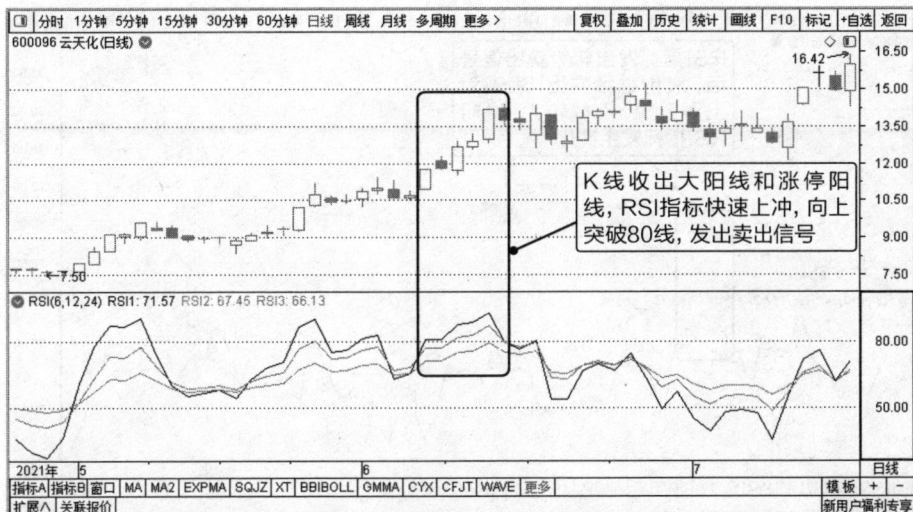

图 1-11　云天化 2021 年 4 月至 7 月的 K 线走势

此时，我们查看下方的 RSI 指标发现，RSI 指标在股价急速向上拉升的过程中，三线上行表现强势，短线 RSI 指标攀升至 90 线上方，中线 RSI 指标攀升至 80 线上方，长线 RSI 指标也向上攀升至 70 线上方、80 线附近。随后，RSI 指标三线拐头下行，表现弱势，RSI 指标发出强烈的转势卖出信号，说明股价涨势过猛，后市股价走弱，转势后下跌的可能性较大。

但事实上真的如此吗？

图 1-12 所示为云天化 2021 年 5 月至 9 月的 K 线走势。

从图中可以清晰地看到，RSI 指标上穿 80 线，发出卖出信号后，股价止涨横盘一段后便继续向上大幅拉升，股价的上涨趋势并未发生改变，股价也没有出现下跌。股价最高上涨至 37.25 元，涨幅巨大，涨势强烈。这说明 RSI 指标由于多根大阳线和涨停大阳线的拉升，在此位置发生了钝化现象，失去了原本的指示意义，如果投资者仅依靠 RSI 指标做投资决策，则很容易错过后面这一波大幅上涨的拉升行情。

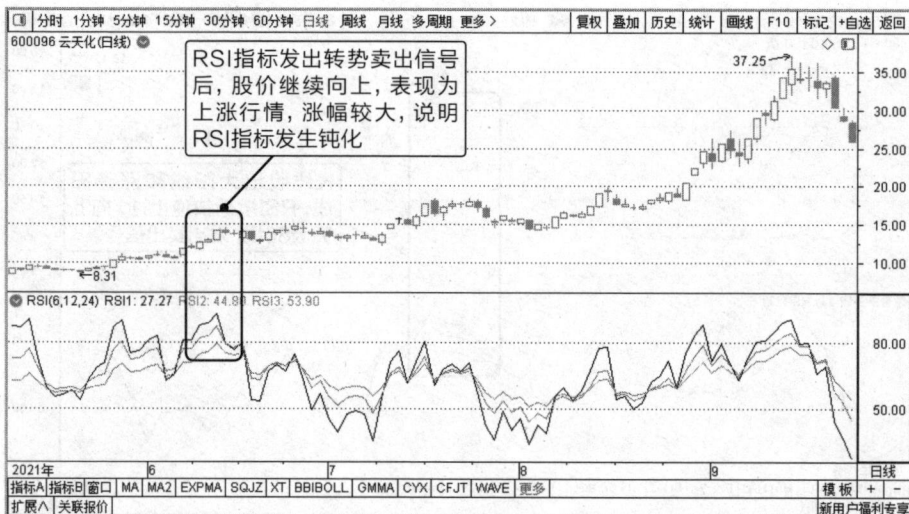

图1-12 云天化2021年5月至9月的K线走势

（2）滞后现象

RSI 指标与股价在波动过程中常常会出现背离现象，即股价运行方向和 RSI 指标运行方向不一致的现象，进而发出转势信号，这一点在后面的指标应用中会进行详细介绍，这里就不过多介绍。

但是，RSI 指标也可能出现滞后现象，即当 RSI 指标与股价发生顶背离时，股价继续上涨而没有出现反转下跌；当 RSI 指标与股价发生底背离后，股价继续下跌而没有出现反转上涨，延迟一段时间之后才出现转势。

实例分析

藏格矿业（000408）RSI 指标的顶背离滞后现象

图1-13 所示为藏格矿业2021年3月至9月的K线走势。

从下图可以看到，藏格矿业处于上升行情中，股价不断波动上行，下方的 RSI 指标随着股价的涨跌变化而变化。仔细观察可以发现，2021年5月中旬，股价表现继续上涨时，RSI 指标却表现下行，与股价呈现背离状态，发出股价转势信号，但实际上股价却并未发生转势，反而继续表现上行。

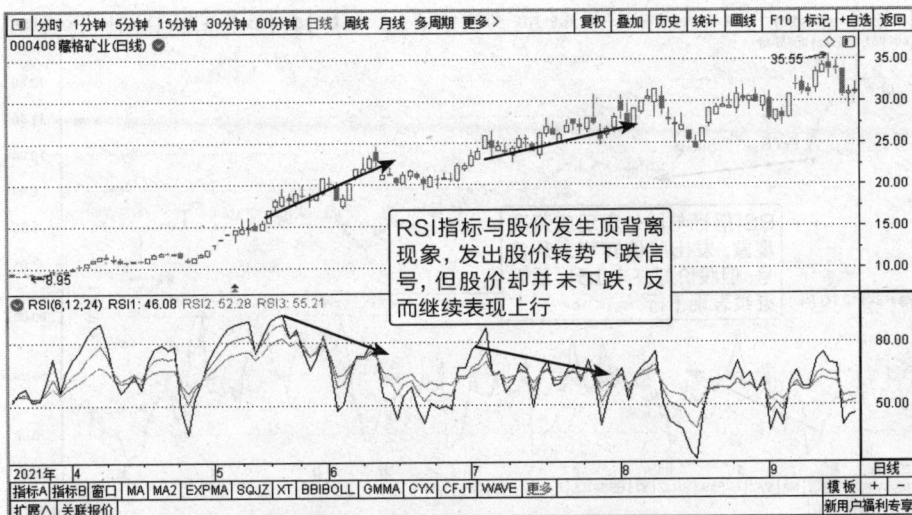

图 1-13　藏格矿业 2021 年 3 月至 9 月的 K 线走势

　　2021 年 7 月，股价与 RSI 指标再次发生顶背离现象，股价波动上行，下方 RSI 指标却逐渐下降，再次发出转势信号，但是反观藏格矿业后市走势，股价继续表现上升，并未转势下跌。

　　两次的顶背离现象发出转势信号，但实际上股价并未发生转势，说明 RSI 指标出现了滞后现象。如果此时投资者依靠 RSI 指标发出的转势信号做抛售决策，必然会损失部分收益。

实例分析

宁波联合（600051）RSI 指标的底背离滞后现象

　　图 1-14 所示为宁波联合 2020 年 8 月至 2021 年 5 月的 K 线走势。

　　从下图可以看到，宁波联合股票处于下跌趋势之中，股价波动下行，重心不断下移，RSI 指标随着股价的变化而波动变化。仔细观察发现，2020 年 9 月，股价在继续下行的过程中，RSI 指标却拐头向上，表现出上行走势，与股价形成底背离。

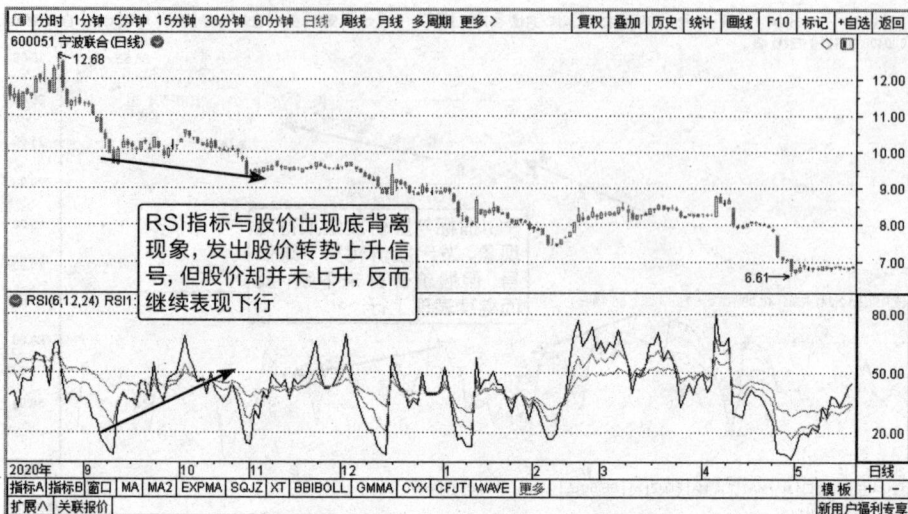

图 1-14　宁波联合 2020 年 8 月至 2021 年 5 月的 K 线走势

底背离现象是股价转势的信号，说明股价极有可能在此位置筑底回升，转入上升趋势之中。但是，我们从股价实际后市走势可以看到，RSI 指标与股价发生底背离现象后，股价的下跌趋势并未发生改变，股价继续下行，且跌势沉重。如果投资者根据底背离现象而抢底买进，则极有可能被深套。

从案例可以看到，RSI 指标与股价走势经常会形成背离现象，发出转势信号，但是行情反转却可能滞后出现，这是 RSI 指标的滞后性导致的，使得在通过 RSI 指标与股价背离研判后期走势时难度更大，真正的行情反转可能在背离发生一次、两次，甚至是三次以后才出现。

对于 RSI 指标的钝化现象和滞后现象我们需要理智、客观地对待，并不是说 RSI 指标没有意义，而是告诉我们在实际投资运用的过程中要警惕钝化和滞后现象。通常在投资过程中，会利用多技术指标组合分析的方式来避免钝化现象和滞后现象带来的弊端，这一点在后面的内容中会详细介绍。

第2章

根据RSI值大小做买卖决策

RSI指标的值在0～100波动，它是衡量股价变动的关键，更是投资者做投资决策的关键，在实际的炒股投资中我们可以根据RSI指标值的大小情况来进行市场行情分析，进而做出合理的投资决策。

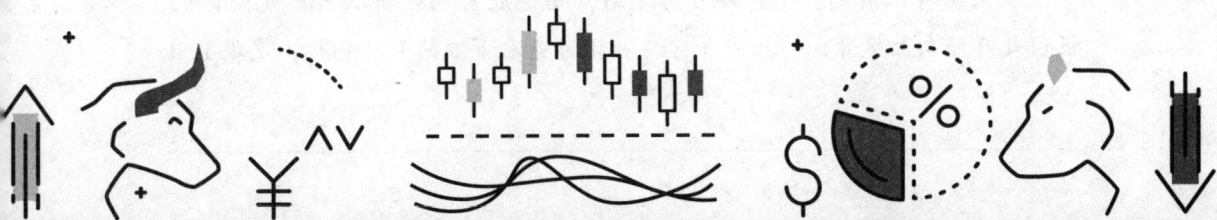

2.1 强弱势区间的操作判断

RSI 指标的数值在 0 ～ 100 波动，50 值自然成为中心分界线，将其分成强弱两个不同的区间，以便帮助投资者更准确地把握市场强弱变化。

2.1.1 RSI 值大于 50 进入强势区间

RSI 值大于 50 指股价上涨幅度在股价总变化幅度中占比超过 50%，即买方力量大于卖方力量，市场进入强势区间。RSI 指标在 50 ～ 100 区间波动，说明股价处于多头市场，表现为上涨行情，是投资者做多的机会。

实例分析

诺德股份（600110）RSI 值大于 50，市场处于强势行情

图 2-1 所示为诺德股份 2021 年 5 月至 9 月的 K 线走势。

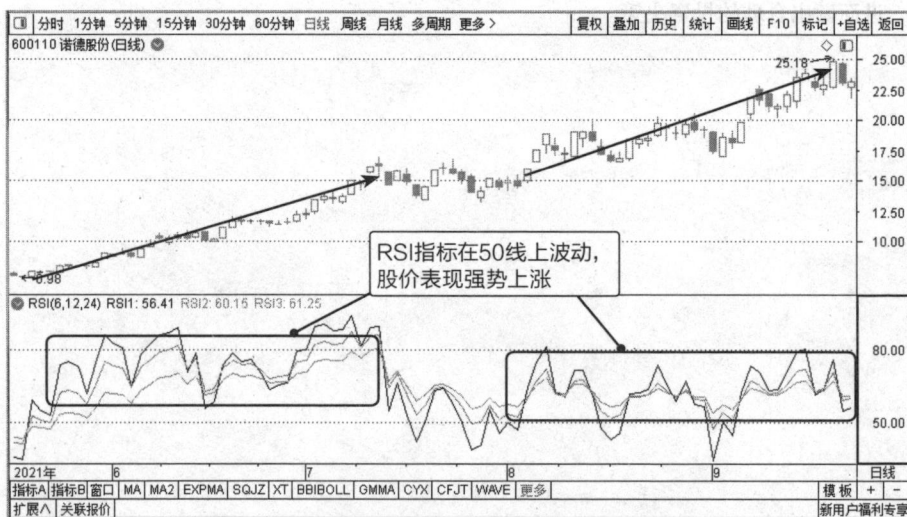

图 2-1　诺德股份 2021 年 5 月至 9 月的 K 线走势

从上图可以看到，2021 年 5 月下旬，诺德股份的股价从 7.00 元附近的低位处开始向上攀升，转入上升行情。此时查看下方的 RSI 指标，发现 RSI

指标三线均在 50 线上方波动，说明股价短期、中期和长期表现强势上涨，后市继续上涨的可能较大。

2021 年 7 月中旬，RSI 指标在下行波动过程中运行至 50 线附近，短线 RSI 指标跌破 50 线后快速回到 50 线上方，而中线 RSI 和长线 RSI 仍然在 50 线上方波动，说明市场的中长期趋势并未发生改变，股价出现短期调整，此时为投资者的加仓机会，投资者应趁低买进。

随后 RSI 指标三线继续在 50 ~ 80 线区间波动运行，上方的股价则继续表现强势波动上行，不断创出新高。

2.1.2　RSI 值小于 50 进入弱势区间

RSI 值小于 50 指股价上涨幅度在股价总变化幅度中占比小于 50%，即卖方力量大于买方力量，市场进入弱势区间。RSI 指标在 0 ~ 50 区间波动，说明股价处于空头市场，表现为下跌行情，投资者应以场外观望为主。

实例分析
上海贝岭（600171）RSI 值小于 50，市场处于弱势行情

图 2-2 所示为上海贝岭 2021 年 10 月至 2022 年 4 月的 K 线走势。

从下图可以看到，2021 年 10 月下旬上海贝岭从 32.00 元左右的相对高位处向下滑落，表现下跌。此时查看下方的 RSI 指标发现，RSI 指标在股价下跌的过程中同步下行至 50 线下方，并在 20 ~ 50 线区间波动，说明市场中空头力量占据优势，表现弱势行情。

2021 年 11 月下旬，RSI 指标在波动过程中逐渐上行，短线 RSI 上穿 50 线，运行至 50 线上方，但中线 RSI 和长线 RSI 仍然在 50 线下方，随后短线 RSI 拐头向下跌回至 50 线下方，说明短期股价出现反弹，股价中期和长期趋势并未发生改变，市场仍然弱势，后市继续看跌。随后 RSI 指标继续在 20 线至 50 线区间波动运行，上方股价也表现为下跌行情，不断向下移动创出新低。

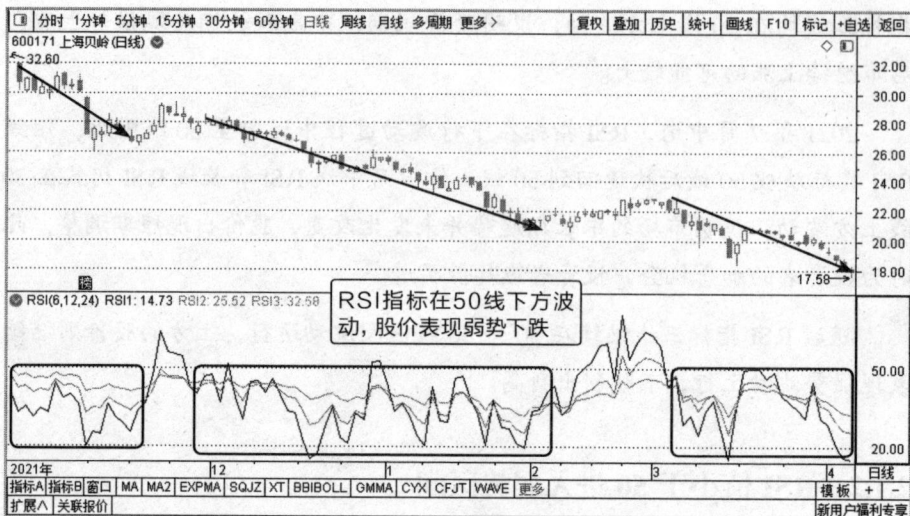

图 2-2　上海贝岭 2021 年 10 月至 2022 年 4 月的 K 线走势

同样地，2022 年 2 月下旬，RSI 指标在波动过程中再次出现短线 RSI 上穿 50 线，运行至 50 线上方的情况，因为时间较短，且中线 RSI 和长线 RSI 仍然在 50 线下方，所以行情转势的可能较低，后市继续看跌，投资者不宜入场。

2.1.3　RSI 指标自下而上击穿 50 线

RSI 指标在 50 线下方的弱势区域波动，股价处于下跌行情中，表现下跌，此时 RSI 指标自下而上穿过 50 线，运行至 50 线上方，说明股价趋势由弱转强，股价将迎来一波上涨，为买进信号。

实例分析

重庆路桥（600106）RSI 指标自下而上突破 50 线

图 2-3 所示为重庆路桥 2021 年 9 月至 2022 年 3 月的 K 线走势。

从下图可以看到，重庆路桥股票前期处于弱势行情中，股价缓慢下行，走势沉闷。与此同时，下方的 RSI 指标表现下行，从 50 线上方运行至 50 线下方，并在 50 线下方的弱势区间波动运行。

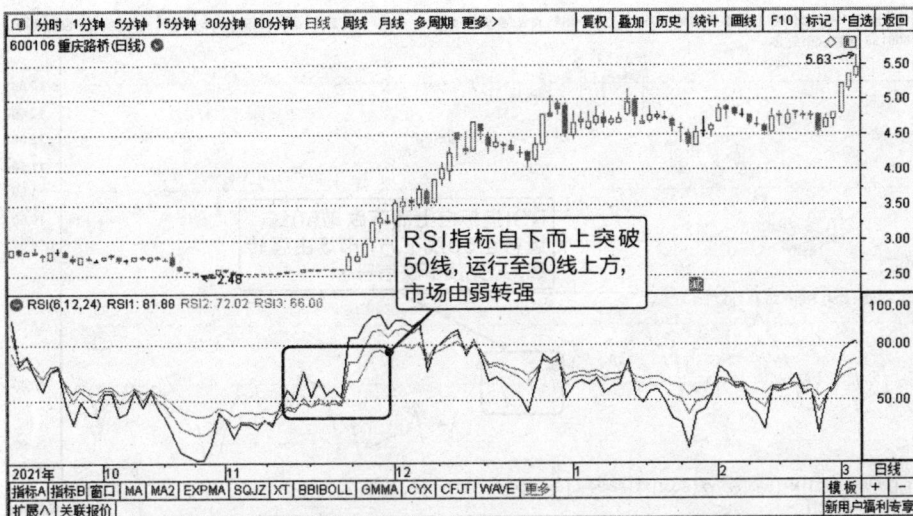

图 2-3　重庆路桥 2021 年 9 月至 2022 年 3 月的 K 线走势

　　2021 年 11 月初，RSI 指标表现波动上行，运行至 50 线附近后在 50 线附近横盘波动一段后拐头向上，自下而上突破 50 线，并运行至 50 线上方，说明股价由弱转强，极有可能迎来一波上涨行情，为投资者的买进机会。

　　从后市股价的走势来看，当 RSI 指标自下而上穿过 50 线时，股价走强，K 线由之前的小阴线、小阳线变为连续高开高走的大阳线，行情由弱走强，转入上升趋势之中。

2.1.4　RSI 指标自上而下刺破 50 线

　　RSI 指标在 50 线上方的强势区域波动，股价处于上升行情中，表现上涨，此时 RSI 指标自上而下刺穿 50 线，运行至 50 线下方，说明股价趋势由强转弱，股价将迎来一波下跌，是卖出信号。

实例分析

中青旅（600138）RSI 指标自上而下跌破 50 线

　　图 2-4 所示为中青旅 2021 年 1 月至 7 月的 K 线走势。

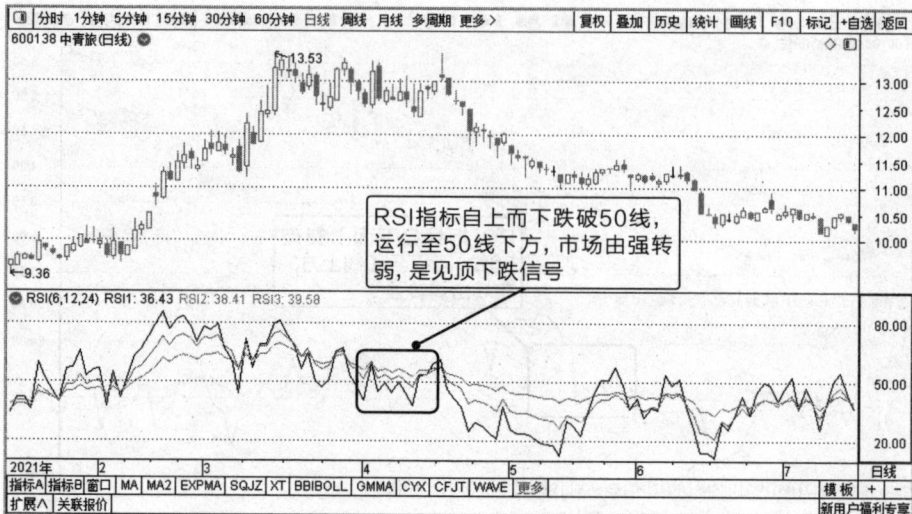

图 2-4　中青旅 2021 年 1 月至 7 月的 K 线走势

从上图可以看到，前期中青旅处于上升趋势之中，表现强势，股价波动上行不断创出新高。2021 年 3 月上旬，股价运行至 13.00 元价位线上方后止涨横盘，出现见顶迹象。

此时查看下方的 RSI 指标发现，股价波动上行的过程中，RSI 指标上行至 50 线上方的强势区间，并在 50 线至 80 线区间波动运行。2021 年 4 月上旬，RSI 指标拐头向下，自上而下跌破 50 线，运行至 50 线下方，说明股价由强转弱，高位见顶，后市极有可能迎来一波下跌，是卖出信号。

从后市的股价走势来看，RSI 指标自上而下跌破 50 线后，在 50 线下方的弱势区间波动运行，上方的股价也在 13.00 元位置见顶转入下跌走势，股价波动下行，不断创出新低。

2.2　RSI 指标的超买超卖区

在前面的内容中，我们提到 RSI 指标具有波动性，始终围绕 50 线波动，当距离 50 线较远时便会受到 50 线的吸引而向 50 线靠近。当 RSI

指标上行至 80 线或下行至 20 线时便会出现向 50 线靠近的情况。从本质上来看，这是一种超买超卖现象，与其他指标的超买超卖一样，同样可以作为投资决策的买卖判断依据。

2.2.1　RSI 上行至 80 线之上进入超买区

RSI 指标上行至 80 线之上，说明股价上涨幅度占股价总的变化幅度的 80% 以上，即场内的绝大部分投资者都看好该股票的后市发展，市场处于一种过热的氛围中，已经超出买方的能力，形成超买，后市极有可能出现一波下跌，为卖出信号。相应地，80 线以上的区间就为 RSI 指标的超买区间。

实例分析

广汇能源（600256）RSI 指标进入超买区

图 2-5 所示为广汇能源 2021 年 7 月至 2022 年 1 月的 K 线走势。

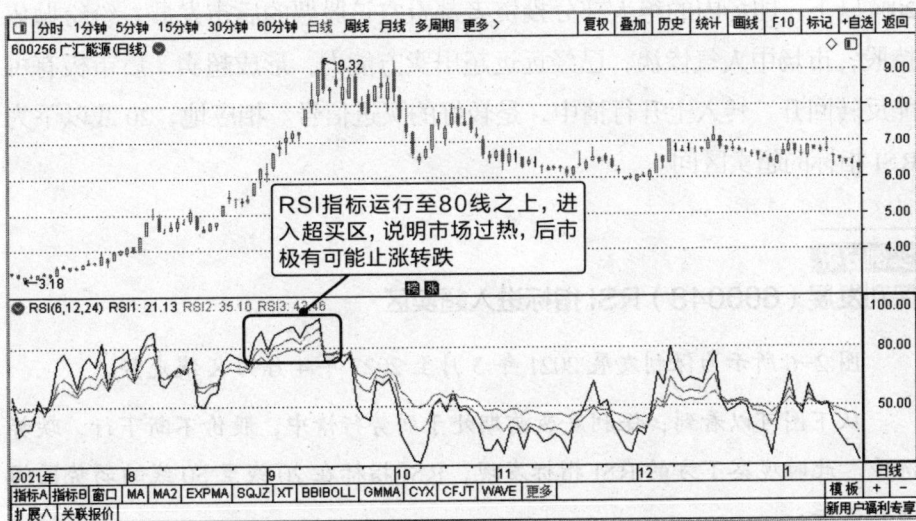

图 2-5　广汇能源 2021 年 7 月至 2022 年 1 月的 K 线走势

从上图可以看到，前期广汇能源处于上升趋势中，股价不断上行。此时查看下方的 RSI 指标发现，RSI 指标在 50 线至 80 线的强势区间波动运行。

2021 年 9 月初，RSI 指标在上行波动的过程中 3 条曲线纷纷运行至 80 线上方的超买区间，并在 80 线上方波动，说明此时市场处于一种过热的状态中，后市极有可能迎来一波下跌行情，投资者应注意离场。

与此同时查看股价发现，股价继续上行，K 线收出连续的高开高走的阳线，将股价进一步拉升至 9.00 元价位线附近后止涨横盘。结合 RSI 指标出现的超买信号，可以判断股价在此位置见顶，投资者应立即离场。

从广汇能源股票的后市走向来看，股价在 9.00 元价位线附近横盘整理后转入下跌趋势之中，市场由强转弱。下方的 RSI 指标也从 80 线上的超买区向下运行，运行至 50 线之下的弱势区间。可见，RSI 指标的超买为可靠的卖出信号。

2.2.2　RSI 下行至 20 线之下进入超卖区

RSI 指标下行至 20 线之下，说明股价上涨幅度占股价总的变化幅度的 20% 以下，即场内的绝大部分投资者都看空该股票的后市发展，纷纷抛售持股，市场中人气惨淡，已经远远超出卖方能力，形成超卖，后市极有可能反转回升，转入上升行情中，是较好的买进信号。相应地，20 线以下为 RSI 指标的超卖区间。

实例分析

保利发展（600048）RSI 指标进入超卖区

图 2-6 所示为保利发展 2021 年 3 月至 2022 年 4 月的 K 线走势。

从下图可以看到，保利发展前期处于弱势行情中，股价不断下行，跌势沉重。此时观察下方的 RSI 指标发现，RSI 指标在 20 线至 50 线的弱势区间波动运行。

2021 年 7 月底，RSI 指标下行，短线 RSI 和中线 RSI 运行至 20 线下方发出超卖信号，长线 RSI 运行至 30 线下方同样发出超卖信号，说明此时市场处于一种极度看空的状态，后市极有可能反转回升，转入上升行情中。

此时查看上方的股价，发现股价跌至 10.50 元价位线附近后止跌横盘，结合 RSI 指标发出的超卖信号，说明股价极有可能在此位置筑底，后市将转入上升行情中，是投资者的买进机会。

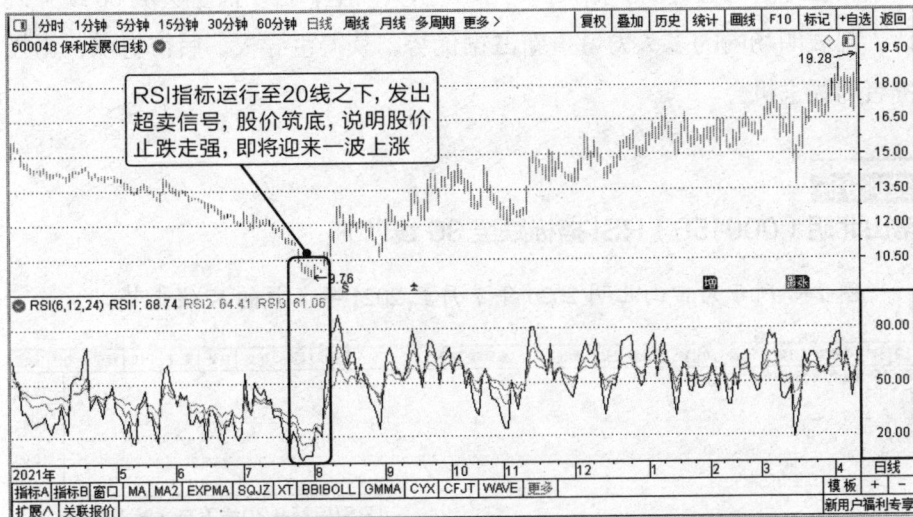

图 2-6　保利发展 2021 年 3 月至 2022 年 4 月的 K 线走势

从保利发展股票的后市走势来看，RSI 指标发出超卖信号后，RSI 指标三线纷纷拐头上行，运行至 50 线上，并在 50 线至 80 线强势区间波动，表现强势。上方股价也在 10.50 元附近筑底回升，转入上升行情中，不断向上攀升，最高上涨至 19.28 元，涨幅较大。

2.3　RSI 指标取值法的运用

RSI 指标值的大小代表了股价上涨幅度在总变化幅度中的占比情况，可通过其了解市场中买卖力量的强弱对比，因此我们可以直接利用 RSI 指标值的大小来判断股价的强弱，进而推测股价未来的变动方向，以便做出合理的投资决策。

2.3.1 RSI 指标从高位向下跌至 30 线以下

股价处于下跌行情中，RSI 指标也随之从高位处向下运行，跌至 30 线以下，表现出弱势特征。如果此时 RSI 拐头向上，自下而上突破 60 线并确认，则表明场内的多头力量重新占据优势，获得主导权，后市看涨，为投资者的买进机会。

实例分析

常山北明（000158）RSI 指标跌至 30 线以下

图 2-7 所示为常山北明 2020 年 7 月至 2021 年 4 月的 K 线走势。

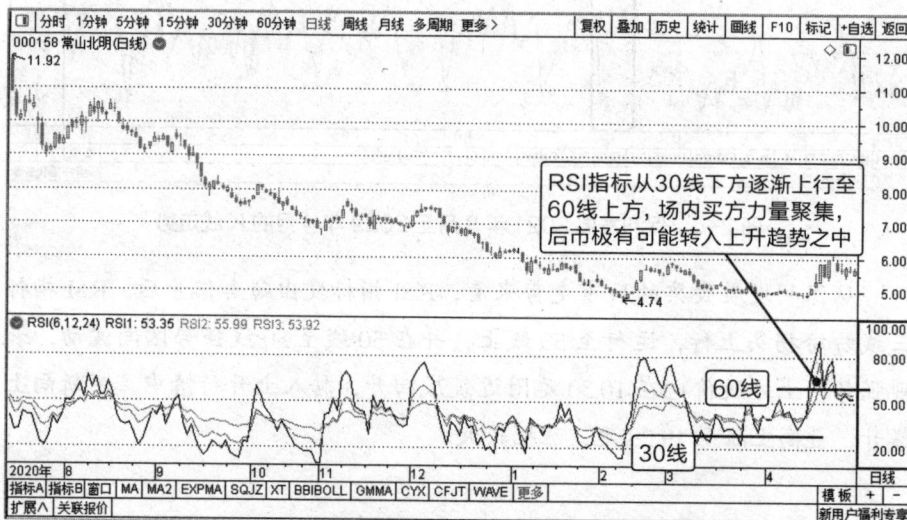

图 2-7　常山北明 2020 年 7 月至 2021 年 4 月的 K 线走势

从上图可以看到，常山北明股票的股价处于下跌行情中，股价从相对高位处向下滑落，不断创出新低。此时查看下方的 RSI 指标可以看到，RSI 指标在股价下行的过程中基本上在 50 线下的弱势区域内波动运行，即便偶尔上冲至 50 线上也很快回落到 50 线下方。

2021 年 3 月上旬，股价经过一轮大幅下跌行情后跌势减缓，并在 5.00 元价位线上横盘整理，此时查看 RSI 指标发现，RSI 指标从高位处滑落至 30

线下方，表现极度弱势，随后三线波动运行一段时间后，拐头上行，自下而上突破 50 线后继续上行，运行至 60 线上方。说明市场由弱转强，场内买方力量聚集重新主导，常山北明的这一波下跌行情结束，后市极有可能迎来一波上涨，投资者可以在此位置积极跟进。

图 2-8 所示为常山北明 2020 年 12 月至 2021 年 6 月的 K 线走势。

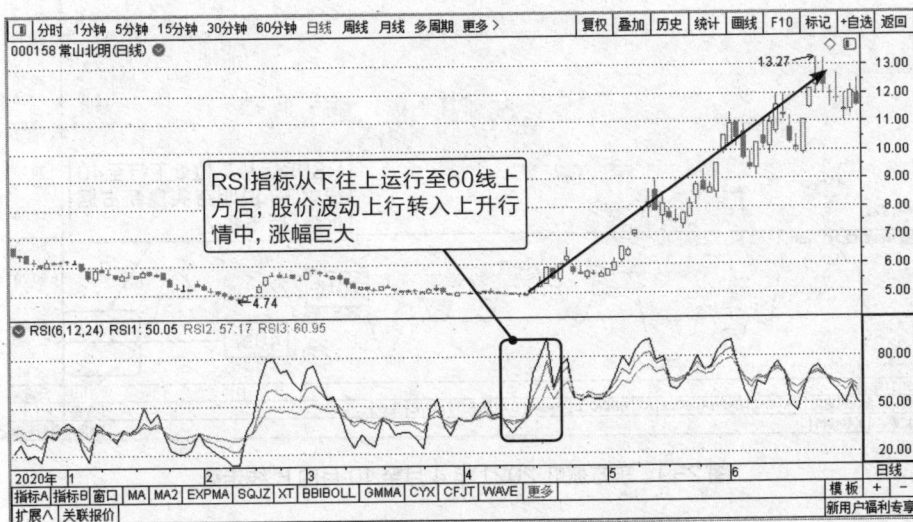

图 2-8　常山北明 2020 年 12 月至 2021 年 6 月的 K 线走势

从上图可以看到，RSI 指标运行至 60 线上方后，常山北明股票的股价在 5.00 元价位线筑底，随后转入上升趋势之中，两个多月的时间股价波动上行，最高上涨至 13.27 元，涨幅超 150%。如果投资者在 RSI 指标上穿 60 线时确定市场转势信号，积极跟进，必然可以获得不菲的回报。

2.3.2　RSI 指标从低位上涨至 70 线以上

股价处于上升行情中，在股价波动上行的过程中，RSI 指标也随之从低位处上行至 70 线之上。如果此时 RSI 指标拐头下行，向下跌破 40 线，则说明场内的空头力量重新占据优势，多空力量发生转变，后市极有可能转入下跌行情，是投资者的卖出信号。

实例分析

东方盛虹（000301）RSI 指标涨至 70 线以上

图 2-9 所示为东方盛虹 2021 年 4 月至 10 月的 K 线走势。

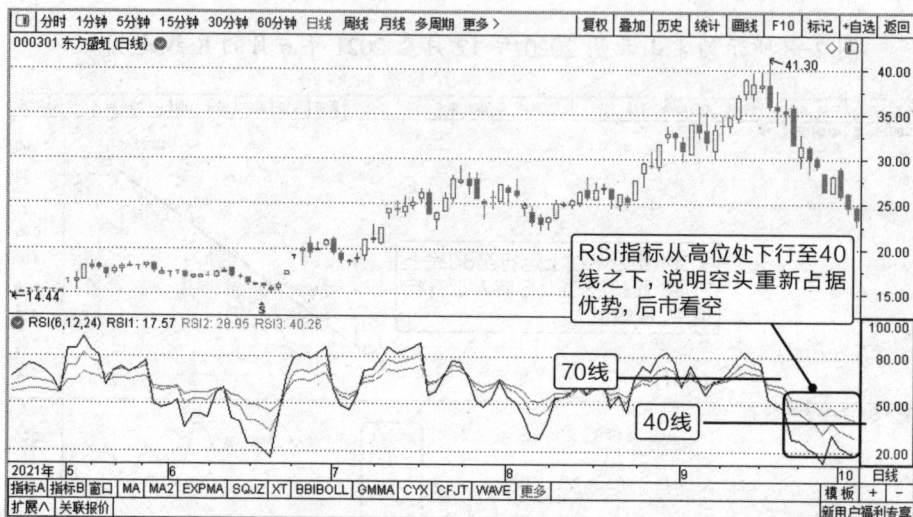

图 2-9 东方盛虹 2021 年 4 月至 10 月的 K 线走势

从上图可以看到，前期东方盛虹处于上升趋势之中，股价从 15.00 元的相对低位处波动上行，不断创出新高。与此同时，RSI 指标也随之运行至 50 线上方的强势区域，并在 50 线至 80 线区间波动，表现强势。

2021 年 9 月，RSI 指标运行在 70 线上方的高位处拐头，三线下行并有效跌破 50 线后继续下行，运行至 40 线下方。说明场内的多空力量发生转变，卖方重新占据优势，股价趋势发生转变，后市极有可能转入下跌行情中，投资者应尽快离场。此时查看上方的股价发现，股价止涨，K 线连续收阴，已经出现止涨下跌迹象，投资者不要抱有调整后继续上涨的想法，应尽快了结出局，锁定前期收益。

图 2-10 所示为东方盛虹 2021 年 8 月至 2022 年 4 月的 K 线走势。

从下图可以看到，RSI 指标拐头下行，运行至 40 线下方后，继续在 50 线下方的弱势区域波动运行，期间偶尔上穿 50 线运行至 50 线之上，也很快回落至 50 线下方。同时，东方盛虹表现弱势行情，股价止涨转入下跌趋势中，不断波动下行，创出新低，最低跌至 10.70 元，跌幅超 74%，如果前期投资者未能及时离场，将遭受重大经济损失。

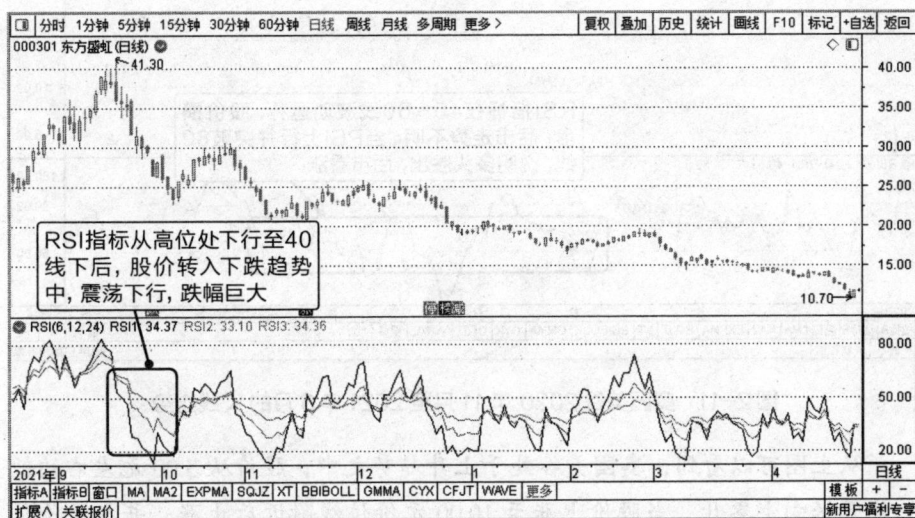

图 2-10 东方盛虹 2021 年 8 月至 2022 年 4 月的 K 线走势

2.3.3 RSI 指标在 40 ～ 60 线波动

当 RSI 指标在 40 ～ 60 线围绕 50 线波动时，说明市场中的买方力量和卖方力量处于势均力敌的状态，股价处于横盘整理走势中。如果此时市场走强，RSI 指标则往往上行，可以运行至 80 线以上，是投资者的加仓机会；但如果此时市场走弱，RSI 指标则往往下行，运行至 20 线以下，投资者应以场外观望为主。

实例分析
奥园美谷（000615）RSI 指标在 40 ～ 60 线波动后走强

图 2-11 所示为奥园美谷 2020 年 11 月至 2021 年 6 月的 K 线走势。

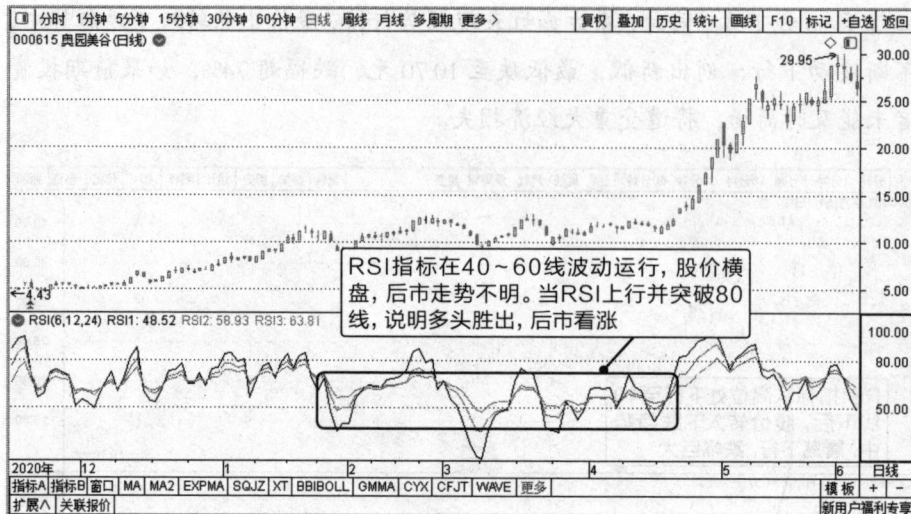

图 2-11　奥园美谷 2020 年 11 月至 2021 年 6 月的 K 线走势

从上图可以看到，奥园美谷处于上升趋势之中，股价从 5.00 元左右的低位处开始向上攀升，当股价上涨至 10.00 元价位线附近后止涨，并在该价位线上横盘窄幅波动。

此时查看下方的 RSI 指标发现，在股价上升过程中，RSI 指标在 50～80 线的强势区间波动，随后股价止涨横盘，RSI 指标回落至 50 线附近，在 40～60 线区间波动运行。说明场内的买方和卖方势均力敌没有明显的强弱之分，股价未来走势不明。

2021 年 4 月中旬，围绕 50 线波动的 RSI 指标表现出强势上行，并自下而上突破 80 线，运行至 80 线上方，说明在多空双方的博弈中，多头占据优势，强势胜出，股价将迎来一波上涨行情。

从奥园美谷的后市走势来看，RSI 指标上穿 80 线，K 线连续收出高开高走的阳线，将股价快速拉升至 25.00 元上方，股价涨势猛烈。

实例分析
航天发展（000547）RSI 指标在 40～60 线波动后走弱

图 2-12 所示为航天发展 2021 年 8 月至 2022 年 4 月的 K 线走势。

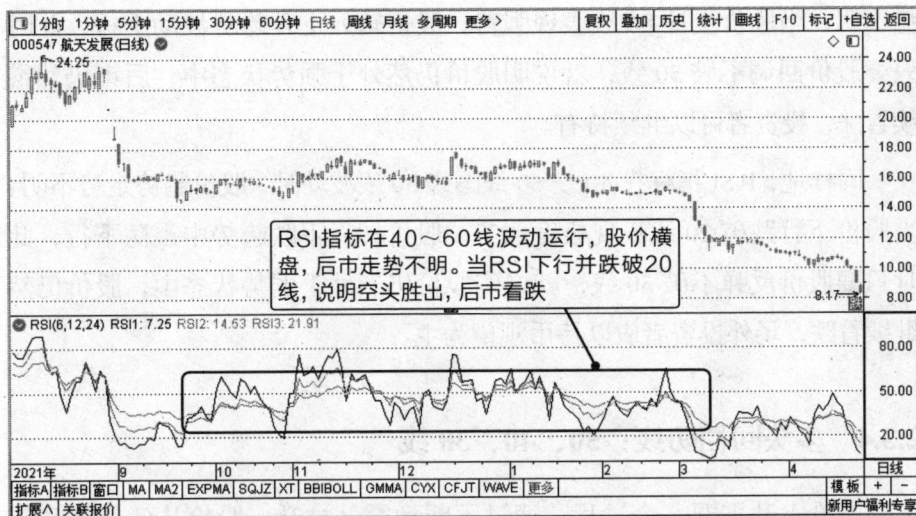

图 2-12　航天发展 2021 年 8 月至 2022 年 4 月的 K 线走势

从上图可以看到，航天发展处于下跌趋势中，2021 年 9 月中旬，股价运行至 16.00 元价位线附近后止跌，并围绕 16.00 元价位线在 14.00 元～ 18.00 元区间横盘窄幅波动。

此时查看下方的 RSI 指标发现，RSI 指标伴随股价的下跌运行至 50 线之下，随后股价止跌横盘，RSI 指标也围绕 50 线在 40 ～ 60 线波动运行。说明场内的多头和空头势均力敌，没有明显的强弱之分，形成平衡，股价未来走势不明。

2022 年 3 月初，原本在 40 ～ 60 线波动运行的 RSI 指标忽然拐头下行，运行至 20 线下方，说明在这场多空双方博弈的战斗中，空头胜出，市场表现弱势，后市股价将继续下跌。场外的投资者不要急于抄底，应以场外观望为主。

从航天发展股价后市走势情况来看，RSI 指标拐头下行跌破 20 线，K 线连续收出低开低走的阴线，使得股价向下跌破平台继续下行，最低跌至 8.00 元附近，跌幅较大。

需要注意的是，RSI 指标在 40 ～ 60 线围绕 50 线波动时，股价趋势走势不明，当股价上冲 80 线表现强势，股价转入上升趋势波动上行，此时只要股价回调不破 50 线，就说明股价仍然处于强势状态中，后市仍然继续看涨，投资者可以继续持有。

同样地，RSI 指标在 40 ～ 60 线围绕 50 线波动时，股价趋势走势不明，当股价下行跌破 20 线表现极度弱势，股价转入下跌趋势中震荡下行，此时只要股价反弹不破 50 线，就说明股价仍然处于弱势状态中，股价仍然继续看跌，场外投资者应以持币观望为主。

2.3.4　多头回档防线：50、40、30 线

股价上升需要一个过程，通过不断地震荡拉升，股价从低位上升至相对高位处。在这一过程中，投资者就要做出是股价上升途中的调整还是股价见顶回落的判断，如果判断错误，将股价上升途中的调整视为转势，投资者将错过后市的上升行情；如果将股价见顶回落的转势视为股价上升途中的调整，投资者将损失前期既得收益，甚至陷入被套的困境之中。

鉴于此，投资者可以利用 RSI 指标做投资决策判断。股价上升过程中，RSI 指标在 50 线上方的强势区域波动运行，此时可以将 50 线视为多头回档的第一道防线，当 RSI 指标拐头跌破 50 线时，说明原本占据优势的买方力量开始减弱，卖方力量开始占据优势，但此时优势并不明显。谨慎的投资者可以抛售部分持股，激进的投资者则可以继续持有。

当 RSI 指标跌破 50 线后并未止跌回升，反而继续下行，此时可以将 40 线视为多头回档的第二道防线，一旦 RSI 指标跌破 40 线时，说明空方力量逐渐增强，优势明显，股价继续下行的可能性较大，谨慎的投资者可以准备离场，激进的投资者也可以抛售部分持股。

当 RSI 指标跌破 40 线后仍未止跌回升，反而继续下行，此时可以将 30 线视为多头回档的第三道防线，一旦 RSI 指标跌破 30 线，说明空方力

量强劲，多方毫无反击之力，市场处于极度弱势之中，投资者不要对后市继续抱有幻想，及时离场才是正确的做法。

实例分析

新乡化纤（000949）多头回档防线分析

图 2-13 所示为新乡化纤 2021 年 4 月至 10 月的 K 线走势。

从下图可以看到，2021 年 5 月前，新乡化纤股票处于上升趋势之中，股价波动上行表现强势，RSI 指标也随着股价的上行而在 50 线上方的强势区间波动运行。

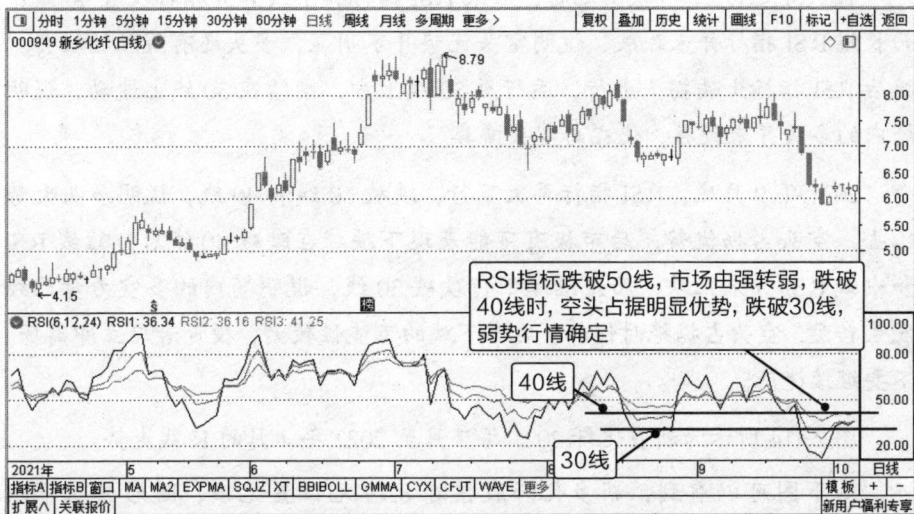

图 2-13　新乡化纤 2021 年 4 月至 10 月的 K 线走势

2021 年 5 月上旬，股价上涨至 5.50 元附近后止涨下跌，此时查看下方的 RSI 指标发现，RSI 指标同步向下运行，运行至 50 线附近时，中线 RSI 指标和长线 RSI 指标走平，短线 RSI 指标则下行跌破 50 线。

可以看出股价的中期趋势和长期趋势并未发生改变，说明新乡化纤的上升趋势并未发生改变，当前的下跌最大可能是股价上涨途中的回调，后市继续看涨，投资者可继续持有股票。

2021 年 7 月，股价上涨至 8.00 元价位线上方后止涨，横盘整理后开始下行，有见顶下跌迹象。此时查看下方的 RSI 指标，发现股价止涨下行，RSI 指标也同步下行，运行至 50 线附近时，短线 RSI 指标和中线 RSI 指标运行至 50 线之下，长线 RSI 指标也运行至 50 线上走平，随后短线 RSI 和中线 RSI 指标纷纷拐头上行，同长线 RSI 指标一起运行至 50 线之上，说明场内的多空双方处于激战较量之中，没有明确的优劣之分，处于平衡状态。

2021 年 8 月中旬，RSI 指标再次三线下行，且跌破 50 线运行至 50 线下方，说明在这场多空较量中，空头胜出，后市有可能下跌。因为前期股价已经经历了一轮大幅上涨行情，为了锁定收益，投资者可以抛售部分持股。

当 RSI 运行至 40 线附近时，短线 RSI 指标和中线 RSI 指标跌破 40 线，而长线 RSI 指标并未跌破，说明空头优势并不明显，多头还有获胜的机会。随后 RSI 指标止跌拐头上行，运行至 50 线上方，继续在 50 线上波动，说明场内的多头并未放弃，仍在与空头博弈。

2021 年 9 月底，RSI 指标再次下行，跌破 50 线和 40 线，说明多头大势已去，空头占据优势，后市极有可能表现下跌。在跌破 40 线后，短线 RSI 和中线 RSI 并未止跌，而是继续下行跌破 30 线，说明场内的多空力量已经发生转变，空头占据绝对优势，后市下跌的可能性较大，投资者应立即离场，不要继续迷恋。

图 2-14 所示为新乡化纤 2021 年 7 月至 2022 年 4 月的 K 线走势。

从下图可以看到，新乡化纤股票在 8.79 元位置见顶，随后转入下跌中，最初股价还出现明显的反弹迹象，当 RSI 指标跌破 50 线和 40 线，短线 RSI 和中线 RSI 跌破 30 线后，股价下跌走势更坚决，弱势行情也更明显，波动幅度也越小。股价最低跌至 3.25 元，跌幅较大，如果前期没有及时离场，投资者将面临巨大的经济损失。

在实际的投资中，投资者利用 RSI 指标的波动情况做加减仓操作比较实用，也是比较稳健的一种投资方法，利用 50 线、40 线和 30 线作为多头回档防线，逐步减仓，既可以避免错失可能的后市行情，也可以避免被套遭受损失。

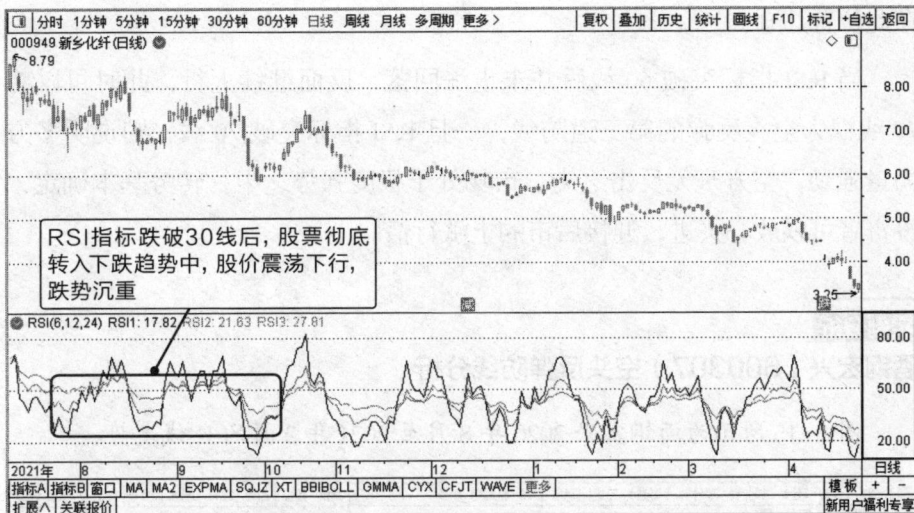

图 2-14　新乡化纤 2021 年 7 月至 2022 年 4 月的 K 线走势

2.3.5　空头反弹防线：50、60、70 线

与多头回档相对应的是空头反弹。要知道，股价下跌往往也不是直线下行的，而是波动下行的，如果投资者判断失误，将其中的小幅反弹视为转势信号匆忙入市，则极有可能被套高位，损失惨重。

鉴于此，投资者可以利用 RSI 指标来帮助决策判断。股价在下跌的过程中，RSI 指标通常在 50 线下方波动运行，50 线此时是一根强有力的压力线，压制股价上行，当股价触及 50 线附近时便受阻回落。

投资者可以将 50 线视为反弹的第一道防线，当 RSI 指标自下而上穿过 50 线，运行至 50 线上方，说明原本占据优势的卖方力量开始衰竭，买方力量开始占据优势，但此时优势并不明显，激进一些的投资者可以在此位置试着买进。

如果 RSI 指标向上突破 50 线后并未止涨回落，反而继续上行，此时可以将 60 线视为空头反弹的第二道防线，一旦 RSI 指标突破 60 线时，说明多方力量逐渐增强，优势明显，股价继续上行的可能较大，投资者可以在此位置建仓。

当 RSI 指标突破 60 线后并未止涨回落，反而继续上行，此时可以将 70 线视为空头反弹的第三道防线，一旦 RSI 指标突破 70 线，则说明多方力量强劲，空方毫无反击之力，市场处于极度强势之中，转势基本确定，投资者可以放心买进，迎接后市的上涨行情。

实例分析

酒钢宏兴（600307）空头反弹防线分析

图 2-15 所示为酒钢宏兴 2020 年 8 月至 2021 年 3 月的 K 线走势。

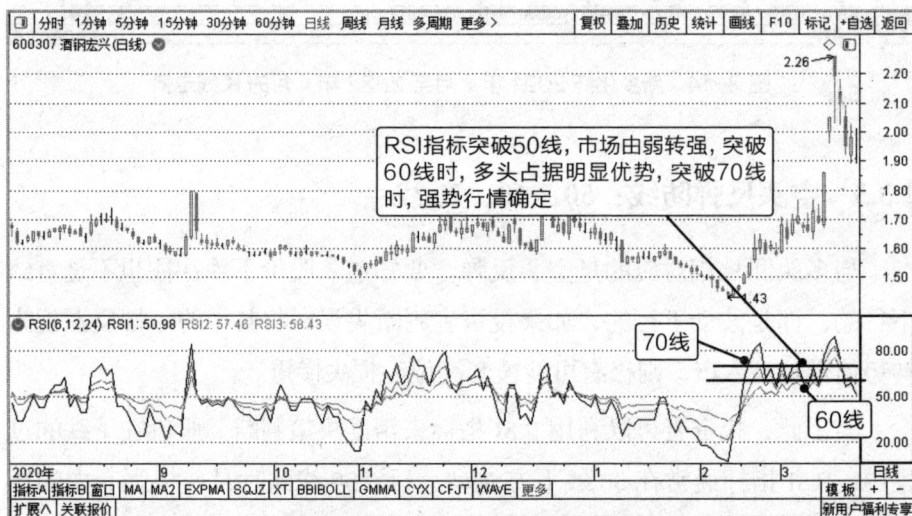

图 2-15　酒钢宏兴 2020 年 8 月至 2021 年 3 月的 K 线走势

从上图可以看到，酒钢宏兴前期经过一轮大幅下跌行情后运行至 1.60 元附近的低位处止跌，并在 1.50 元至 1.70 元区间窄幅横盘波动。此时查看下方的 RSI 指标发现，RSI 指标围绕 50 线在 40 线至 60 线区间波动运行。

2021 年 1 月，股价进一步下跌，2 月时运行至 1.50 元下方，创下 1.43 元的新低后止跌回升，出现上涨迹象。同步查看 RSI 指标发现，RSI 指标下行，跌破 40 线，且短线 RSI 指标跌破 20 线，发出超卖信号，随后 RSI 指标三线上行，并突破 50 线运行至 50 线上方。说明场内的买方力量聚集，占据优势，发起上冲，酒钢宏兴极有可能转入上升趋势之中，投资者可以在此位置买进建仓。

2021 年 3 月上旬，RSI 指标在 50 线上方横盘波动一段时间后，突然拐头继续上行，三线有效突破 60 线，说明场内买方力量逐渐增大，表现强劲。RSI 指标在突破 60 线后并未止涨回落，反而继续上行，向上突破 70 线，短线 RSI 和中线 RSI 指标更是上冲至 80 线之上。

此时可以说明，场内的多空力量已经发生转变，多头占据绝对优势，市场行情已经转入多头市场，后市股价上涨的可能较大，投资者应及时买进股票跟进，持股待涨。

图 2-16 所示为酒钢宏兴 2021 年 1 月至 9 月的 K 线走势。

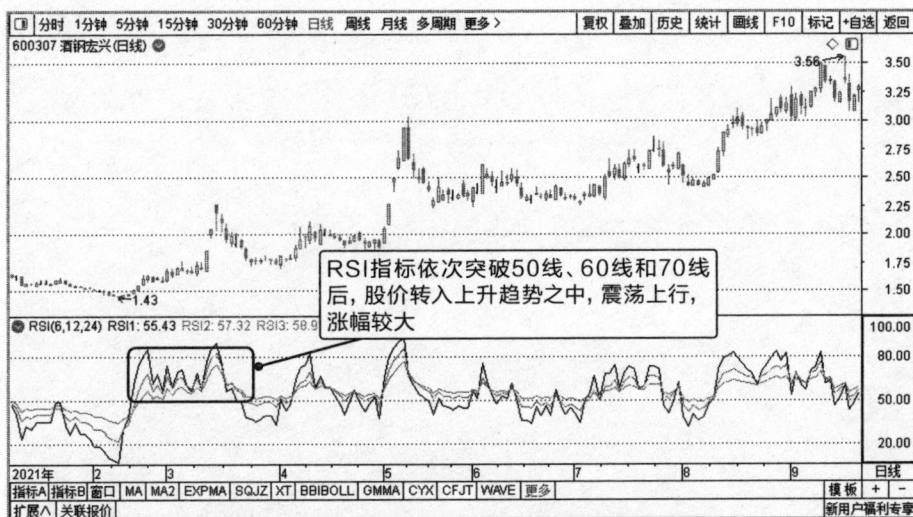

图 2-16 酒钢宏兴 2021 年 1 月至 9 月的 K 线走势

从上图可以看到，RSI 指标依次上穿 50 线、60 线、70 线后，酒钢宏兴股票转入上升行情之中。股价波动上行，不断创出新高，涨势猛烈，涨幅较大。投资者依据 RSI 指标信号及时买进可以获得一定的投资收益。

　　利用空头反弹防线方法买进股票是一种比较稳健的投资方法，即在股价底部形成，转入上升趋势，并走出明显的上升走势后，投资者再跟进，而非激进的抄底买进。虽然这样的买进方式获得的投资收益相比抄底买进来说，不是最低位置买进，不能实现最大程度的获利，但是这样的投资买进方式明显风险更低，投资也更稳健，比较适合缺乏投资经验的投资者，同时也适合面对底部信号不能准确判断的一些情形。

第3章

解析RSI曲线的基本应用

RSI指标系统由三条不同周期的RSI曲线组成，在股价波动变化的过程中伴随股价波动。在实际的投资中，我们可以利用RSI指标曲线的波动变化情况来做股价买卖决策分析，帮助判断最佳买卖点。

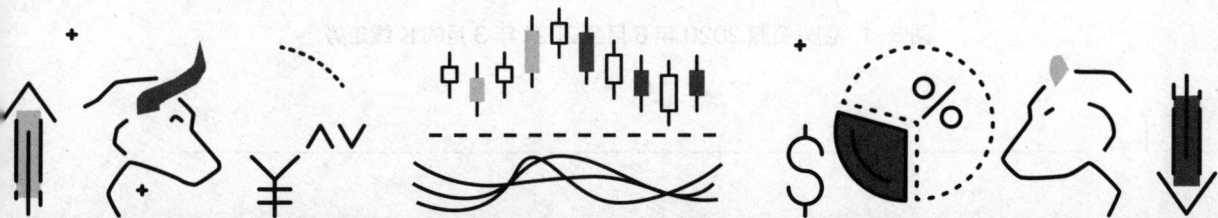

3.1 RSI 指标中的曲线排列分析

RSI 指标与均线指标一样，在跟随股价上下波动变化的过程中会形成一些具有指示意义的曲线排列方式，根据这些曲线的排列情况可以对当前市场的强弱进行有效判断，为投资决策提供依据。

3.1.1 RSI 指标多头排列

多头排列指的是股价处于上升趋势之中，RSI 指标中的短线 RSI 指标、中线 RSI 指标和长线 RSI 指标，自上而下排列向上运行，并且各个曲线之间没有出现黏合的情况。当 RSI 指标出现这类排列现象时，说明多方力量强势，股价短期看涨，为投资者做多获利机会。

实例分析
创新资源（600193）RSI 指标呈多头排列

图 3-1 所示为创兴资源 2020 年 6 月至 2021 年 3 月的 K 线走势。

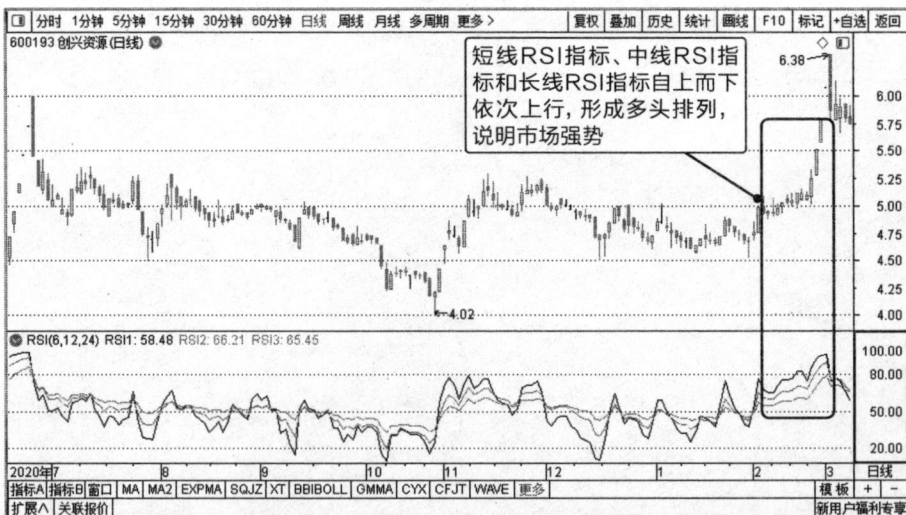

图 3-1　创兴资源 2020 年 6 月至 2021 年 3 月的 K 线走势

从上图可以看到，创兴资源经过一段上涨行情后，将股价拉升至 6.00 元价位线上，随后止涨回落。2020 年 10 月底，股价创下 4.02 元的低价后止跌，小幅回升至 5.25 元附近后止涨，并在 4.50 元至 5.00 元区间窄幅波动。

在股价横盘窄幅波动的过程中，RSI 指标围绕 50 线上下波动。2021 年 2 月上旬，RSI 指标三线上行，短线 RSI 指标、中线 RSI 指标和长线 RSI 指标自上而下依次排列，形成多头排列，且上穿 60 线和 70 线，短线 RSI 指标和中线 RSI 指标更是上穿 80 线。说明场内趋势发生明显改变，原本多空平衡的状态被打破，多头力量聚集，市场强势，股价短期看涨，为投资者的买进信号，投资者应逢低买进。

图 3-2 所示为创兴资源 2020 年 11 月至 2021 年 7 月的 K 线走势。

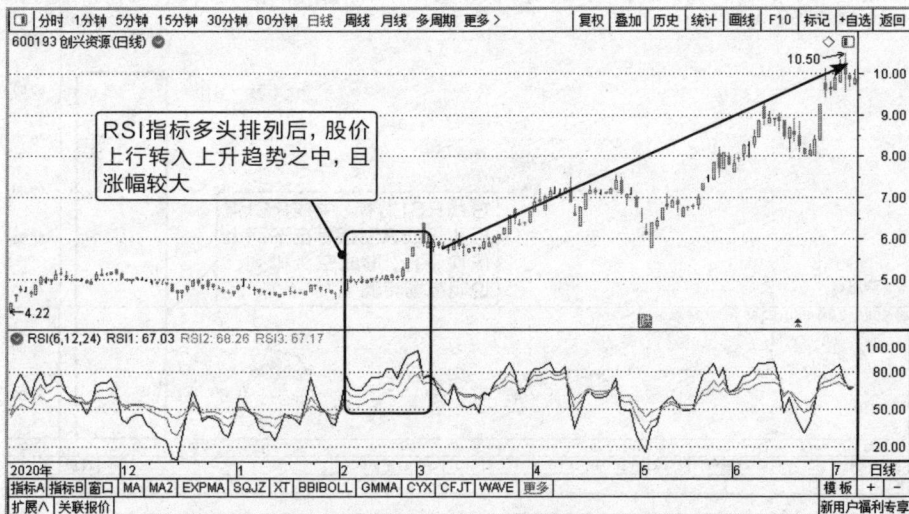

图 3-2 创兴资源 2020 年 11 月至 2021 年 7 月的 K 线走势

从上图可以看到，在 RSI 指标多头排列的过程中，创兴资源股票的股价开始小幅上涨，2 月底 K 线更是连续收出高开高走的大阳线，直接向上突破平台，表现强势。随后创兴资源转入上升走势中，股价波动上行，最高上涨至 10.50 元，涨幅较大。

3.1.2 RSI 指标空头排列

空头排列则与多头排列相反，它指的是股价处于下跌趋势之中，RSI 指标中的短线 RSI 指标、中线 RSI 指标和长线 RSI 指标，自下而上排列向下运行，并且各个曲线之间没有出现黏合的状态。当 RSI 指标出现空头排列时，说明空方力量强势，股价短期看跌，投资者应看空。

实例分析
复星医药（600196）RSI 指标呈空头排列

图 3-3 所示为复星医药 2021 年 4 月至 8 月的 K 线走势。

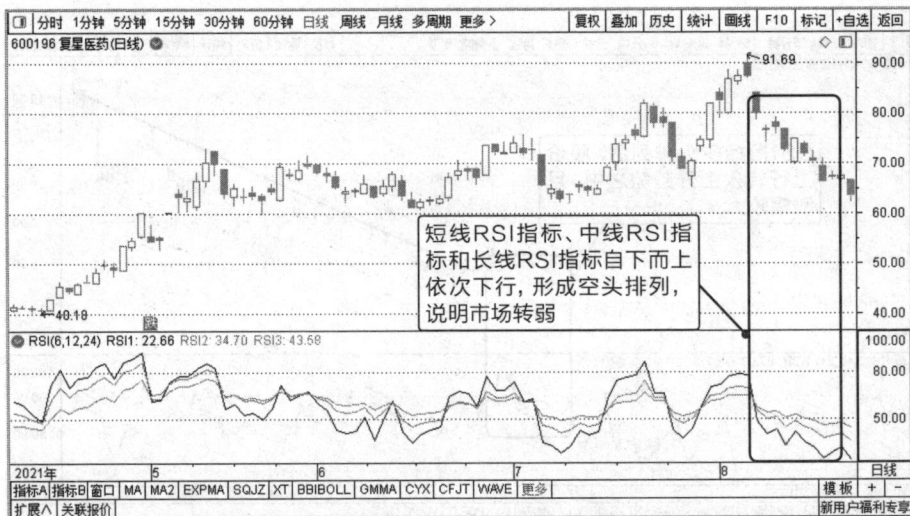

图 3-3 复星医药 2021 年 4 月至 8 月的 K 线走势

从上图可以看到，复星医药处于上升趋势之中，股价从相对低位处开始上行，当股价上涨至 90.00 元价位线附近，创下 91.69 元的新高后止涨回落，出现转势迹象。

此时查看下方的 RSI 指标，发现在股价波动上行的过程中，RSI 指标通常在 50 线至 80 线区间波动，即便下行跌破 50 线也很快回到 50 线上方。2021 年 8 月上旬，当股价止涨回落时，RSI 指标同步下行跌破 50 线，并且短线 RSI 指标、中线 RSI 指标和长线 RSI 指标自下而上依次排列向下运行，呈现出空头排列。说明此时场内多空双方的局势已经发生转变，原本占据优势的多方力量减弱，空方力量开始增强，且占据优势。因此，复星医药的这一波上涨行情极有可能结束，股价短期看跌，是卖出信号，投资者应趁早离场。

图 3-4 所示为复星医药 2021 年 8 月至 2022 年 3 月的 K 线走势。

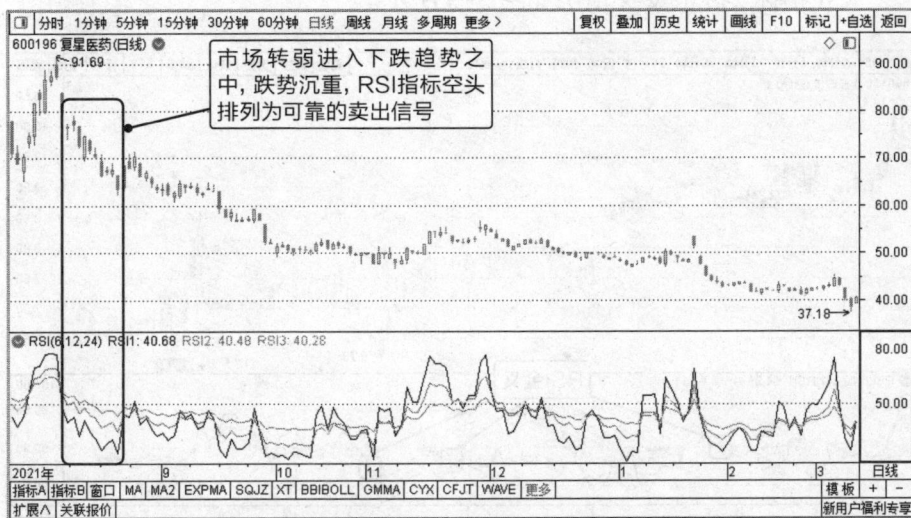

图 3-4　复星医药 2021 年 8 月至 2022 年 3 月的 K 线走势

从上图可以看到，复星医药股价在 91.69 元位置见顶，随后转入下跌趋势之中，股价震荡下行，最低跌至 37.18 元，跌势惨重，跌幅巨大。如果投资者能够抓住 RSI 空头排列信号，及时离场，即可避免这一重大损失。

3.2　RSI 指标中的交叉现象

RSI 指标中的 3 条曲线在跟随股价波动变化的过程中常常会出现交叉情况，这些交叉并非无意义，很多时候也能为我们的投资分析提供可靠的信号。

3.2.1　RSI 指标中的黄金交叉

黄金交叉简称为金叉，它是指短期指标线向上穿过中长期指标线形成的交叉，在 RSI 指标中指的是 6 日短期 RSI 指标线上行穿过 12 日中期 RSI 指标线形成的交叉，是一种买入信号，说明股价走强，后市上涨的可能性较大。

RSI 指标实际的交叉情况如图 3-5 所示。

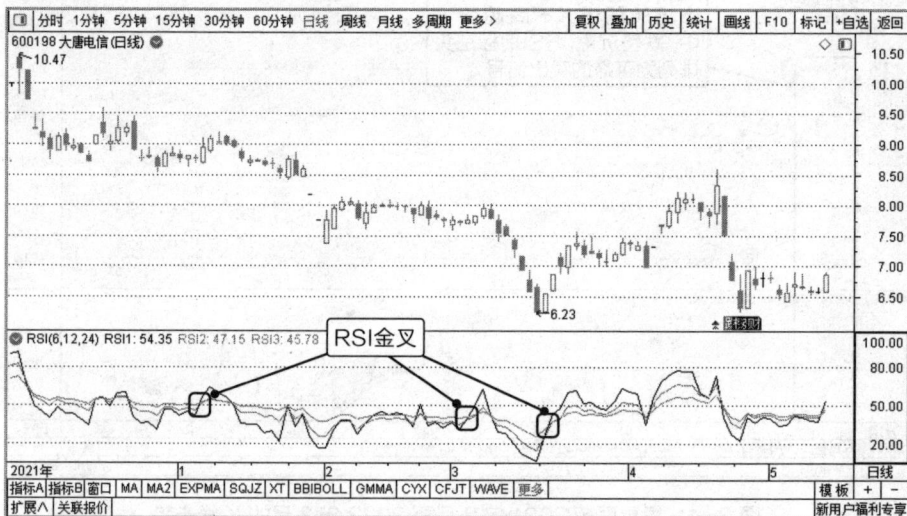

图 3-5　RSI 指标金叉

从上图可以看到，RSI 指标出现了多次金叉，但是上方的股价却没有在每次出现金叉时配合上涨。如图中的第一次和第二次金叉，上方股价仅仅上涨几个交易日便停止，而第三个金叉出现时股价却出现了一波小幅上涨行情。这是为什么呢？

此时，就需要对金叉的有效性进行判断，一些无意义的金叉并不能使得股价上涨，更不能作为买进信号。判断金叉的有效性，可以从以下几个方面入手：

①金叉出现在 50 线以下的低位区域，为重要的买入信号，尤其是出

现在 20 线以下的超卖区，则买入信号更加强烈。当金叉出现在 50 线以上的高位区域时，虽然也是看涨信号，但是这种情况下股价的上涨空间有限，所以不适宜跟进。

②金叉出现时，如果 K 线配合收出阳线，成交量同步放大，则该股未来上涨的可能性更大。

③如果金叉出现时，股价 K 线同步上行突破某一重要压力位，则买入信号更准确。

实例分析
本钢板材（000761）RSI 指标发出金叉信号

图 3-6 所示为本钢板材 2020 年 9 月至 2021 年 2 月的 K 线走势。

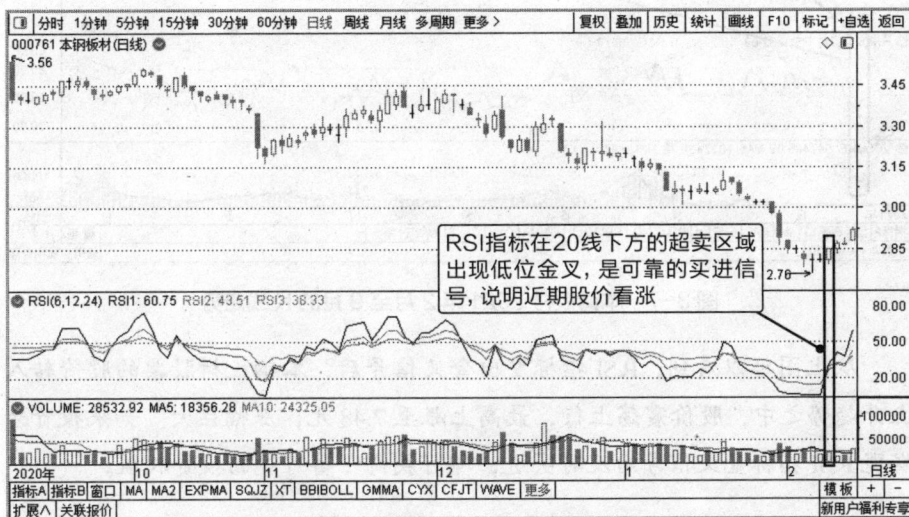

图 3-6　本钢板材 2020 年 9 月至 2021 年 2 月的 K 线走势

从上图可以看到，本钢板材处于下跌趋势之中，股价不断向下滑落。2021 年 2 月初，股价跌至 2.85 元价位线附近止跌，并表现出横盘整理走势，出现筑底迹象。

此时查看 RSI 指标发现，随着股价的不断下行，RSI 指标向下运行至 20

线下方的超卖区域。2021年2月初，6日RSI指标拐头向上，上穿12日RSI指标形成金叉，说明本钢板材这一波下跌行情见底，股价短期看涨，后市极有可能迎来一波上涨行情，是可靠的买进信号。

进一步查看K线走势图发现，在RSI指标发出金叉信号时，K线收出阳线，成交量较前一日出现放大迹象，再次确认了股价走强信号的准确性。

图3-7所示为本钢板材2021年2月至9月的K线走势。

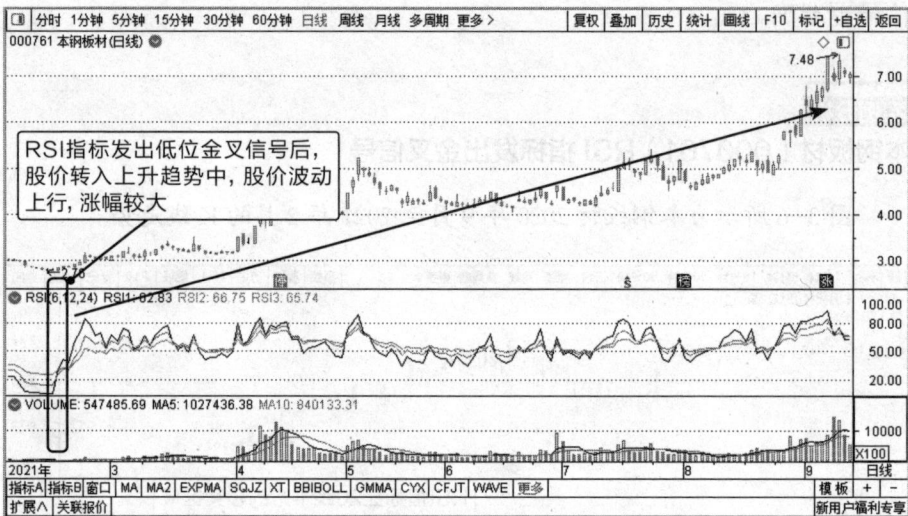

图3-7 本钢板材2021年2月至9月的K线走势

从上图可以看到，RSI指标发出金叉信号后，本钢板材股票的股价转入上升趋势之中，股价震荡上行，最高上涨至7.48元，涨幅巨大。如果投资者发现RSI指标金叉信号后及时买进，即可获得一番可观的投资收益。

3.2.2　RSI 指标中的死亡交叉

死亡交叉简称为死叉，它是指短期指标线自上而下穿过中长期指标线形成的交叉，在RSI指标中指的是6日短期RSI指标线下行穿过12日中期RSI指标线形成的交叉，是一种卖出信号，说明股价走弱，后市股价下跌的可能性较大。

与 RSI 指标金叉一样，RSI 指标在随着股价波动变化的过程中会形成大量的死叉，但并不是所有的死叉都具有市场意义，如图 3-8 所示。

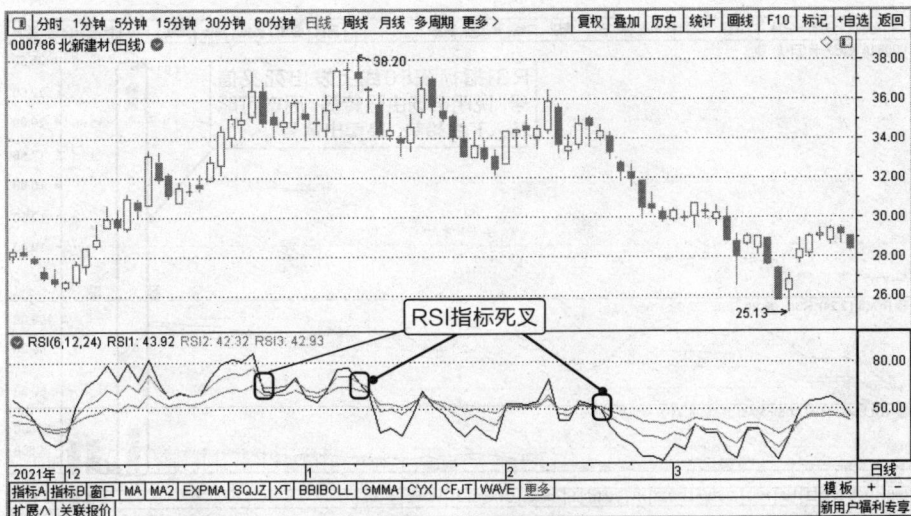

图 3-8　RSI 指标死亡交叉

从上图可以看到，RSI 指标发出的 3 个死叉信号中，并不是所有死叉都能使股价大幅下跌，很多时候股价仅仅是调整几个交易日便结束了，并未开启新的走势，这样的死叉显然是没有市场指示意义的。因此，在实际的投资中我们需要从以下几个方面来对 RSI 指标死叉进行考虑：

①当 RSI 指标死叉出现在 50 线上方时，为重要的卖出信号，若是死叉出现在 80 线以上的超买区，那么这种信号更为可靠。当 RSI 指标死叉出现在 50 线以下的低位时，虽然也是看跌信号，但在这种情况下卖出可能会卖在较低价位上。

②通常情况下，死叉出现之前，在股价上涨的过程中，成交量持续放大，而当死叉出现、股价回调时，成交量则表现萎缩。

实例分析
岳阳兴长（000819）RSI 指标发出死叉信号

图 3-9 所示为岳阳兴长 2021 年 11 月至 2022 年 1 月的 K 线走势。

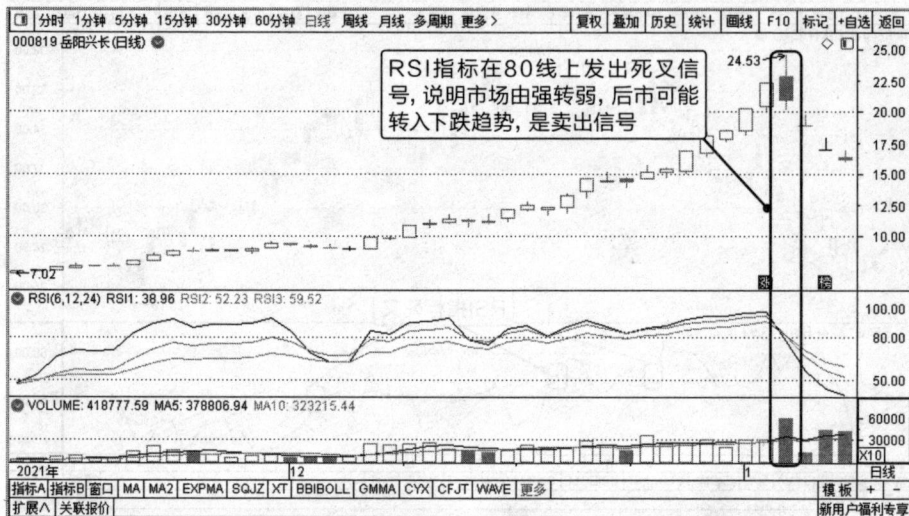

图 3-9　岳阳兴长 2021 年 11 月至 2022 年 1 月的 K 线走势

从上图可以看到，岳阳兴长股票处于上升趋势之中，股价从相对低位开始向上攀升，K 线频繁且连续收出高开高走的阳线，将股价快速拉升至 22.50 元价位线上方。2022 年 1 月 6 日，股价高开低走，K 线收出带长上影线的阴线，创出 24.53 元的新高，说明上方压力较重，股价极有可能在此见顶回落。

此时查看下方的 RSI 指标发现，RSI 指标随着股价的上涨运行至 80 线上方的超买区，场内做多气氛过于浓烈，随时都有可能见顶回落。2022 年 1 月 6 日，RSI 指标拐头下行，6 日 RSI 指标自上而下穿过 12 日 RSI 指标形成高位死叉，说明岳阳兴长的强势行情发生转变，空头占据优势，后市看跌，是可靠的卖出信号，场内的持股投资者应尽快锁定收益离场。

图 3-10 所示为岳阳兴长 2021 年 12 月至 2022 年 4 月的 K 线走势。

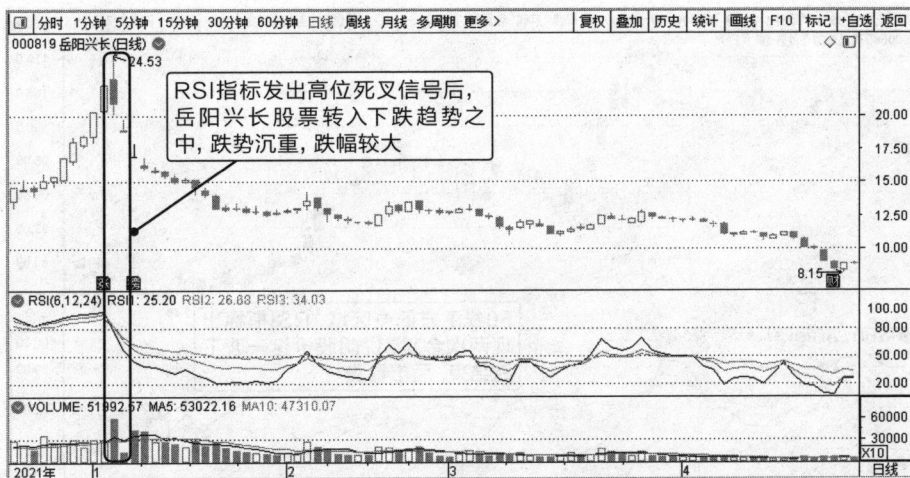

图 3-10　岳阳兴长 2021 年 12 月至 2022 年 4 月的 K 线走势

从上图可以看到，2022 年 1 月 6 日，RSI 指标发出高位死叉信号后股价止涨回落转入下跌趋势之中，股价波动下行，在 4 个月左右的时间内下跌至最低 8.15 元，跌幅超 66%。如果投资者未能及时离场，必将面临重大的经济损失，可见高位死叉确实为可靠的卖出信号。

3.2.3　RSI 指标低位二次金叉

RSI 指标低位二次金叉指的是 RSI 指标在 50 线下的低位区域连续出现两次金叉的情况。连续两次金叉的出现进一步肯定了股价上涨信号的准确性，面对这样的信号，投资者可以大胆跟进，持股待涨。

需要注意的是，这里的两次金叉只是一个概念，在实际的投资中可能出现三次或更多，要知道出现金叉的次数越多，则越能说明信号的准确性，股价止跌转入上升趋势的可能性就越强。

实例分析

青岛啤酒（600600）RSI 指标发出低位二次金叉

图 3-11 所示为青岛啤酒 2020 年 12 月至 2021 年 3 月的 K 线走势。

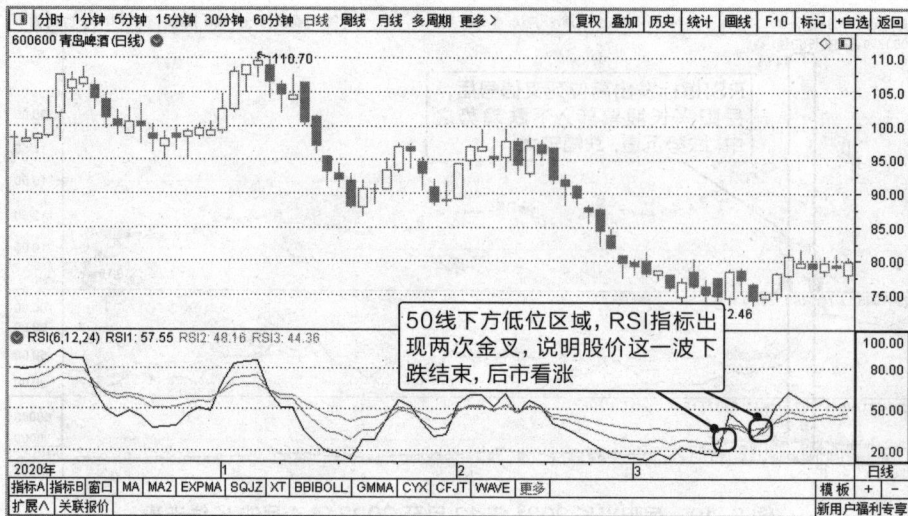

图 3-11 青岛啤酒 2020 年 12 月至 2021 年 3 月的 K 线走势

从上图可以看到，青岛啤酒处于下跌趋势之中，股价波动下行不断创出新低。2021 年 3 月上旬，股价下行至 75.00 元价位线附近后止跌，并在 75.00 元至 80.00 元区间横盘窄幅波动。

此时查看下方的 RSI 指标发现，随着股价的下跌，RSI 指标在 50 线下的低位区域波动运行，2021 年 3 月上旬，RSI 指标中的 6 日短期指标突然拐头上行，上穿 12 日中期指标形成金叉，发出买入信号。

金叉出现后不久，6 日短期指标上行至 50 线附近时拐头向下，下穿 12 日中期指标和 24 日长期指标后，再次拐头向上，上穿 12 日中期指标，形成第二次金叉。第二次金叉的出现再次确认了股价短期看涨信号的准确性，结合上方股价止跌企稳的横盘走势可以判断，青岛啤酒的这一波下跌行情结束，股价即将转入上升趋势之中，投资者可以积极买进，持股待涨。

图 3-12 所示为青岛啤酒 2021 年 3 月至 7 月的 K 线走势。

从下图可以看到，RSI 指标在 50 线下的低位区域形成两次金叉后，青岛啤酒股价在 72.00 元附近筑底回升，转入上升趋势之中。股价波动上行，不断创出新高，4 个月左右的时间股价最高上涨至 118.11 元，涨幅达 63%。

可见，RSI 指标低位的两次金叉为可靠的买进信号，投资者发现该信号时可积极做多。

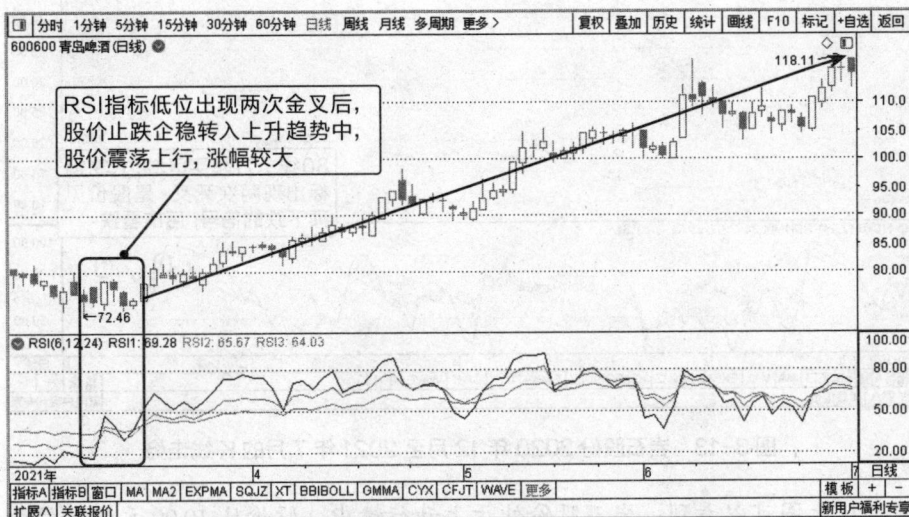

图 3-12　青岛啤酒 2021 年 3 月至 7 月的 K 线走势

3.2.4　RSI 指标高位两次死叉

RSI 指标高位两次死叉是指 RSI 指标在 50 线上的高位区域连续出现两次死叉的情况。我们知道 RSI 指标高位死叉是可靠的卖出信号，而高位两次死叉则进一步确认了这一信号，当市场中出现 RSI 指标高位两次死叉时，投资者最好不要再对股价后市抱有幻想，及时离场脱身才是正确的投资方法。

注意：这里的两次与低位金叉中的两次一样，只是一个概念，在实际的投资中可能不止两次，出现死叉的次数越多，信号就越强烈。

实例分析

岩石股份（600696）RSI 指标发出高位二次死叉

图 3-13 所示为岩石股份 2020 年 12 月至 2021 年 7 月的 K 线走势。

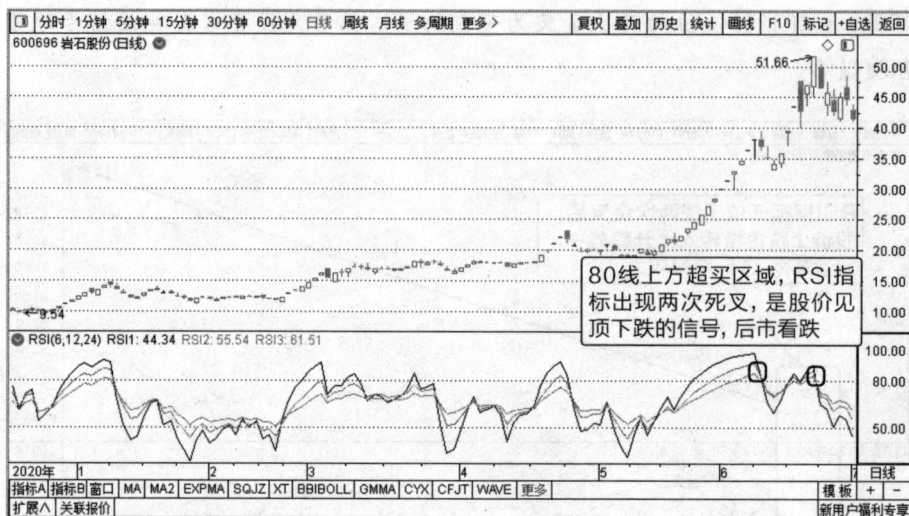

图 3-13　岩石股份 2020 年 12 月至 2021 年 7 月的 K 线走势

从上图可以看到，岩石股份处于上升行情中，股价从 10.00 元的低位处向上大幅攀升。2021 年 6 月初，股价上涨至 40.00 元附近后止涨，回调了几个交易日后再次上冲，但仅上涨了几个交易日，将股价拉升至 50.00 元附近，创下 51.66 元的新高后便止涨横盘。此时的涨幅已经超过 400%，涨幅巨大，股价存在见顶风险。

此时查看下方的 RSI 指标发现，RSI 指标随着股价的上行而同步上升至 80 线上方的超买区域，说明场内的做多气氛过浓，随时可能出现回落。2021 年 6 月初，RSI 指标三线在 80 线上方拐头下行，6 日短期指标自上而下穿过 12 日中期指标，形成高位死叉。说明股价的多头动力衰竭，上涨乏力，后市看跌。

高位死叉出现后，RSI 指标下行至 80 线下方，随后拐头上行，回到 80 线上，但很快再次拐头下行，6 日短期指标再次下穿 12 日中期指标形成高位死叉。高位死叉的再一次出现确认了市场由强转弱信号的准确性，后市股价止涨转入下跌趋势的可能性较大，场内的持股投资者应尽快离场，锁定前期收益，了结出局，落袋为安。

图 3-14 所示为岩石股份 2021 年 6 月至 10 月的 K 线走势。

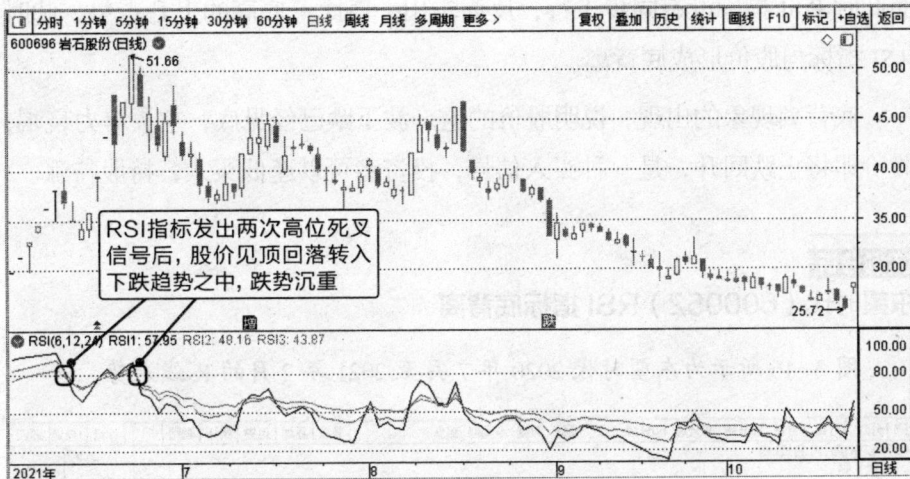

图 3-14　岩石股份 2021 年 6 月至 10 月的 K 线走势

从上图可以看到，RSI 指标高位出现两次死叉后，岩石股份股价见顶回落转入下跌趋势之中，股价波动下行，跌势较急，最低跌至 25.72 元，跌幅超 50%。如果投资者在发现 RSI 指标高位两次死叉时没有及时离场，将遭受重大的经济损失。

3.3　RSI 指标与股价的背离

通常情况下，RSI 指标随着股价的变化而波动，当股价上行时同步上行，当股价下跌时同步下跌。但是，有时候可能出现 RSI 指标与股价背离的趋势运动，这种背离情况往往意味着股价行情的转变，是重要的转势信号，对股价变化分析也具有重要意义。

3.3.1　RSI 指标与股价底背离

RSI 指标与股价的底背离指的是股价经过一波下跌行情后运行至底部

低位区域，K 线图中的股价持续下跌，走出一底比一底低的下跌走势，然而此时 RSI 指标没有同步下行，反而走出一底比一底高的上升走势，此时 RSI 指标与股价形成底背离。

底背离现象的出现，说明股价的这一波下跌已经见底，空头势力衰竭，股价即将止跌回升，是一种买入信号，投资者可以逢低买入，持股待涨。

实例分析
东望时代（600052）RSI 指标底背离

图 3-15 所示为东望时代 2020 年 7 月至 2021 年 2 月的 K 线走势。

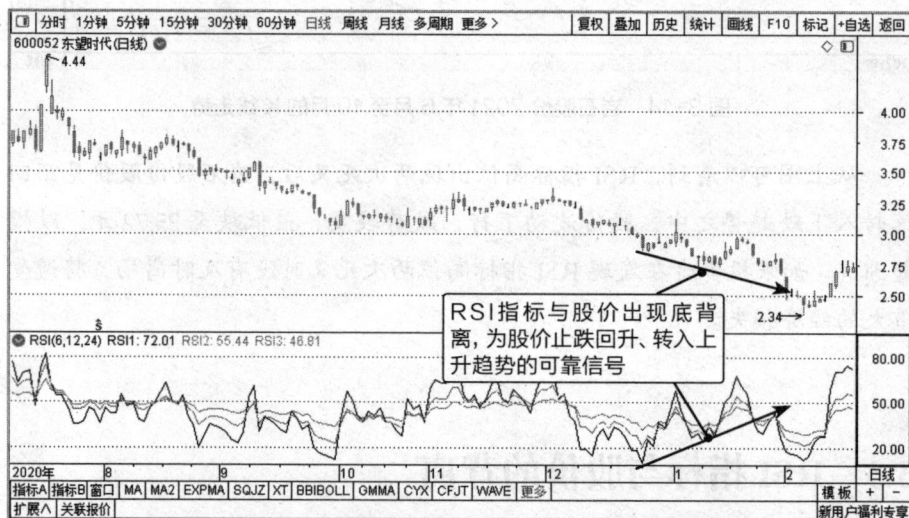

图 3-15　东望时代 2020 年 7 月至 2021 年 2 月的 K 线走势

从上图可以看到，东望时代处于下跌趋势之中，股价波动下行不断创出新低，2021 年 2 月初，股价下跌至 2.50 元价位线附近后止跌横盘，出现止跌迹象。

此时查看 RSI 指标发现，2020 年 12 月下旬至 2021 年 1 月，市场弱势，股价震荡下行，走出一底比一底低的走势，但是下方的 RSI 指标却没有同步下行，反而表现上行，走出一底比一底高的走势。RSI 指标与股价形成底背离，结合 2.50 元止跌横盘的走势，说明东望时代的这一波下跌行情即将结束，空头势能衰竭，后市看涨，为买进信号。

图 3-16 所示为东望时代 2020 年 12 月至 2022 年 1 月的 K 线走势。

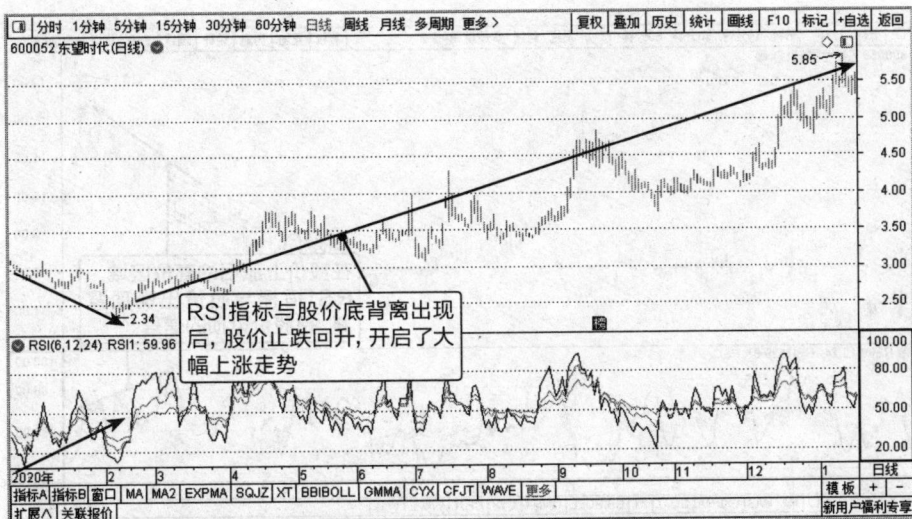

图 3-16　东望时代 2020 年 12 月至 2022 年 1 月的 K 线走势

从上图可以看到，RSI 指标与股价底背离出现后，股价在 2.50 元价位线附近止跌企稳，随后转入上升趋势之中，股价震荡上行并不断向上攀升，涨幅较大。

3.3.2　RSI 指标与股价顶背离

RSI 指标与股价的顶背离指的是股价经过一波上涨行情后运行至顶部高位区域，K 线图中的股价持续上涨，走出一波比一波高的上升走势，然而此时 RSI 指标没有同步上行，反而走出一波比一波低的下跌走势，此时 RSI 指标与股价形成顶背离。

顶背离现象的出现，说明股价的这一波上涨已经见顶，多头势能衰竭，上涨乏力，股价即将止跌回落，是一种卖出信号，投资者应尽快离场。

五矿发展（600058）RSI 指标顶背离

图 3-17 所示为五矿发展 2021 年 1 月至 9 月的 K 线走势。

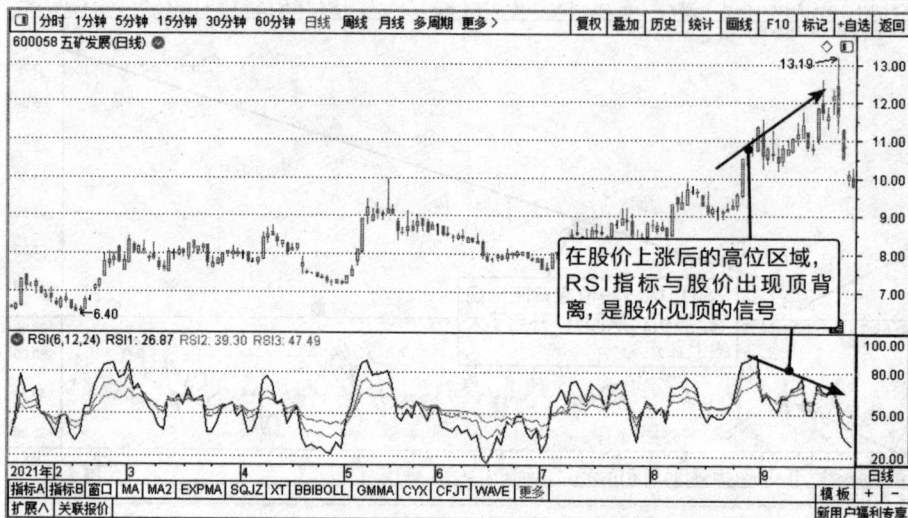

图 3-17　五矿发展 2021 年 1 月至 9 月的 K 线走势

从上图可以看到，五矿发展处于上升趋势之中，股价震荡上行不断创出新高。2021 年 9 月，股价上涨至 12.00 元价位线上后止涨横盘，9 月 24 日 K 线收出带长上影线的阴线，说明上方压力较重，难以突破，股价极有可能在此位置见顶。

此时查看下方的 RSI 指标发现，2021 年 9 月初，在股价继续表现上涨的过程中，下方的 RSI 指标却没有同步上行，反而波动下行，走出一波比一波低的下跌走势。由此可知，RSI 指标与股价形成顶背离现象，结合股价的止涨走势，说明场内的多头势能衰竭，上涨乏力，股价极有可能在此位置见顶转入下跌走势，为可靠的卖出信号，投资者应立即离场。

图 3-18 所示为五矿发展 2021 年 8 月至 2022 年 4 月的 K 线走势。

从下图可以看到，RSI 指标与股价出现顶背离后，股价在 12.00 元价位线附近见顶，转入下跌趋势之中。股价波动下行，重心不断下移，最低跌至 6.66 元，跌势沉重。

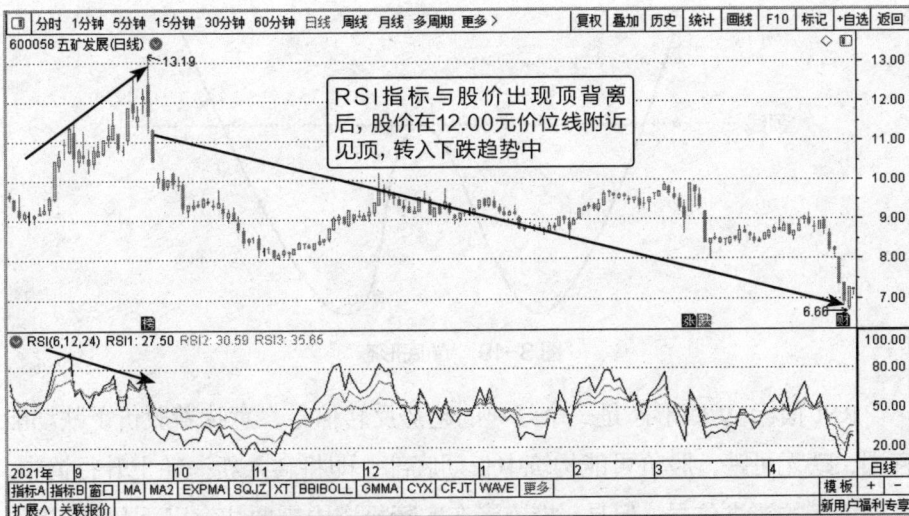

图 3-18　五矿发展 2021 年 8 月至 2022 年 4 月的 K 线走势

3.4　RSI 指标的波动形态应用

　　RSI 指标在高位盘整或低位横盘波动时可能会形成一些具有指示意义的经典形态，它们也是判断行情的重要依据，能够帮助投资者识别阶段底部和阶段顶部，进而做出正确的投资决策。

3.4.1　RSI 指标 W 底形态

　　股价经过一轮下跌行情运行至底部低位区域，RSI 指标同步运行至低位区域，此时 RSI 指标可能在反复震荡中形成 W 底形态。W 底形态也被称为双重底形态，即 RSI 指标在波动过程中形成两个明显的波谷，且两个波谷的最低点大致处于同一水平位置。

　　图 3-19 所示为 RSI 指标 W 底形态示意图。

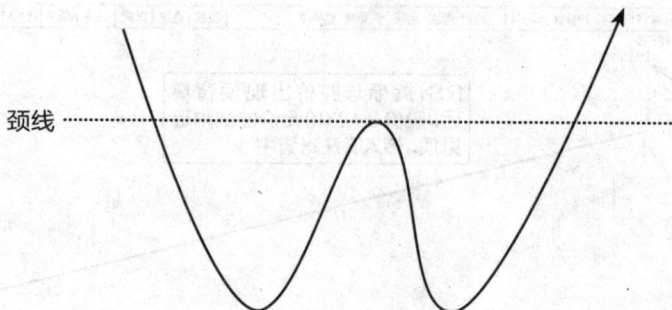

图 3-19　W 底形态

RSI 指标 W 底形态是一个经典的趋势反转信号，意味着股价下跌动能衰竭，跌无可跌，股价可能构筑中长期底部，即将转入新一轮上升行情中，是投资者的买进信号。但是，投资者在实际投资中需要注意以下几个问题：

①RSI 指标 W 底形态应该在 50 线下的低位区域，才具有指示意义，尤其是当 W 底形态出现在 20 线下的超卖区域时，趋势反转信号进一步加强。

②RSI 指标在形成 W 底形态的过程中，上方股价如果同步形成 W 底形态，说明股价与 RSI 指标走势同步，当股价上行突破颈线时投资者可以跟进。

③RSI 指标形成 W 底形态后，继续上行，且突破 50 线运行至 50 线上方，投资者可积极跟进。

④在实际的投资中，RSI 指标 W 底形态中的两个低点大致处于同一水平即可，有时候第二个低点会略高于第一个低点，同样有效。

下面以具体的例子进行说明。为了方便查看 RSI 指标形态，以单根 RSI 指标进行讲解，这里以 12 日 RSI 指标为例。

实例分析

吉林化纤（000420）RSI 指标 W 底形态

图 3-20 所示为吉林化纤 2020 年 5 月至 2021 年 1 月的 K 线走势。

从下图可以看到，吉林化纤经过一轮大幅下跌行情后运行至 2.10 元价位线附近的相对低位区域，随后止跌并在 2.00 元至 2.20 元区间横盘窄幅波动。

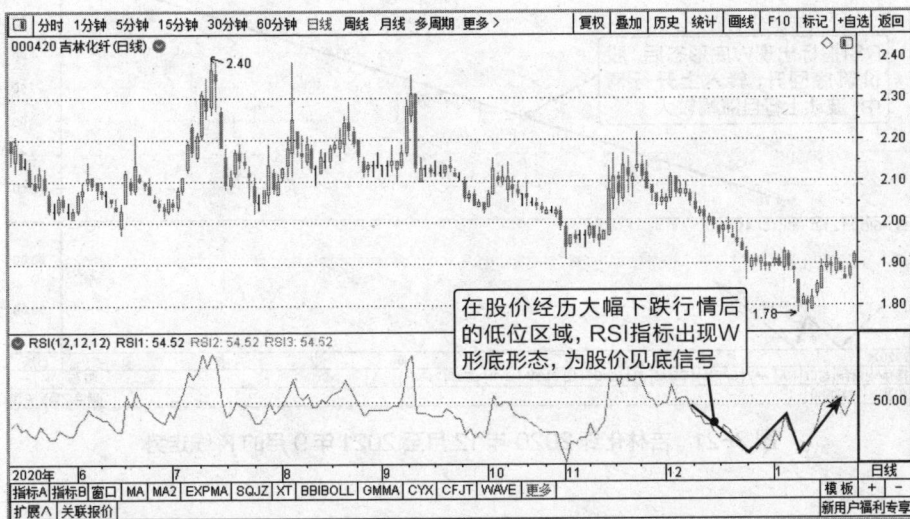

图 3-20　吉林化纤 2020 年 5 月至 2021 年 1 月的 K 线走势

2020 年 12 月，吉林化纤股价进一步下跌，跌破横盘波动平台，运行至 1.80 元价位线附近后止跌回升。此时查看 RSI 指标发现，在股价进一步下跌的过程中，RSI 指标在 50 线下方两次下跌回升，形成了两个明显的波谷，且波谷低点大致处于同一水平位置，进而形成了典型的 W 底形态。

W 底形态的出现，说明吉林化纤的这一轮下跌行情见底，场内空头势能衰竭，后市即将转入上升趋势之中，为买进信号，投资者可以在 RSI 指标上行穿过颈线位置时买进。

图 3-21 所示为吉林化纤 2020 年 12 月至 2021 年 9 月的 K 线走势。

从下图可以看到，RSI 指标出现 W 底形态后，RSI 指标继续上行，运行至 50 线上的高位区域，并在 50 线至 80 线区间内波动运行。与此同时，吉林化纤股价在 2.00 元附近筑底回升，转入上升趋势中，股价不断波动上行，涨幅巨大。说明 RSI 指标 W 底形态为可靠的买进信号。

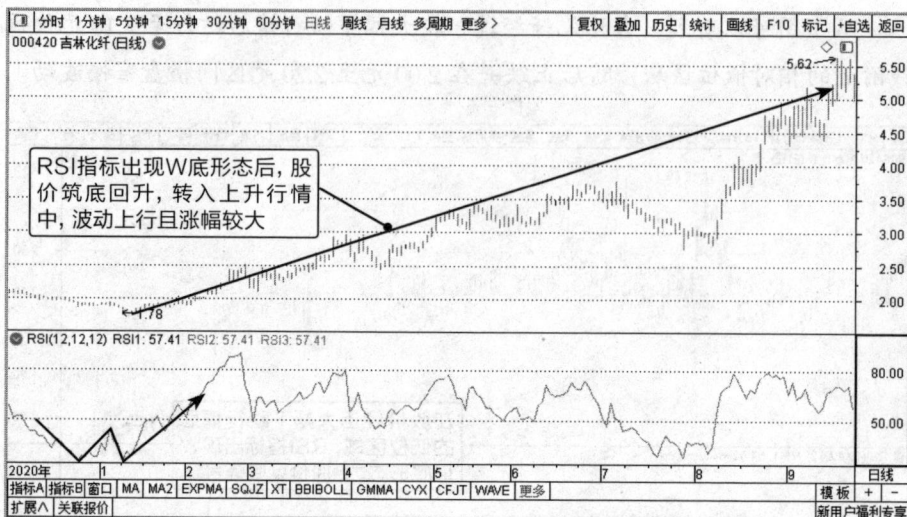

图 3-21　吉林化纤 2020 年 12 月至 2021 年 9 月的 K 线走势

3.4.2　RSI 指标 M 顶形态

　　股价经过一轮上涨行情后运行至相对高位区域止涨，此时 RSI 指标也可能在反复震荡波动中形成 M 顶形态。M 顶形态也被称为双重顶形态，它是指 RSI 指标在波动过程中形成了两个明显的波峰，且两个波峰的最高点大致处于同一水平位置。

　　图 3-22 所示为 RSI 指标 M 顶形态示意图。

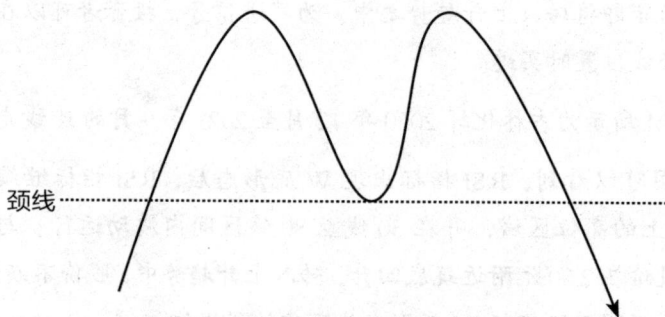

图 3-22　M 顶形态

　　RSI 指标 M 顶形态也是一个经典的趋势反转信号，意味着股价上涨动能衰竭，上方压力较重，上涨乏力，股价见顶，即将开启一轮下跌行情，是卖出信号，投资者一旦发现该形态应及时离场。在实际投资中应用 M 顶形态需要注意以下几个问题：

①RSI 指标 M 顶形态应该出现在 50 线上的高位区域才具有指示意义，尤其是当 M 顶形态出现在 80 线上的超买区域时，趋势反转的信号更浓。

②RSI 指标在形成 M 顶形态时，上方股价如果同步形成 M 顶形态，则说明股价与 RSI 指标走势同步，当股价下行跌破颈线时投资者应及时离场，不要对后市抱有期待。

③RSI 指标形成 M 顶形态后，继续下行，且跌破 50 线运行至 50 线下方，说明跌势已定，投资者应及时离场。

④在实际的投资中，RSI 指标 M 顶形态的两个高点大致处于同一水平即可，但有时候第二个高点可能略低于第一个高点，同样有效。

实例分析
奥园美谷（000615）RSI 指标 M 顶形态

图 3-23 所示为奥园美谷 2020 年 12 月至 2021 年 6 月的 K 线走势。

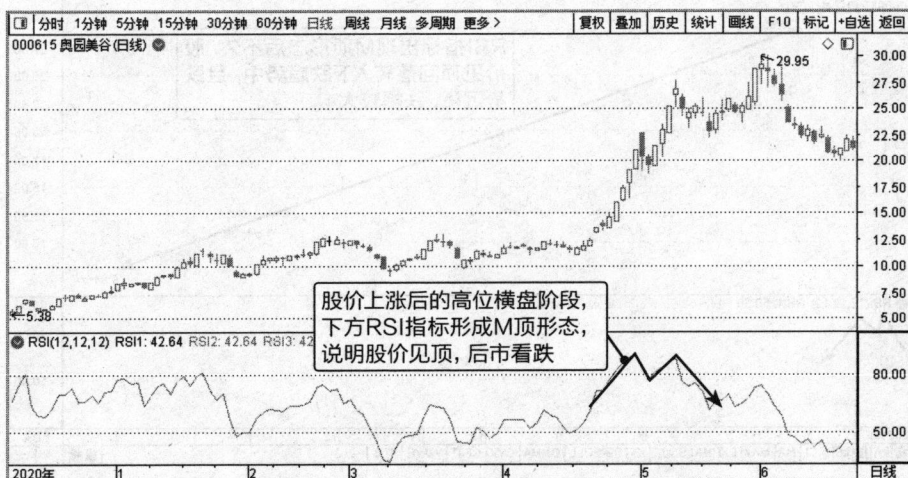

图 3-23 奥园美谷 2020 年 12 月至 2021 年 6 月的 K 线走势

从上图可以看到，奥园美谷处于上升行情中，股价波动上行不断创出新高。2020 年 12 月股价从 5.00 元价位线附近的低位处开始向上攀升，当股价上涨至 10.00 元价位线附近后止涨，并在 10.00 元至 12.50 元区间横盘窄幅波动运行。2021 年 4 月，股价再次上冲，向上突破横盘平台直线上涨，短时间便将股价拉升至 25.00 元价位线上，此时涨幅超 400%。随后股价止涨，并在 25.00 元价位线上横盘整理。

与此同时，查看下方的 RSI 指标发现，当股价向上急涨拉升至 25.00 元价位线上方时，RSI 指标同步上行，运行至 80 线上方的超买区域，随后股价横盘整理，RSI 指标也在超买区横盘波动。值得注意的是，RSI 指标在超买区波动过程中两次冲高回落，形成了两个明显的高点，且两个高点大致上处于同一水平位置，形成了典型的 M 顶形态。

M 顶形态的出现，说明股价见顶，股价继续上涨的行情难以持续，且随时可能转入下跌趋势之中，投资者应尽快离场。观察发现，RSI 指标形成 M 顶形态后继续下行，跌势明显。当 RSI 指标跌破 M 顶形态颈线位置时，为投资者的离场机会。

图 3-24 所示为奥园美谷 2021 年 5 月至 2022 年 3 月的 K 线走势。

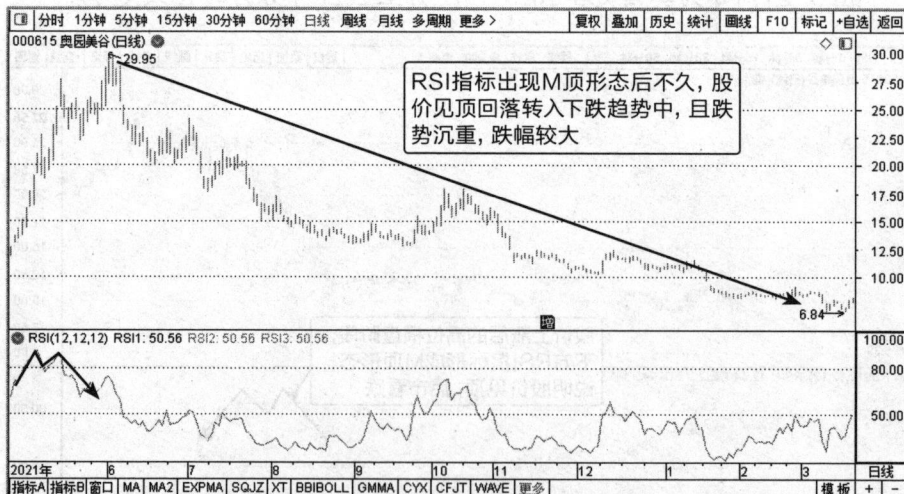

图 3-24　奥园美谷 2021 年 5 月至 2022 年 3 月的 K 线走势

从上图可以看到，RSI 指标出现 M 顶形态后，RSI 指标继续下行，下穿 50 线后，在 50 线下方的低位区波动运行。奥园美谷股价则在 RSI 指标形成 M 顶形态后上冲创下 29.95 元的新高后止涨回落，转入下跌趋势之中，股价波动下行，最低跌至 6.84 元，跌势沉重，跌幅较大。

3.4.3　RSI 指标头肩底形态

RSI 指标头肩底形态与 W 底形态相似，也是股价底部反转形态，常出现在股价经过一轮下跌行情后的底部低位区域。不同点在于，头肩底形态是由 3 个低谷组合而成，且左右两边的低谷最低点大致在同一水平位置上，处于中间的波谷低点明显低于左右两个低点，形态上类似于一个倒立的人的头部和两肩，所以也被称为头肩底形态，如图 3-25 所示。

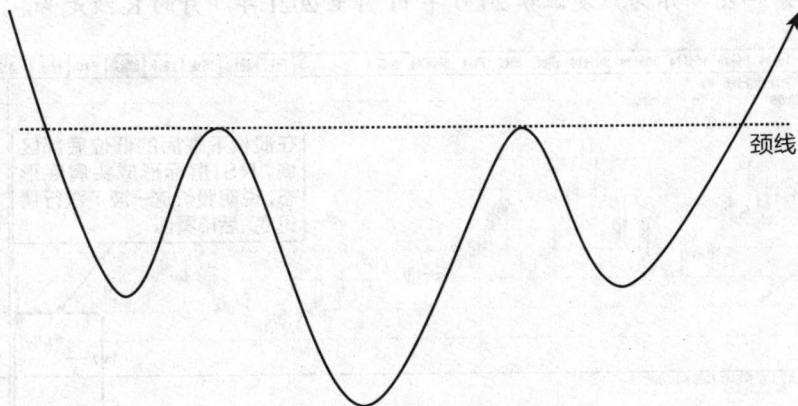

颈线

图 3-25　头肩底形态

RSI 指标头肩底形态的出现意味着股价的这一波下跌行情即将结束，股价即将转入上升行情中。在实际的投资分析中运用 RSI 指标头肩底形态时，投资者应注意以下几点：

① RSI 指标的头肩底形态出现在 50 线下方的低位区域才具有指示意义，尤其是出现在 20 线以下的超卖区域，股价反转回升的信号更强烈。

②如果 RSI 指标在构筑头肩底形态的同时，股价也同步回落拉升形成头肩底形态，则说明股价与 RSI 指标同步运行，当股价上行突破颈线时为投资者的买进机会。

③ RSI 指标头肩底形态形成，RSI 指标继续上行突破颈线时为投资者的买进机会，随后 RSI 指标继续上行突破 50 线为投资者的加仓机会。

④在实际的投资中，头肩底形态中的左右两个波谷的低点大致处于同一水平位置即可，但有时候右侧波谷低点可能略高于左侧波谷低点，同样有效。

实例分析

广发证券（000776）RSI 指标头肩底形态

图 3-26 所示为广发证券 2020 年 11 月至 2021 年 7 月的 K 线走势。

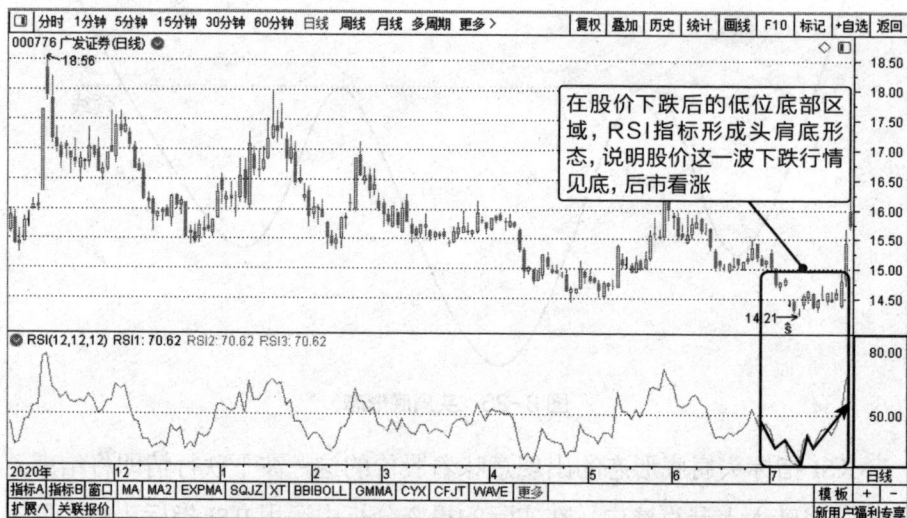

图 3-26　广发证券 2020 年 11 月至 2021 年 7 月的 K 线走势

从上图可以看到，广发证券处于弱势行情之中，股价波动下行，重心不断下移。2021 年 7 月，股价下行至 14.50 元价位线附近，创下 14.21 元的新低后止跌横盘。

　　此时查看下方的 RSI 指标发现，RSI 指标跟随股价下跌，同步下行至 50 线下方，并在 50 线下波动运行表现弱势。2021 年 7 月，在股价止跌横盘的过程中，RSI 指标 3 次下跌回升形成了 3 个明显的低点，且左右两个低点大致处于同一水平位置，形成头肩底形态。

　　在股价经历一轮大幅下跌行情后的低位区域，RSI 指标出现头肩底形态，说明股价的这一波下跌行情结束，空头势能衰竭，股价即将转入上升趋势之中，为买入信号。投资者可在 RSI 指标头肩底形态形成，RSI 指标继续上行突破颈线后积极买进，持股待涨。

　　图 3-27 所示为广发证券 2021 年 6 月至 9 月的 K 线走势。

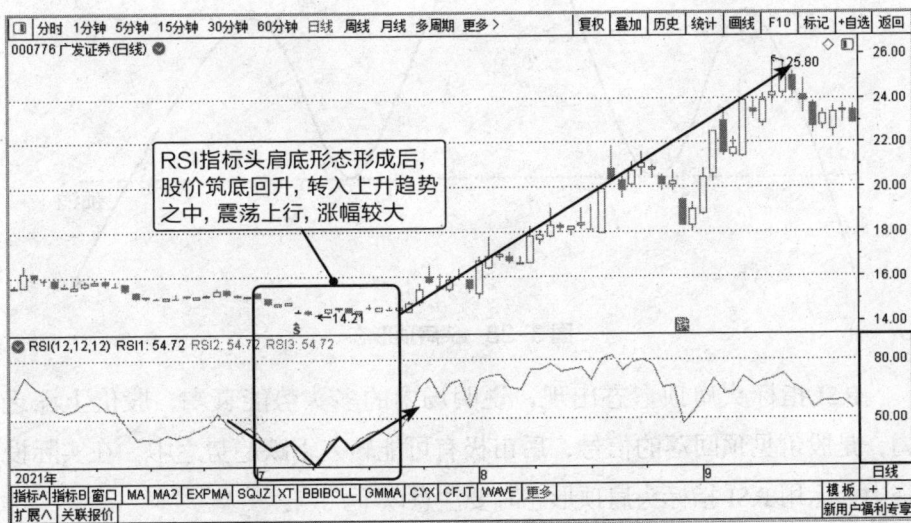

图 3-27　广发证券 2021 年 6 月至 9 月的 K 线走势

　　从上图可以看到，RSI 指标形成头肩底形态后，RSI 指标继续上行，向上突破 50 线后运行至 50 线上方，并在 50 线上方的高位区域波动运行，市场表现强势。同时查看广发证券股价，当 RSI 指标出现头肩底形态后，股价在 14.00 元价位线止跌筑底，随后转入上升趋势之中，股价波动上行，大幅向上攀升，涨势猛烈。

3.4.4　RSI 指标头肩顶形态

RSI 指标头肩顶形态与 M 顶形态相似，同样是股价顶部反转形态，常常出现在股价经过一轮大幅上涨行情后的高位顶部区域。RSI 指标头肩顶形态由 3 个波峰组成，且左右两个波峰最高点大致上处于同一水平位置，中间的波峰高点明显高于左右两侧波峰形成的高点。

图 3-28 所示为头肩顶形态示意图。

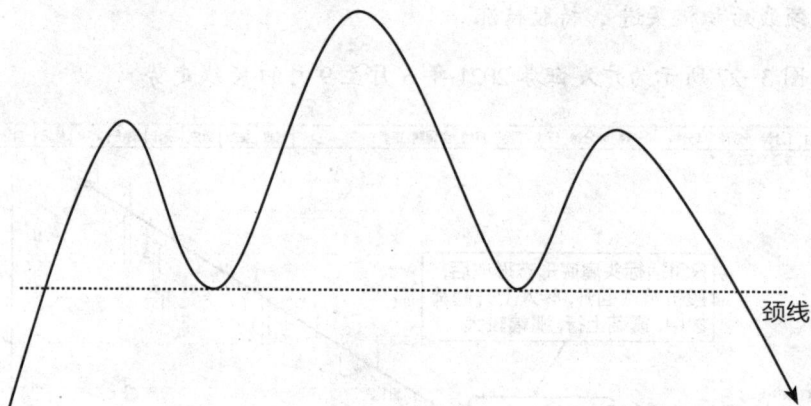

图 3-28　头肩顶形态

RSI 指标头肩顶形态出现，说明场内的多头势能衰竭，股价上涨乏力，是股价见顶回落的信号，后市极有可能转入下跌趋势之中。在实际投资中，运用 RSI 指标头肩顶形态时要注意以下几点：

①RSI 指标的头肩顶形态应该出现在 50 线上方的高位区域才具有指示意义，尤其是出现在 80 线以上的超买区域时，股价止涨回落的信号更强烈。

②如果 RSI 指标在构筑头肩顶形态的同时，股价也同步形成头肩顶形态，则说明股价与 RSI 指标同步运行，当股价下行跌破颈线时为投资者的卖出机会。

③RSI 指标头肩顶形态形成，RSI 指标继续下行跌破颈线时为投资者的卖出机会，随后 RSI 指标继续下行跌破 50 线时，股价跌势已经回升

无望。

④在实际投资中，RSI 指标头肩顶形态中的左右两个波峰的高点大致处于同一水平位置即可，但有时候右侧波峰高点可能略低于左侧波峰高点，同样有效。

实例分析

闽东电力（000993）RSI 指标头肩顶形态

图 3-29 所示为闽东电力 2021 年 2 月至 11 月的 K 线走势。

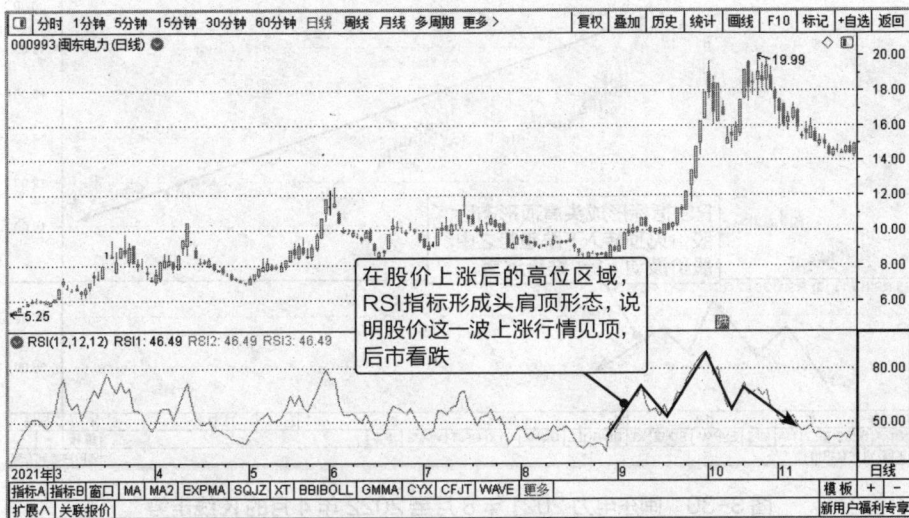

图 3-29　闽东电力 2021 年 2 月至 11 月的 K 线走势

从图中可以看到，闽东电力股票处于上升趋势之中，市场表现强势，尤其是在 2021 年 9 月下旬，几个交易日的时间，股价就从 10.00 元价位线附近上冲至 19.00 元价位线附近，涨势猛烈。

但是，当股价上涨至 19.00 元附近后便止涨，小幅回落至 16.00 元价位线上止跌，随后再次上冲，但上涨至 19.00 元价位线附近后再次止涨横盘，说明 19.00 元上方压力较重，难以向上突破。

此时查看下方的 RSI 指标发现，在股价上冲急涨的过程中，RSI 指标运行至 50 线上的高位区域，并在 50 线上方波动运行。仔细观察 RSI 指标波动时的曲线形态可以看到，RSI 指标在波动过程中形成了 3 个明显的波峰高点，且左右两个高点大致处于同一水平位置，形成头肩顶形态。

头肩顶形态出现在股价经过一波大幅上涨行情后的高位止涨区域，是典型的股价见顶信号，说明股价极有可能在此位置见顶转入下跌趋势之中，是卖出信号。

图 3-30 所示为闽东电力 2021 年 8 月至 2022 年 4 月的 K 线走势。

图 3-30　闽东电力 2021 年 8 月至 2022 年 4 月的 K 线走势

从上图可以看到，RSI 指标形成头肩顶形态后继续下行，运行至 50 线下方，并在 50 线下方波动运行，表现弱势。同时，闽东电力股价也在 19.00 元价位线附近见顶转入下跌趋势之中，股价波动下行，跌至 10.00 元价位线附近，跌势沉重。可见 RSI 指标头肩顶形态为可靠的股价见顶卖出信号。

第4章

从趋势变化中找RSI买卖点

　　股市中有"顺势而为"这一投资理念，即股价波动并非无规律波动，而是趋势运动，只要找准趋势就能助力投资。但是，实际上股价波动变化无常，趋势往往难以把握，此时我们可以借助RSI指标，利用RSI指标中的趋势变化找到市场中潜藏着的买卖点。

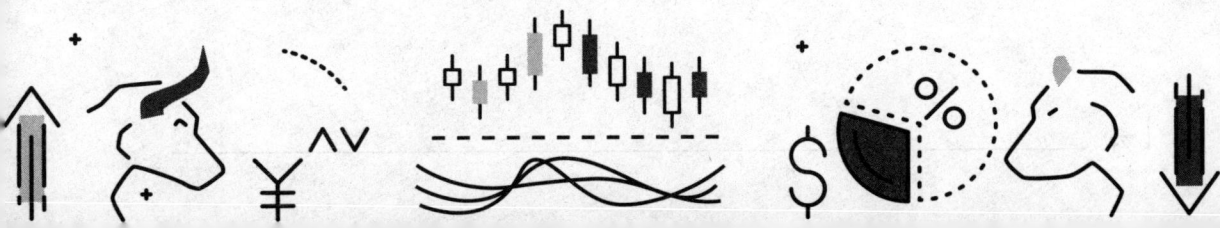

4.1　认识趋势及趋势线

趋势就是指市场运动的方向。趋势对于投资者来说具有重要意义，甚至可以说，只有找准趋势顺势而为，才能在股市浮沉中实现获利。认识趋势及趋势线是趋势投资的第一步。

4.1.1　趋势的运行方向

根据趋势运行方向的不同，趋势分为上升趋势、下降趋势和水平趋势3种，下面来分别介绍。

（1）上升趋势

上升趋势是指股票收盘价整体呈现逐步抬高，每一段涨势都持续向上突破前期高点，中间夹杂的下降走势都不会向下跌破前一波跌势的低点，即波动高点和低点都不断抬高的走势，如图4-1所示。

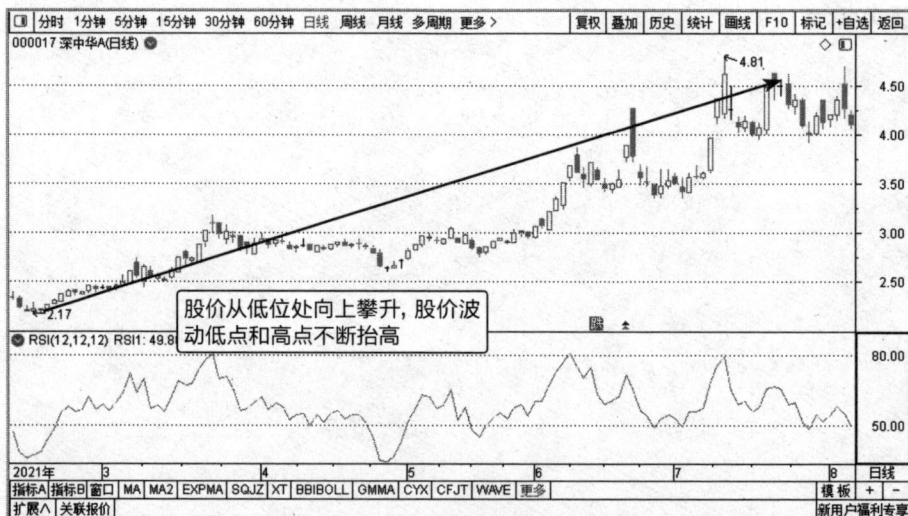

图 4-1　上升趋势

从图中可以看到，上升趋势中，股价波动的波峰和波谷都比前一个波峰和波谷高，表现出向上抬升的走势。

（2）下降趋势

下降趋势是指股票收盘价整体呈现逐步下降，每一段跌势都持续向下跌破前期低点，中间夹杂的上升走势都不会向上突破前一波涨势的高点，即波动高点和低点都不断下移的走势，如图 4-2 所示。

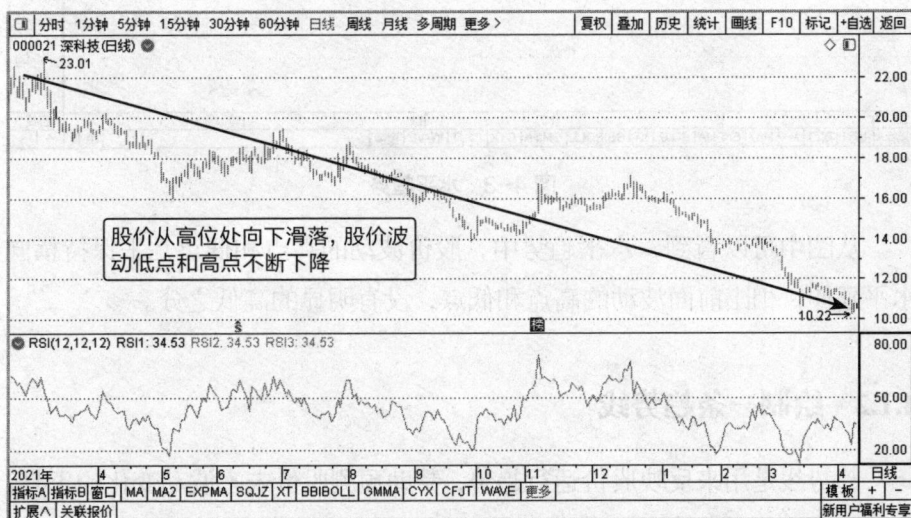

图 4-2　下降趋势

从图中可以看到，下降趋势中，股价波动的波峰和波谷都比前一个波峰和波谷低，表现出向下移动的走势。

（3）水平趋势

水平趋势是指股价持续横盘整理，每次波动的低点或高点连线形成横向延伸线，即股价波动走势中后面波动的高点与低点与前面波动的高点和低点相比，没有出现明显的高低之分，几乎呈现出水平延伸的走势。

图 4-3 所示为水平趋势。

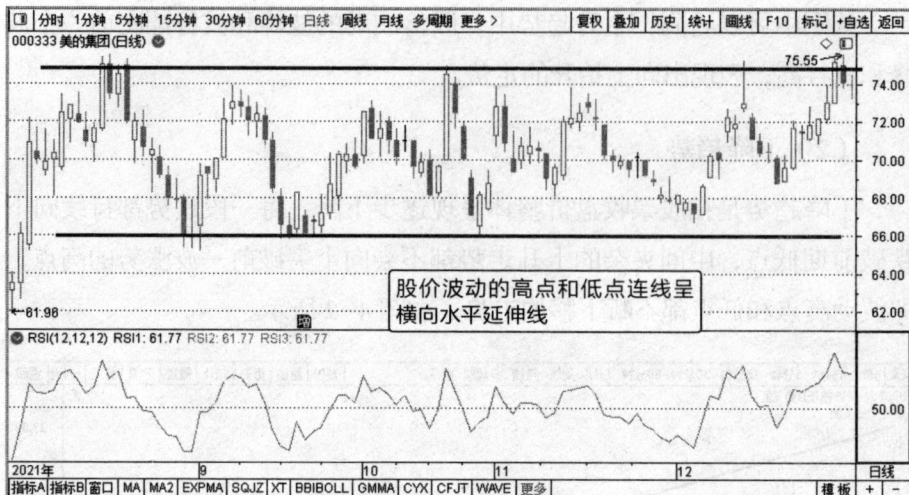

图 4-3　水平趋势

从图中可以看到，水平趋势中，股价波动的高点和低点几乎保持横向水平延伸，相比前面波动的高点和低点，没有明显的高低之分。

4.1.2　绘制一条趋势线

趋势线是用来反映股价运行趋势，帮助预测股价未来波动变化的工具。趋势线是连接某一段时期内股价波动的最高点或最低点形成的连线，而直线的角度决定了股价处于上升趋势，还是下降趋势。这就要求我们绘制一条正确的趋势线。

趋势线是指两个低点或高点的连线形成的直线，但是两个点相连绘制而成的趋势线需要通过第 3 个波动的高点或低点来验证其有效性，如果第 3 个波动的高点或低点触及趋势线止跌或止涨，则证明该趋势线有效，反之，则证明该趋势线无效。

（1）绘制上升趋势线

上升趋势线是某一时间段内两个波谷低点的连线。需要注意的是，上升趋势线上经过的波谷低点越多，说明绘制的上升趋势线越有效。

图 4-4 所示为上升趋势线。

图 4-4　上升趋势线

（2）绘制下降趋势线

下降趋势线是某一时间段内两个波峰高点的连线。

图 4-5 所示为下降趋势线。

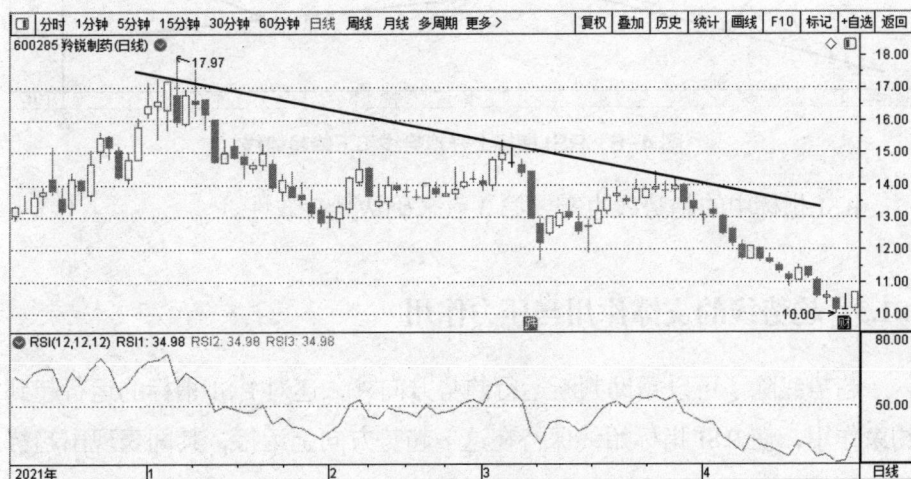

图 4-5　下降趋势线

同样地，下降趋势线中经过的高点越多，说明下降趋势线越有效。

水平趋势线的绘制比较简单，有上下两条，分别是高点连线和低点连线形成的横向延伸线。上水平线对股价有压力作用，股价上涨至上水平线受阻而下跌；下水平线对股价有支撑作用，股价跌至下水平线获得支撑而止跌。

RSI 指标与趋势线结合可以帮助投资者有效识别 RSI 指标运行的趋势，进而找到市场中合适的买卖机会。RSI 指标趋势线绘制方式与 K 线趋势线绘制方式相同，上升趋势线即连续两个波谷低点的连线，而下降趋势线则为两个波峰高点的连线，如图 4-6 所示。

图 4-6 RSI 指标上升趋势线和下降趋势线

RSI 指标中的趋势线也需要第 3 点来确认其有效性。

4.1.3 趋势线的支撑作用与压力作用

趋势线除了可以帮助判断运行趋势方向外，还对 RSI 指标的运行起到约束作用，使 RSI 指标始终保持在这一趋势方向上运行，其间表现出趋势线的支撑作用和压力作用。

支撑作用是针对上升趋势线而言，当 RSI 指标在波动过程中回落至上升趋势线附近时，获得支撑止跌回升。

实例分析

恒生电子（600570）RSI 指标上升趋势线支撑作用

图 4-7 所示为恒生电子 2021 年 7 月至 11 月的 K 线走势。

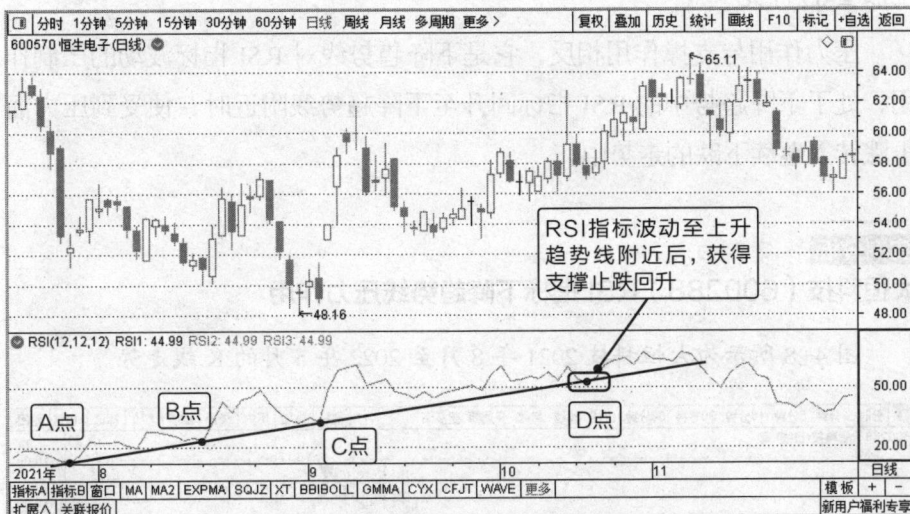

图 4-7　恒生电子 2021 年 7 月至 11 月的 K 线走势

从上图可以看到，前期恒生电子股票表现下跌，股价波动下行，重心不断下移。2021 年 9 月，恒生电子下跌至 50.00 元价位线创下 48.16 元的新低后止跌回升。

此时查看下方的 RSI 指标发现，在 2021 年 7 月底至 9 月初这一阶段，上方股价表现下行，不断创出新低，而 RSI 指标却从 20 线下方拐头向上运行，与股价形成底背离。说明恒生电子的这一波下跌行情即将见底，短期看涨。

根据 RSI 指标波动时形成的低点 A、B 点绘制上升趋势线，接着 RSI 指标回落至趋势线上的 C 点止跌回升，可证明该条趋势线的有效性。

RSI 指标与股价底背离出现后，恒生电子在 50.00 元价位线见底，开启一波上涨。当股价上涨至 60.00 元价位线附近后止涨回调，跌至 54.00 元后止跌再次向上攀升。

但仅仅维持了几个交易日，股价上涨至 58.00 元附近便止涨横盘。此时查看下方的 RSI 指标，发现 RSI 指标波动过程中触及上升趋势线受到支撑而止跌拐头向上。说明股价的这一波上涨并未结束，短期继续看涨，投资者可继续持有。随后股价结束 58.00 元价位线的横盘整理，继续上涨拉升，最高上涨至 65.11 元。

压力作用与支撑作用相反，它是下降趋势线对 RSI 指标波动的压制作用，处于下降趋势中的 RSI 指标回升至下降趋势线附近时，便受到压力而止涨转入继续下跌的走势中。

实例分析
大恒科技（600288）RSI 指标下降趋势线压力作用

图 4-8 所示为大恒科技 2021 年 8 月至 2022 年 5 月的 K 线走势。

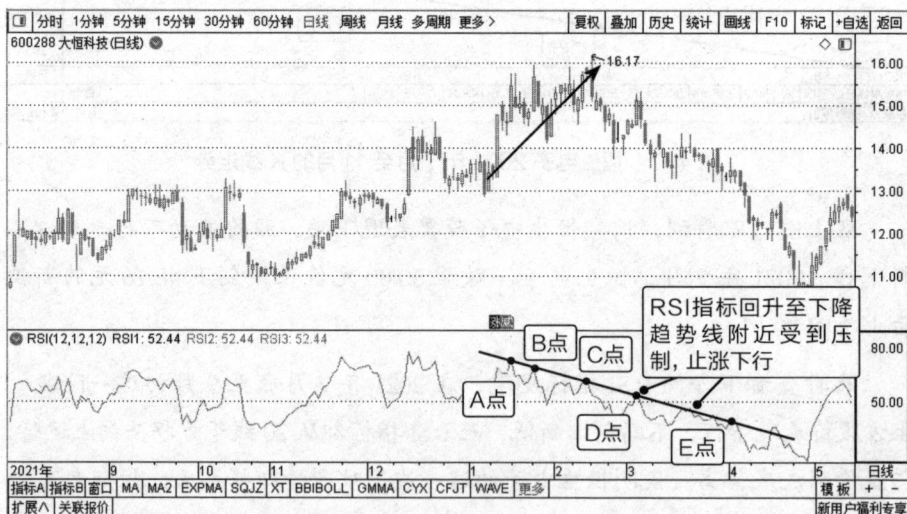

图 4-8　大恒科技 2021 年 8 月至 2022 年 5 月的 K 线走势

从上图可以看到，2021 年 11 月，大恒科技从 11.00 元价位线附近开始向上攀升，股价波动上行，重心不断上移。2022 年 1 月，股价上涨至 15.00 元价位线附近后止涨，并在 15.00 元至 16.00 元区间横盘窄幅波动。

此时查看下方的 RSI 指标发现，2022 年 1 月初，股价从 13.50 元位置向上攀升的过程中，下方的 RSI 指标并没有同步上行，反而拐头下行，走出一波比一波低的下跌走势。故此，股价与 RSI 指标形成顶背离，说明大恒科技这一波上涨即将见顶，随时可能转入下跌趋势中。

根据 RSI 指标波动高点 A、B 两点绘制一条下降趋势线，接着 RSI 指标反弹回升至趋势线上的 C 点止涨拐头下行，可确认趋势线的有效性。2022 年 2 月，股价在 15.00 元价位线上方见顶转入下跌趋势中。

2022 年 3 月，股价跌至 14.00 元价位线止跌横盘，跌势减缓，与此同时查看 RSI 指标发现，RSI 指标止跌上行至趋势线附近的 D 点位置，受到趋势线的压制而止涨回落，说明下跌趋势并未发生改变，后市继续看跌。

2022 年 4 月，股价跌至 12.00 元价位线附近再次止跌横盘，查看下方 RSI 指标发现，RSI 指标上行运行至趋势线附近的 E 点位置，受到趋势线的压制而始终在趋势线下方向下运行，说明股价的这一波下跌并未结束，后市继续看跌。

根据上述案例可以看到，趋势线的支撑作用和压制作用能够帮助投资者判断股价波动变化，对股价后市发展进行合理分析，进而做出准确的投资决策。

4.2　RSI 指标中的趋势线运用

在 RSI 指标技术分析中，趋势线具有重要作用，是股价波动变化的分析利器，我们可以借助 RSI 指标中的趋势线快速找寻股价波动变化信号，找到潜藏着的买卖机会。

4.2.1 多头市场中的 RSI 上档压力线

股价处于多头市场中，表现上涨走势，当股价上涨幅度达到一定程度后，股价上涨力度减弱，表现出上涨乏力，有回档现象。此时，下方 RSI 指标拐头下行，形成下降趋势线，即压力线，同时也是 RSI 指标上档压力线。它是由 3 个 RSI 值形成，最右边的 RSI 值压力最小，其次是中间的 RSI 值，最难突破的是最左边的 RSI 值。

如果 RSI 上行突破上档压力线 RSI 最大值，则说明涨势未变，股价回调结束，后市继续看涨；如果 RSI 上行并未突破上档压力线 RSI 最大值，则说明股价涨势未能确定，后市看跌。

图 4-9 所示为 RSI 上档压力线示意图。

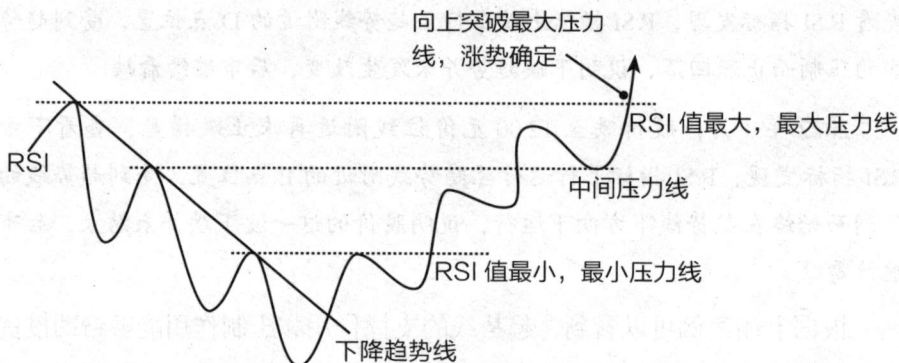

图 4-9　RSI 上档压力线

下面以一个具体的例子来进行说明。

实例分析

桂东电力（600310）RSI 上行突破上档压力线失败

图 4-10 所示为桂东电力 2021 年 8 月至 2022 年 5 月的 K 线走势。

从下图可以看到，2021 年 8 月，桂东电力从 4.00 元价位线位置向上攀升，当股价上涨至 6.00 元价位线附近止涨下调，上涨力度减弱。此时查看下方的 RSI 指标，发现股价从 4.00 元上冲至 6.00 元上方时，RSI 指标从 80 线上方拐头向下波动运行，与股价形成顶背离，说明股价这一波上涨行情可能结束，股价极有可能在此位置转入下跌趋势中。

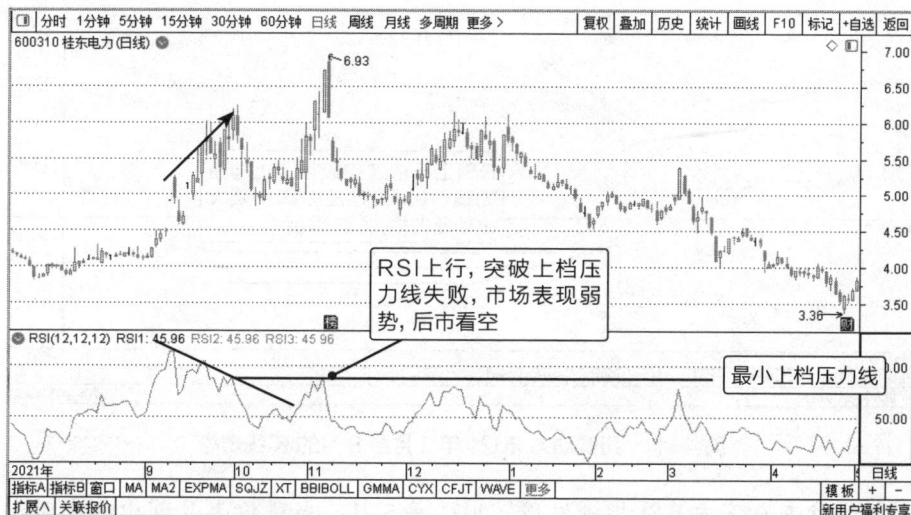

图 4-10　桂东电力 2021 年 8 月至 2022 年 5 月的 K 线走势

根据 RSI 波动下行形成的高点绘制下降趋势线，RSI 指标在下降趋势线下方波动运行。2021 年 10 月中旬，RSI 指标上行，运行至最小上档压力线附近时止涨回落，说明场内多头势能衰竭，上涨乏力，涨势并未确定，后市继续看跌。此时查看上方的股价发现，股价从 5.00 元位置上冲，运行至 6.50 元上方后止涨，再次下跌。

随后 RSI 指标始终在最小上档压力线下方运行，难以突破上档压力线的阻力，所以桂东电力股票涨势不能确定，表现弱势，逐步下行。

实例分析

川能动力（000155）RSI 上行突破上档压力线成功

图 4-11 所示为川能动力 2021 年 3 月至 8 月的 K 线走势。

从下图可以看到，川能动力经过一波调整后，2021 年 4 月中旬从 10.33 元位置开始向上攀升，当股价上涨至 16.00 元价位线附近后止涨，出现回档迹象。

图 4-11　川能动力 2021 年 3 月至 8 月的 K 线走势

此时查看下方 RSI 指标发现，2021 年 5 月，当股价上升创出新高时，RSI 指标拐头向下波动，形成顶背离，股价在 16.00 元位置止涨下行。根据 RSI 指标的波动高点绘制一条下降趋势线，RSI 指标在趋势线下方波动下行，表现弱势。

2021 年 6 月，RSI 指标拐头上行，随后向上依次突破最小上档压力线、中间上档压力线和最大上档压力线，说明场内多头聚集，动能十足，涨势确定，投资者此时可以大胆放心跟进。

图 4-12 所示为川能动力 2021 年 4 月至 9 月的 K 线走势。

从下图可以看到，RSI 指标向上突破最大上档压力线后，涨势确定，场内多头势能强劲，RSI 指标在 50 线上方的强势区域波动运行。而川能动力股价在 12.50 元位置结束回调，转入继续上升的走势中，股价波动上行，最高上涨至 39.26 元，涨幅巨大。

如果投资者根据 RSI 指标上行突破最大上档压力线，确定股价涨势后入场，可以获得不错的投资回报。

图 4-12　川能动力 2021 年 4 月至 9 月的 K 线走势

虽然根据 RSI 指标上行突破最大上档压力线，确定股价涨势后再入场，可以使投资更稳妥、风险更低，但是这样一来，往往股价已经上涨了一段距离，投资者不能获得最大收益。如上例所示，如果以 RSI 指标突破最大上档压力线为买进信号，那么投资者最有可能在 15.00 元附近买进，此时已经损失 12.50 元至 15.00 元这一段的涨幅收益。

所以，对投资者而言，RSI 上行突破最大上档压力线是最稳妥的投资方式，但却不是最佳的投资方式。投资者可以在 RSI 上行突破最小上档压力线时，确定多头开始走强，激进的投资者此时可以跟进；稳健一些的投资者可以在 RSI 指标上行突破中间上档压力线时跟进，此时多头实力进一步增强，后市上涨的可能性增大。

4.2.2　多头市场中的 RSI 下档支撑线

多头市场中的 RSI 下档支撑线是指股价经过一段时间的上涨后，上涨动能减弱，出现回档。此时 RSI 指标随之减弱并波动下行，连接 RSI 指标波动下行过程中的波谷低点，即形成一条对后市股价反弹极有支撑力的直线，线型方向由左上至右下。

RSI 下档支撑线同样由 3 个点组成，最右边的 RSI 值最小，也最难突破，是支撑线的最后一道防线。如果 RSI 下行触及下档支撑线并立即反弹，则股价会继续上涨一段时间，此时可以提醒投资者注意利用反弹离场。

图 4-13 为下档支撑线示意图。

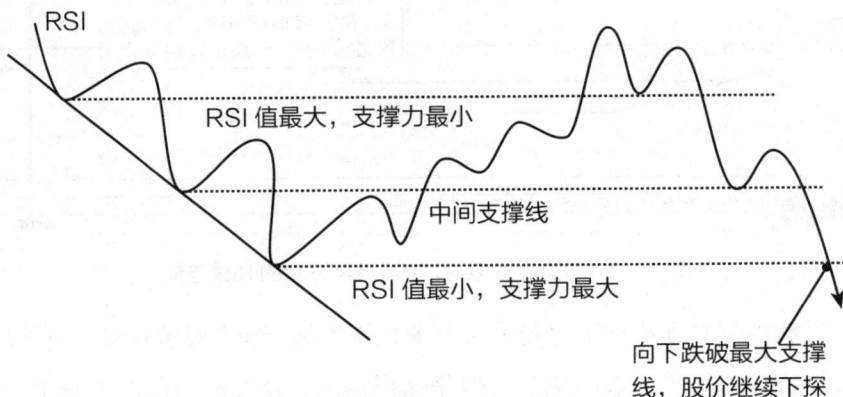

图 4-13　RSI 下档支撑线

实例分析

许继电气（000400）RSI 下行跌破下档支撑线

图 4-14 所示为许继电气 2021 年 7 月至 2022 年 4 月的 K 线走势。

从下图可以看到，许继电气股票处于上升趋势之中，股价从 12.31 元附近的低位处向上攀升。2021 年 9 月，股价上涨至 22.50 元价位线附近后止涨回调。

与此同时，查看下方的 RSI 指标发现，RSI 指标跟随股价上涨回落同步波动下行，连接波动过程中的波谷绘制下档支撑线。下档支撑线对 RSI 指标回落具有支撑作用。

2021 年 11 月，RSI 指标下行波动至最大下档支撑线位置附近时获得支撑止跌回升，并一举向上突破 80 线，进入超买区。上方股价从 17.50 元位置向上直线拉升，将股价拉升至 30.00 元附近。

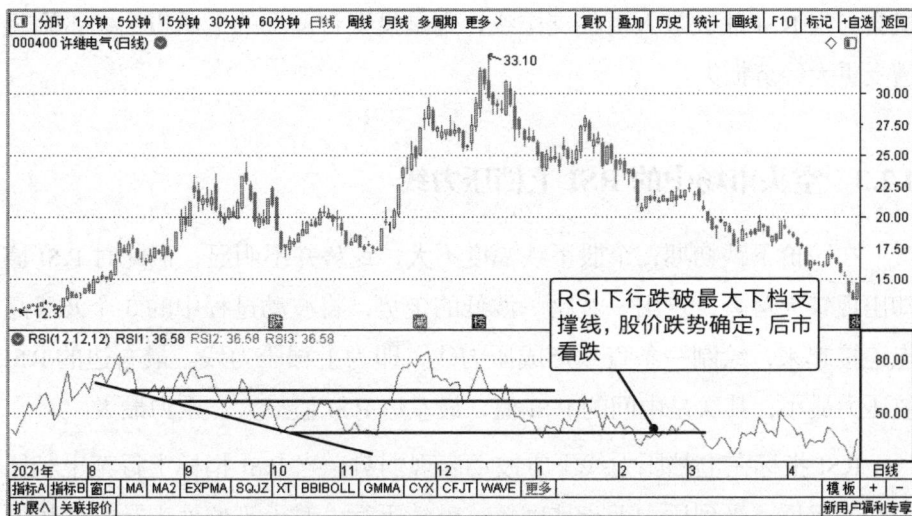

图 4-14　许继电气 2021 年 7 月至 2022 年 4 月的 K 线走势

2021 年 11 月下旬，RSI 指标从 80 线上拐头下行，向下跌破最小下档支撑线后继续下行，触及中间下档支撑线后止跌反弹。但这一波反弹并未维持较长时间，很快便再次拐头下行，并依次跌破最小下档支撑线和中间下档支撑线，随后继续下行运行至最大下档支撑线附近时获得支撑止跌反弹。

RSI 指标反弹回升至 50 线上方后不久再次拐头下行，并在 2022 年 2 月上旬跌破最大下档支撑线，许继电气跌势基本可以确定，后市股价看跌。

从案例可以看到，RSI 跌破最大下档支撑线可以有效确定股票的下跌走势，但是往往此时股价已经下跌一段距离了，如果以此为信号卖出，投资者必然遭受一定程度的经济损失。以上述案例为例，如果以 RSI 跌破最大下档支撑线为卖出信号，那么投资者最大可能在 21.00 元附近卖出，此时股价已经从 30.00 元上方跌至 21.00 元，跌幅较大。

因此，对于投资者来说，当 RSI 跌破最小下档支撑线时，就可以判断场内的多头势能减弱，有止涨回落的风险，保守的投资者可以离场了。当 RSI 跌破中间下档支撑线时，可以判断多空博弈中空头占据优势，后市下跌可能性较大，应尽快离场，如果此时股价反弹回升，则是较好的离场机会。当 RSI 跌破最大下档支撑线，则是投资者离场的最后机会，否则将遭受重大经济损失。

4.2.3 空头市场中的 RSI 上档压力线

在股价下跌初期，个股下跌幅度不大，跌势并不明显，但此时 RSI 值却出现较大落差，走出一波比一波低的走势，将波动过程中的 3 个波峰高点连接起来，绘制一条直线形成压力线，即为上档压力线。最右边的 RSI 值压力最小，其次是中间的 RSI 值，最左边 RSI 值最大，压力最大。

RSI 指标在上档压力线下方波动表现弱势，当 RSI 指标上行至上档压力线附近后，受到压力而止涨回落，继续下行。对于高位处未及时离场的投资者来说，RSI 指标上行触及上档压力线为离场机会。

实例分析

深科技（000021）空头市场中 RSI 上档压力线的压制作用

图 4-15 所示为深科技 2019 年 12 月至 2020 年 10 月的 K 线走势。

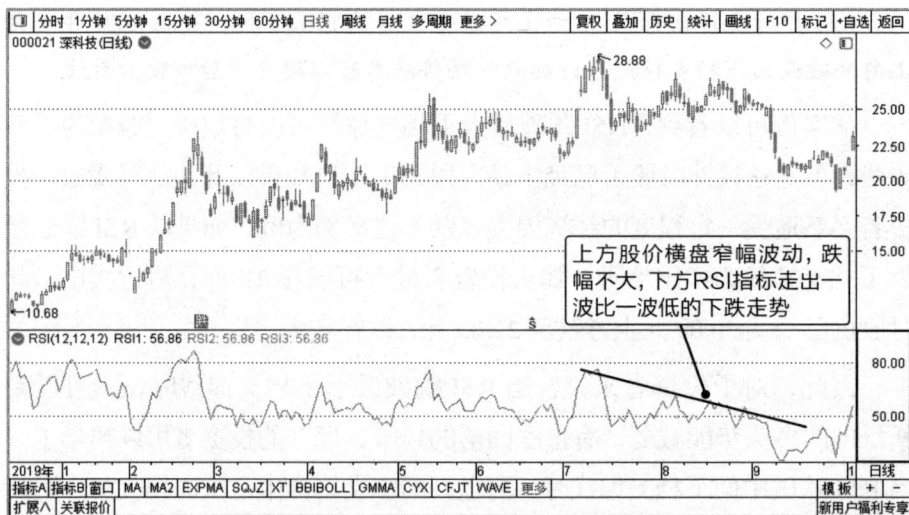

图 4-15　深科技 2019 年 12 月至 2020 年 10 月的 K 线走势

从上图可以看到，深科技前期处于上升趋势之中，股价震荡上行，不断向上推高股价，下方的 RSI 指标也在 50 线上方的强势区域波动运行。2020 年 7 月，股价上涨至 28.00 元价位线上方，创下 28.88 元的新高后止涨回落，随后在 25.00 元价位线上做横盘窄幅波动。

虽然从股价走势来看，并没有出现明显的下跌迹象，但此时查看下方的 RSI 指标却发现，RSI 指标拐头下行，走出一波比一波低的下行走势，连接 RSI 指标波动时的波峰高点绘制上档压力线。随后 RSI 指标继续下行，跌破 50 线，在 50 线下方运行，表现弱势，上方 K 线连续收阴，跌破横盘平台，继续下行，说明深科技股价极有可能见顶，空头占据优势，后市看跌。

图 4-16 所示为深科技 2020 年 7 月至 2021 年 10 月的 K 线走势。

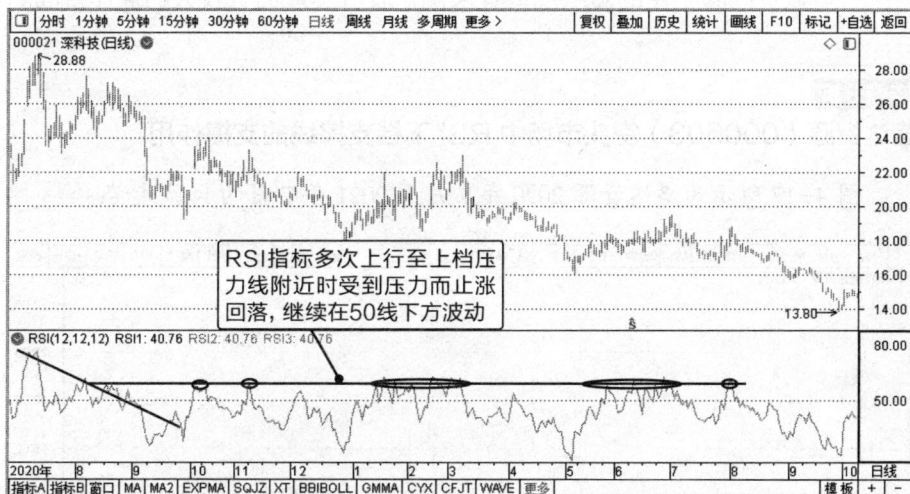

图 4-16　深科技 2020 年 7 月至 2021 年 10 月的 K 线走势

从上图可以看到，空头市场中的 RSI 上档压力线形成后，RSI 指标下行运行至 50 线下方的弱势区域波动运行，上方股价表现弱势，不断下行，最低跌至 14.00 元价位线附近。2020 年 10 月中旬、11 月上旬、12 月上旬、2022 年 1 月、2 月、5 月下旬、6 月、7 月上旬及 8 月上旬，RSI 指标多次上行运行至上档压力线附近，均受到上档压力线的压力作用而止涨，拐头下行，继续在 50 线下方波动，市场处于空头市场中。

4.2.4　空头市场中的 RSI 下档支撑线

空头市场中的下档支撑线与多头市场中的下档支撑线一样，都是由 RSI 指标连续波动下行的 3 个波谷形成。RSI 下档支撑线对 RSI 指标有支撑作用，当 RSI 指标下行至下档支撑线附近时获得支撑而止跌回升，股价同步上行，是投资者在下跌趋势中抢反弹的机会。在 3 个 RSI 值中最右边的 RSI 值最小但支撑力最大，其次是中间的 RSI 值，最左边 RSI 值最大但支撑力最小。

需要知道的是，在空头市场中抢反弹比较困难，因为股价反弹的时间通常比较短，新手投资者往往难以把握上涨的机会，还很有可能被套。但是，对于一些投资经验丰富的短线投资者来说，股价反弹仍有较大的操作空间。

实例分析

盛达资源（000603）空头市场中 RSI 下档支撑线的支撑作用

图 4-17 所示为盛达资源 2020 年 7 月至 2021 年 7 月的 K 线走势。

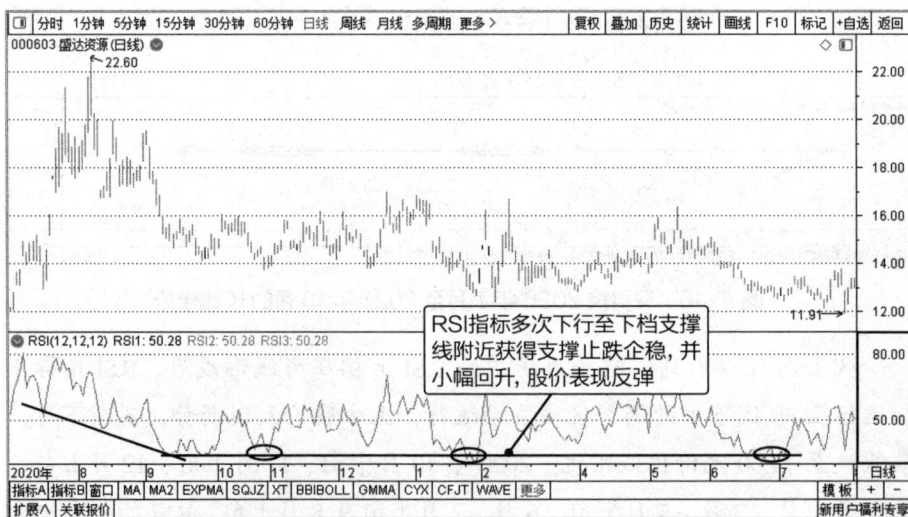

图 4-17　盛达资源 2020 年 7 月至 2021 年 7 月的 K 线走势

从上图可以看到，盛达资源股票前期表现上涨走势，股价波动上行不断升高。2020 年 8 月，股价上涨至 22.00 元价位线上方创出 22.60 元的新高后止涨回落转入下跌趋势中。下方的 RSI 指标同步拐头下行，走出一波比一波低的下跌走势，根据 RSI 指标下行的波谷低点绘制下档支撑线。

从图中可以看到，2020 年 10 月，RSI 指标波动上行，运行至 50 线附近后止涨回落，当 RSI 指标下行至下档支撑线上后，获得支撑线的支撑而止跌企稳，随后小幅上行。

RSI 指标运行至 50 线附近后止涨，围绕 50 线波动运行，市场处于多空平衡状态，没有明显的上升下落趋势。2020 年 12 月上旬，RSI 结束横盘再次下行，运行至下档支撑线附近获得支撑而止跌拐头上行，上穿 50 线运行至强势区域。上方股价出现反弹，股价从 14.00 元附近上涨至 16.00 元附近。

2021 年 1 月，RSI 指标再次下行至下档支撑线上，止跌企稳，随后小幅回升。2021 年 6 月底，RSI 指标下行至下档支撑线上，止跌企稳，随后小幅向上攀升。

综上所述，可以看到 RSI 下档支撑线具有支撑作用，当 RSI 指标下行至下档支撑线附近时获得支撑而止跌回升，上方股价同步止跌回升。但在大多数情况下，反弹力度并不大，可操作意义也不大。

4.3　RSI 指标中的转势信号

转势信号指的是股价从多头市场转入空头市场，或者从空头市场转入多头市场的信号，也是直接关系着投资者投资收益情况的买卖信号。在 RSI 指标中，利用趋势线可以准确找到股价的转势信息，帮助投资者及早做出投资决策判断。

4.3.1　跌破 RSI 上升支撑线

在股价逐浪上升的过程中，下方的 RSI 指标通常也随着股价的上涨而逐浪上行，此时连接 RSI 指标波动回调时的低点可以得到一条上升趋势线。RSI 指标的上升趋势线是一条有效的支撑线，RSI 指标回调运行至上升趋势线附近时受到趋势线的支撑而止跌拐头上行，一旦 RSI 指标下行跌破上升趋势线，则意味着股价的这一波上升趋势已经结束，后市即将迎来一波下跌行情，是投资者的卖出信号。

实例分析
华侨城 A（000069）RSI 指标下行跌破上升趋势线

图 4-18 所示为华侨城 A 2020 年 12 月至 2021 年 5 月的 K 线走势。

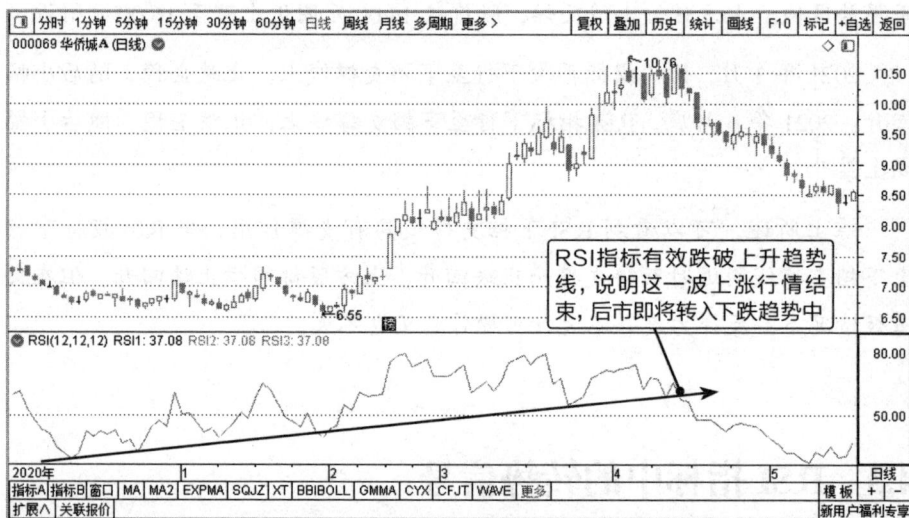

图 4-18　华侨城 A 2020 年 12 月至 2021 年 5 月的 K 线走势

从上图可以看到，华侨城 A 的股价经过一波下跌走势后，运行至 6.50 元价位线附近，并在 6.50 元至 7.00 元区间横盘窄幅波动运行。此时查看下方的 RSI 指标发现，虽然股价没有表现出明显的上升走势，但是 RSI 指标明显走出一波比一波高的上涨走势，说明股价上涨幅度逐渐增强，场内多头聚集，华侨城 A 即将迎来一波上涨走势。连接 RSI 指标波动上行过程中的波谷低点绘制一条上升趋势线。

2021 年 2 月，股价开始表现上涨行情，股价逐步向上攀升，涨势猛烈，RSI 指标在上升趋势线上方波动运行。2021 年 3 月中下旬，股价上涨至 10.00 元附近后止涨回落，RSI 指标同步下行，当 RSI 指标跌至上升趋势线附近后，受到上升趋势线的支撑而止跌回升。上方股价在 9.00 元价位线企稳再次上行，表现为上涨行情。

2021 年 4 月，股价上涨至 10.50 元价位线上方，创出 10.76 元的高价后止涨横盘出现见顶信号。此时查看下方的 RSI 指标发现，RSI 拐头下行，运行至上升趋势线附近后获得支撑止跌，但很快再次下跌，并有效跌破上升趋势线，说明华侨城 A 这一波上涨行情结束，股价将转入下跌趋势中，投资者应尽快离场。

图 4-19 所示为华侨城 A 2020 年 12 月至 2021 年 8 月的 K 线走势。

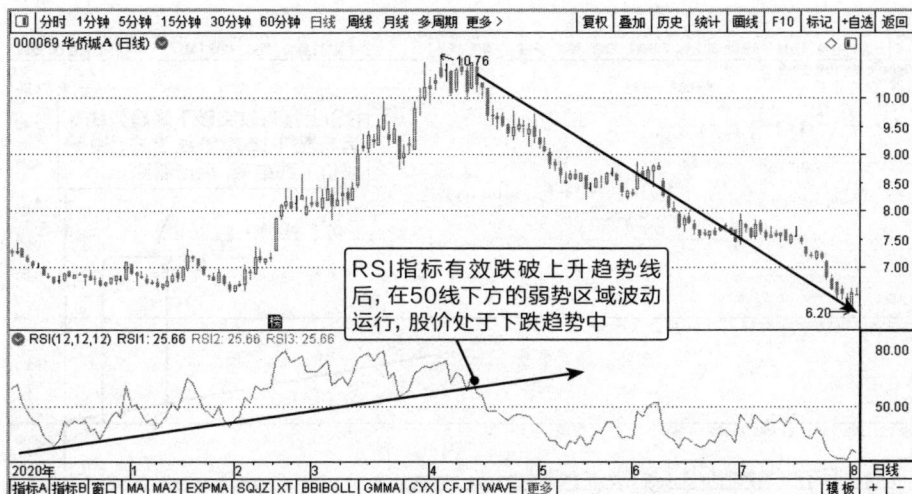

图 4-19　华侨城 A 2020 年 12 月至 2021 年 8 月的 K 线走势

从上图可以看到，RSI 指标有效跌破上升趋势线后，在 50 线下方的弱势区域波动运行，表现弱势。华侨城 A 的股价在 10.76 元位置见顶，随后转入下跌趋势中，股价逐浪下行，不断创出新低，2021 年 8 月，股价最低跌至 6.20 元，跌幅超 40%。如果投资者利用 RSI 跌破上升趋势线这一信号，及时离场即可避免这一损失。

4.3.2　突破 RSI 下降压力线

股价逐浪下行，不断创出新低，RSI 指标也同步逐浪回落。此时连接 RSI 指标反弹回升的高点可以得到一条下降趋势线。RSI 指标的下降趋势线是一条强有力的压力线，对股价的反弹回升起到压制作用。

但是，一旦 RSI 指标上行突破下降趋势线，说明原本的下降趋势发生了转变，股价转入上升趋势之中，是一个可靠的买入信号。如果此时伴随着成交量的放量支撑，那么股价上涨的信号更为准确。

实例分析

长虹华意（000404）RSI 指标上行突破下降趋势线

图 4-20 所示为长虹华意 2021 年 3 月至 8 月的 K 线走势。

图 4-20　长虹华意 2021 年 3 月至 8 月的 K 线走势

从上图可以看到，长虹华意股票处于下跌趋势之中，股价逐浪下行不断创出新低。2021 年 4 月，股价跌至 4.00 元价位线后止跌横盘，横盘整理一段时间后，股价再次下行跌破整理平台，表现极度弱势。股价波动下行，当跌至 3.60 元价位线下方创出 3.47 元的新低后止跌回升，K 线连续收阳，出现转势信号。

此时查看 RSI 指标，在股价再次下行的过程中，RSI 指标同步下行，运行至 50 线下方。连接 RSI 指标波动下行时波峰高点绘制一条下降趋势线，RSI 指标在下降趋势线下方波动运行。

2021 年 7 月底，RSI 指标拐头上行，并向上有效突破下降趋势线的压制，运行至下降趋势线的上方。仔细观察可以发现，RSI 指标向上突破上升趋势线时，成交量较之前出现放量。结合种种迹象，说明场内多头聚集，空头势能释放完全，跌无可跌，后市即将转入上升趋势中，是投资者的买入信号。

图 4-21 所示为长虹华意 2021 年 6 月至 2022 年 1 月的 K 线走势。

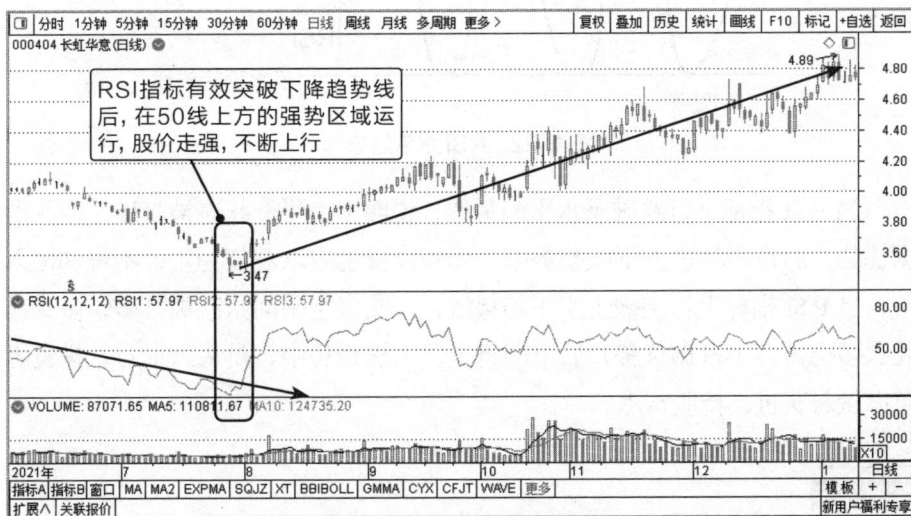

图 4-21　长虹华意 2021 年 6 月至 2022 年 1 月的 K 线走势

从上图可以看到，RSI 指标上行有效突破下降趋势线的压制后，运行至下降趋势线上方，并继续上行至 50 线上方的强势区域。而上方股价在 3.47 元触底回升，转入上升趋势中，股价不断波动上行，创出新高。

4.3.3　RSI 水平趋势向上突破或向下跌破

当股价在某一区间做窄幅横盘波动，市场多头与空头势能达到平衡，没有明显的强弱之分，股价未来走势不明。与此同时，下方的 RSI 指标也保持水平方向波动，并且上升高点和下降低点大致分别处于同一水平线上，连接波动高点绘制上水平趋势线，连接波动低点绘制下水平趋势线。

图 4-22 所示为水平趋势线示意图。

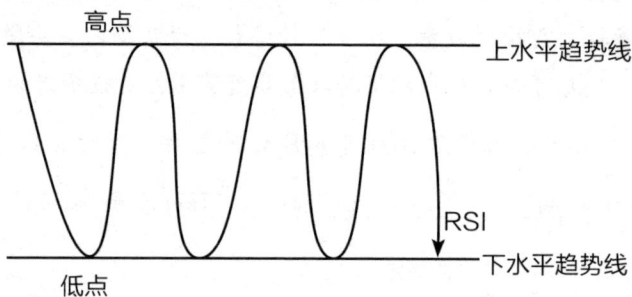

图 4-22　RSI 水平趋势线

当 RSI 指标下行跌破下水平趋势线，说明多空平衡状态被打破，空头占据优势，后市即将进入下跌趋势中，场外投资者应以观望为主，不可匆忙入市；当 RSI 指标上行突破上水平趋势线，说明多空平衡状态被打破，多头在此次多空博弈中占据优势，后市即将进入上涨趋势中，是买入信号，投资者可以试着买进，持股待涨。

实例分析

宇通客车（600066）RSI 下行跌破下水平趋势线

图 4-23 所示为宇通客车 2021 年 6 月至 2022 年 1 月的 K 线走势。

从下图可以看到，宇通客车处于下跌趋势中，股价从高位处波动下行，不断创出新低。2021 年 11 月，股价跌至 11.00 元价位线附近后止跌，并在该价位线上横盘窄幅波动，多空处于平衡状态。

此时查看下方的 RSI 指标发现，在股价横盘波动的过程中，RSI 指标同样呈水平方向波动运行，且波动的高点和低点大致分别处于同一水平位置，说明此时场内多空博弈处于胶着状态，没有明显的强弱之分。

图 4-23　宇通客车 2021 年 6 月至 2022 年 2 月的 K 线走势

2022 年 1 月，RSI 指标下行有效跌破下水平趋势线后继续下行，说明多空平衡状态被打破，空头占据优势，后市看跌。

图 4-24 所示为宇通客车 2021 年 9 月至 2022 年 5 月的 K 线走势。

图 4-24　宇通客车 2021 年 9 月至 2022 年 5 月的 K 线走势

从上图可以看到，2022 年 1 月，RSI 指标下行有效跌破下水平趋势线后，RSI 在 50 线下的低位区域波动运行，上方股价进一步下跌打破整理平台，股价波动下行，跌至 7.50 元价位线附近。

RSI 指标向下跌破水平趋势线出现在不同的位置，具有不同的指示意义，具体如下：

①当 RSI 指标向下跌破水平趋势线出现在股价经过一轮大幅上涨后的高位区域，这是股价由上涨行情转为下跌行情的转势信号，一旦 RSI 有效跌破下水平趋势线，投资者就应立即离场。

②当 RSI 指标向下跌破水平趋势线出现在股价下跌途中，这是股价下跌过程中的调整，常常以筑底的方式诱惑投资者高位接盘，投资者应以场外观望为主，一旦 RSI 指标有效跌破下水平趋势线，说明下跌趋势继续。

实例分析
上海贝岭（600171）RSI 上行突破上水平趋势线

图 4-25 所示为上海贝岭 2020 年 8 月至 2021 年 4 月的 K 线走势。

图 4-25　上海贝岭 2020 年 8 月至 2021 年 4 月的 K 线走势

从上图可以看到，上海贝岭股票处于下跌趋势之中，股价逐浪下行，不断向下创出新低。2020 年 12 月底，股价跌至 14.00 元价位线附近，创出 13.40 元的新低后止跌回升，随后股价在 13.50 元至 15.50 元区间横盘窄幅波动，未来走势不明。

此时查看下方 RSI 指标发现，在股价横盘波动的过程中，RSI 同步水平横向波动，且波动高点和低点大致分别处于同一水平位置上。连接 RSI 波动时的高点和低点绘制上水平趋势线和下水平趋势线，RSI 指标在水平趋势线通道内波动。

2021 年 4 月上旬，RSI 指标上行有效突破上水平趋势线，运行至趋势线上方，随后继续向上攀升。说明多头在这场多空博弈中以绝对优势胜出，打破了平衡局面，上海贝岭后市即将展开一波上涨走势，是强烈的买进信号，投资者可以积极跟进。

图 4-26 所示为上海贝岭 2020 年 12 月至 2021 年 7 月的 K 线走势。

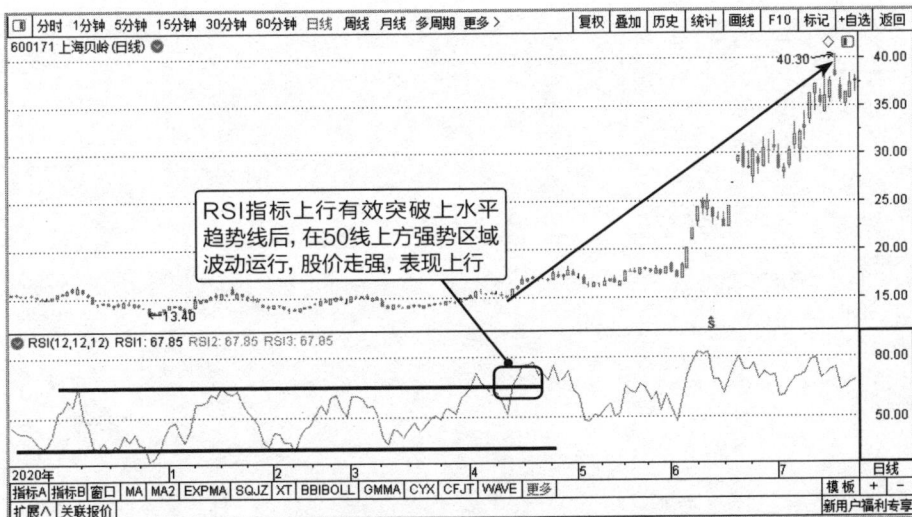

图 4-26　上海贝岭 2020 年 12 月至 2021 年 7 月的 K 线走势

从上图可以看到，RSI 指标上行有效突破上水平趋势线后，运行至 50 线上方，并在 50 线上方的强势区域内波动运行，市场表现强势。上方股价在 RSI 指标上行突破水平趋势线后，向上突破整理平台，转入上升趋势之中，股价向上逐浪运行，最高上涨至 40.30 元，涨幅巨大。如果投资者以 RSI 指标上行突破水平趋势线为信号，及时买进，可以得到可观的投资收益。

同样地，RSI 指标向上突破水平趋势线出现在不同的位置，也具有不同的市场意义。

①当 RSI 指标向上突破水平趋势线出现在股价经过一轮大幅下跌行情的末期，常常为股价下跌趋势转为上涨趋势的转势信号，一旦 RSI 指标有效突破上水平趋势线，买入信号出现，投资者则可以及时跟进。此时如果伴随着成交量的放大，则信号更为准确。

②当 RSI 指标向上突破水平趋势线出现在股价上涨途中，通常为股价上涨过程中的调整阶段，目的在于清理场内部分浮筹，以便后市更好地拉升。一旦 RSI 指标上行突破上水平趋势线，则说明上涨趋势继续。

第5章

RSI指标与K线组合应用

任何一种技术指标都不可能完美无缺，RSI指标也是如此，它也会有钝化和滞后现象，解决这一问题的最佳办法就是将其与其他指标进行结合，以提高信号的准确性。K线不仅是记录股价变化的工具，更是股票投资中重要的分析工具，不同形态的K线具有不同的市场意义。结合K线与RSI指标综合分析，可以大幅提升投资获胜率。

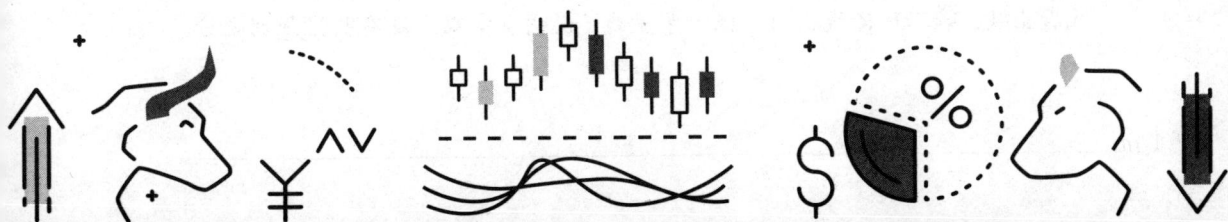

5.1 单根 K 线与 RSI 指标发出的买卖信号

K 线是最基本的股票投资入门知识，它不仅反映了某个时间段股价的变化情况，也反映出了多空博弈中的获胜情况，进而为投资者的投资决策提供指引。

在股价运行的过程中，可能会出现一些具有重大指示作用的单根 K 线，结合 RSI 指标，能够帮助投资者更好地判断市场趋势动向，做出正确决策。

5.1.1 底部十字星线 +RSI 买入信号

十字星线即某个交易日股票开盘价、收盘价相等或相差不大，只有上下影线的 K 线。十字星线的出现通常说明当天多空双方博弈处于胶着状态，两边势均力敌，没有明显的强弱之分。

如果十字星线出现在股价经过一轮大幅下跌行情后的低位底部区域，则说明空头势能衰竭，股价见底。若第二天收盘价高于十字星当日收盘价，则说明多头力量增强，占据优势，股价即将转入上升趋势之中，是买入信号。

如果在股价经过一轮大幅下跌行情后的低位底部区域，K 线收出十字星线，下方 RSI 指标同步发出市场走强的上涨信号，则说明股价见底回升，转入上升趋势的可能性较大。

实例分析
华金资本（000532）K 线低位十字星线 +RSI 金叉

图 5-1 所示为华金资本 2020 年 9 月至 2021 年 3 月的 K 线走势。

从下图可以看到，华金资本股票处于下跌趋势之中，股价波动下行，不断创出新低。2021 年 2 月，股价跌至 9.50 元价位线附近，创下 9.55 元的新低后止跌，第二天 K 线收出一根十字星线，说明多空双方没有明显强弱之分。

随后 K 线收出一根阳线，说明场内多头占据优势，向上拉升股价，华金资本极有可能在此位置见底，转入上升趋势之中。

与此同时，查看下方的 RSI 指标，发现在股价下行的过程中，RSI 指标同步下行至 50 线下方的弱势区域，并在 50 线下波动运行。当股价止跌，K 线收出十字星线时，短期 RSI 指标拐头上行，依次穿过中期 RSI 和长期 RSI 形成黄金交叉，说明市场中多头上涨力量逐渐增强，后市看涨，进一步确认了涨势信号，投资者可以积极跟进。

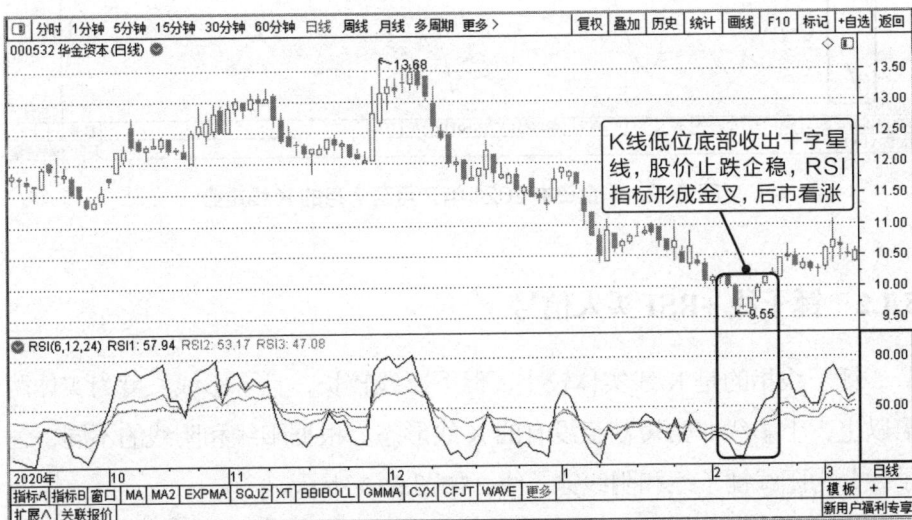

图 5-1　华金资本 2020 年 9 月至 2021 年 3 月的 K 线走势

图 5-2 所示为华金资本 2021 年 2 月至 7 月的 K 线走势。

从下图可以看到，RSI 指标出现金叉后继续上行，上穿 50 线运行至 50 线上方的强势区域，随后基本维持在 50 线上方波动运行，市场强势。

查看华金资本 K 线图发现，股价在 9.55 元位置见底回升，转入上升趋势之中，股价逐浪上行，不断向上拉升股价，最高上涨至 18.66 元，涨幅巨大。投资者结合底部十字星线和 RSI 指标信号及时买进，可以获得不错的投资回报收益。

图 5-2　华金资本 2021 年 2 月至 7 月的 K 线走势

5.1.2　锤子线 +RSI 买入信号

锤子线指的是 K 线实体较小，但下影线较长，且下影线长度为实体两倍以上，上影线非常短甚至没有的 K 线形态。根据阳线和阴线的不同，锤子线分为阳线锤子线和阴线锤子线，如图 5-3 所示。

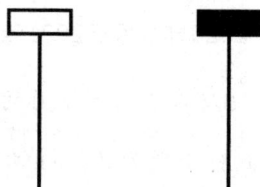

图 5-3　锤子线

锤子线经常出现在股价下跌行情的末端，是趋势反转的信号，说明股价的这一波下跌行情即将结束，后市看涨。一般来说，阳线锤子线的反转信号强于阴线锤子线，并且锤子线的下影线越长，锤子线的反转力度也就越大。

当锤子线出现在股价经历过一轮下跌行情后的低位底部区域时，若下方 RSI 指标同步发出上涨信号，则进一步确认了锤子线信号的准确性，投资者可以买进持股待涨。

实例分析

华东医药（000963）K 线低位锤子线 +RSI 金叉

图 5-4 所示为华东医药 2021 年 5 月至 10 月的 K 线走势。

图 5-4 华东医药 2021 年 5 月至 10 月的 K 线走势

从上图可以看到，华东医药股票处于不断下跌的弱势行情之中，股价从 53.94 元的相对高位处向下滑落。2021 年 9 月中旬，股价下跌至 30.00 元价位线附近后止跌横盘，出现筑底迹象。

在股价横盘过程中 K 线收出阳线锤子线，这是股价见底回升的信号，说明华东医药的这一波下跌行情结束，后市即将转入上升行情中，K 线一旦放阳回升，则涨势启动。

此时查看下方的 RSI 指标发现，2021 年 8 月下旬，在股价波动下行的过程中，RSI 指标拐头上行，走出一波比一波高的上行走势，与股价形成底背离。底背离现象的出现，说明股价下跌即将结束，后市看涨。结合 K 线锤子线信号，说明股价在此位置筑底回升的可能性较大，是投资者买进的好机会。

图 5-5 所示为华东医药 2021 年 8 月至 2022 年 1 月的 K 线走势。

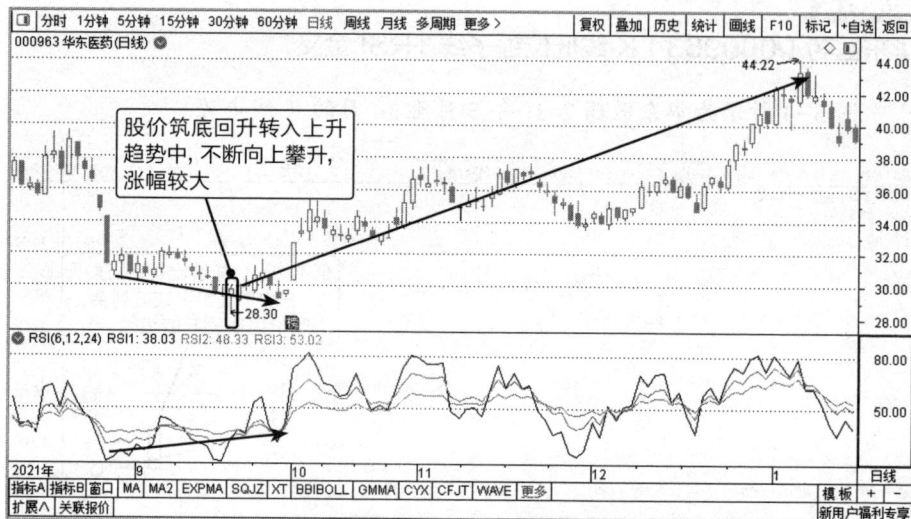

图 5-5　华东医药 2021 年 8 月至 2022 年 1 月的 K 线走势

从上图可以看到，RSI 指标拐头上行后，继续上冲突破 50 线运行至 50 线上方的强势区域，随后基本维持在 50 线上方波动运行，市场表现强势。华东医药股价在 30.00 元价位线上筑底，随后股价向上高开高走，收出大阳线，一波上涨走势启动。股价逐浪上行，最高上涨至 44.22 元，涨幅较大。

5.1.3　高位十字星线 +RSI 卖出信号

股价经过一轮大幅上涨后的高位区域，K 线收出十字星线，说明股价当天走势陷入涨跌两难的境地，多头因为连续的上涨出现乏力迹象，空头力量聚集，使得多空形成平衡。第二天是股价运行方向判断的关键，如果股价下行，则说明空头在多空博弈中占据优势，多头支撑乏力，后市看跌，可以将其视为投资者的卖出信号。

如果此时下方的 RSI 指标同步发出卖出信号，则进一步确认了高位十字星线信号的准确性，投资者应立即离场，锁定前期收益，避免被套。

实例分析

中信特钢（000708）高位十字星线 +RSI 超买

图 5-6 所示为中信特钢 2020 年 10 月至 2021 年 2 月的 K 线走势。

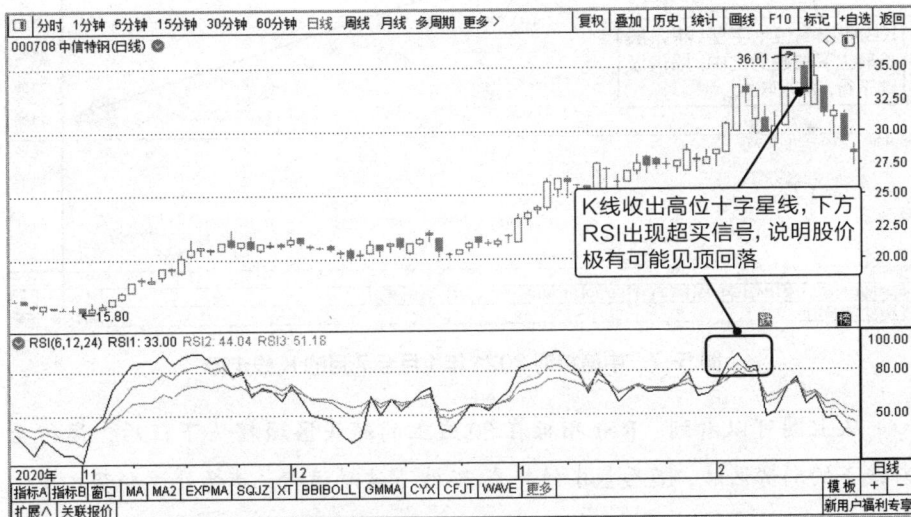

图 5-6　中信特钢 2020 年 10 月至 2021 年 2 月的 K 线走势

从图中可以看到，中信特钢股票处于上升趋势之中，股价从 15.80 元的相对低位处开始向上攀升。2021 年 2 月，当股价上涨至 35.00 元价位线附近后涨势减缓。

2 月 18 日，K 线收出一根十字星线，创出 36.01 元的新高后止涨回落，说明多头动能衰竭，股价继续上涨之力，股价极有可能在此位置见顶，后市可能转入下跌趋势之中。

查看下方的 RSI 指标发现，2021 年 2 月初，在股价急速上涨的过程中，RSI 指标运行至 80 线上的超买区域，说明市场中买气聚集，气氛过于浓烈，后市极有可能转入下跌中。随后，RSI 指标拐头下行，并向下跌破 50 线，说明跌势启动，场内的持股投资者应尽快离场。

图 5-7 所示为中信特钢 2021 年 1 月至 7 月的 K 线走势。

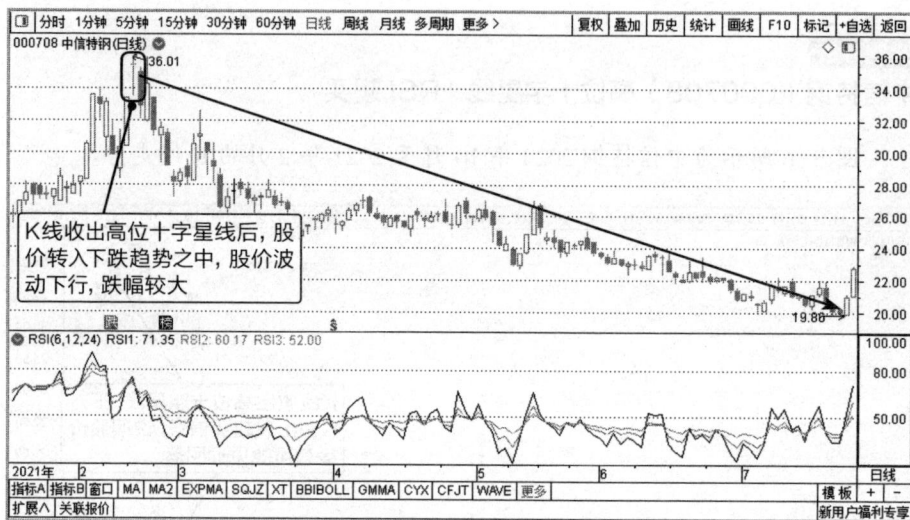

图 5-7　中信特钢 2021 年 1 月至 7 月的 K 线走势

从上图可以看到，RSI 指标在 80 线上的超买区域拐头下行后，运行至 50 线下的弱势区域，随后基本维持在 50 线下波动运行，市场处于弱势之中。而上方 K 线收出十字星线后，股价在 36.01 元位置见顶，随后转入下跌趋势之中，股价波动下行，跌幅较大。如果投资者结合高位十字星线和 RSI 指标信号，即可避免这一损失。

5.1.4　高位倒锤子线 +RSI 卖出信号

倒锤子线指的是实体较短，上影线较长，通常为实体部分的两倍以上，下影线较短甚至没有的 K 线形态。因为形态上看起来像一把倒转的锤子，所以俗称为倒锤子线。

同样地，倒锤子线根据实体阴阳的不同，分为倒锤子阳线和倒锤子阴线，如图 5-8 所示。

图 5-8 倒锤子线

倒锤子线是一个顶部信号，说明股价继续上涨受阻，场内多头动能衰竭，空头开始占据优势，后市转跌。

如果此时下方的 RSI 指标同步发出卖出信号，则进一步确认了倒锤子线的准确性，投资者应立即卖出离场。

实例分析

吉电股份（000875）高位倒锤子线 +RSI 顶背离

图 5-9 所示为吉电股份 2021 年 6 月至 12 月的 K 线走势。

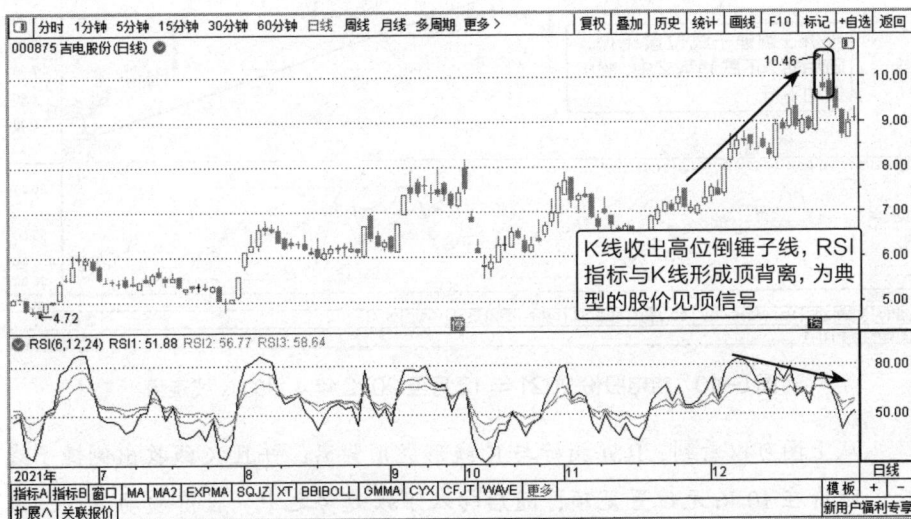

图 5-9 吉电股份 2021 年 6 月至 12 月的 K 线走势

从上图可以看到，吉电股份处于上升趋势之中，股价从相对低位处开始向上波动上行，经过一段时间的上涨后，运行至相对高位区域。

2021 年 12 月 24 日，股价高开低走收出一条带长上影线的倒锤子线，并创下 10.46 元的新高，随后股价止涨回落，出现见顶迹象。倒锤子线出现在股价经过一番上涨后的高位区域，说明上方压力较重，难以突破，场内多头动能衰竭，上涨乏力，空头开始占据优势，后市极有可能转入下跌趋势之中，是见顶回落信号。

查看下方 RSI 指标发现，2021 年 12 月，在股价上冲攀高的过程中，RSI 指标却拐头向下，走出一波比一波低的下行走势，与 K 线形成顶背离。这是典型的顶部信号，说明股价在此位置见顶，上涨行情结束，后市看跌。结合 K 线与 RSI 指标信号，场内持股投资者应尽快抛售持股离场。

图 5-10 所示为吉电股份 2021 年 12 月至 2022 年 4 月的 K 线走势。

图 5-10　吉电股份 2021 年 12 月至 2022 年 4 月的 K 线走势

从上图可以看到，RSI 指标与 K 线形成顶背离，并且 K 线收出倒锤子线后，股价在 10.46 元位置见顶，随后转入下跌趋势之中。股价波动下行，最低跌至 5.61 元，跌幅较大。

5.2　K 线组合与 RSI 指标同频共振

除了单根 K 线之外，两根及多根 K 线还可能组合成一些具有重要市场指示意义的经典 K 线组合，为投资者提供买卖信息。尤其是当 K 线组合与 RSI 指标同频共振时，更能确定信号的准确性。

5.2.1　早晨之星 +RSI 买入信号

早晨之星也常常被称为希望之星，一般出现在下降趋势的末端，是一个较强烈的趋势反转信号。早晨之星由 3 根 K 线构成：第一天，股价继续下跌，并且由于恐慌性的抛盘而出现一根中阴线或大阴线。第二天，股价低开下行，但跌幅不大，实体部分较短，形成早晨之星的主体部分，既可以是阴线，也可以是阳线。第三天，一根中阳线或大阳线拔地而起，价格收复第一天的大部分失地，市场发出明显的看涨信号。

图 5-11 所示为早晨之星示意图。

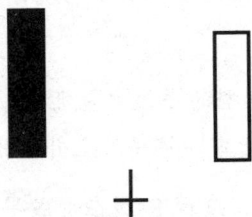

图 5-11　早晨之星

如果 K 线形成早晨之星，发出止跌回升信号，下方 RSI 指标也发出买入信号，则说明该买入信号强烈，股价上涨的可能性较大，投资者可以积极买进。

实例分析
中国船舶（600150）早晨之星 +RSI 超卖

图 5-12 所示为中国船舶 2020 年 8 月至 2021 年 2 月的 K 线走势。

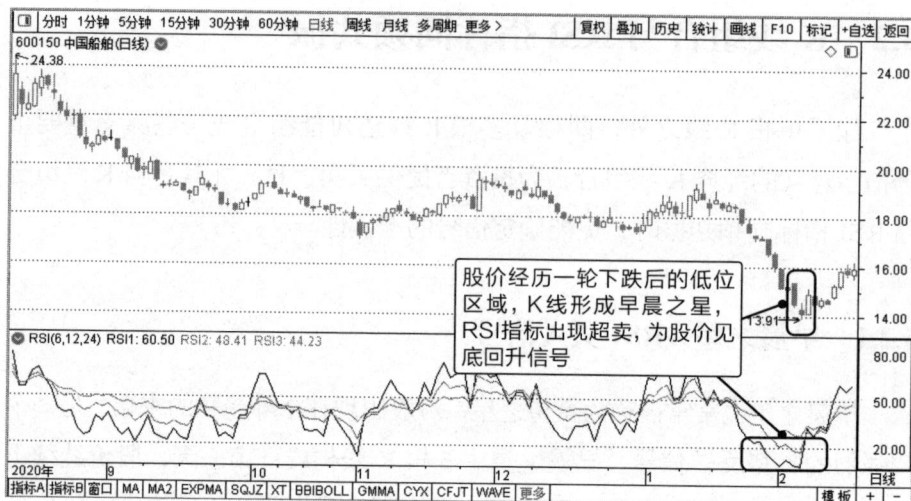

图 5-12　中国船舶 2020 年 8 月至 2021 年 2 月的 K 线走势

从上图可以看到，中国船舶处于下跌行情之中，股价从相对高位处逐浪下跌，跌势沉重。2021 年 2 月 3 日，股价收出一根大阴线，第二天股价向下低开，但跌幅不大，实体部分较短，形成一根小阴线，第三天，股价收出一根大阳线，且大阳线深入第一根阴线的实体内，价格收回第一天大部分"失地"。

这 3 天的 K 线形成了典型的早晨之星形态，说明中国船舶这一波下跌行情见底，空头动能衰竭，后市即将转入上升行情中，为投资者的买进信号。

此时查看下方 RSI 指标，发现 K 线在形成早晨之星的过程中，RSI 指标从高位强势区域下行，随后短期 RSI 跌破 20 线，运行至超卖区，说明市场中抛售气氛过浓，后市即将迎来一波上涨。结合 K 线组合信号和 RSI 指标发出的买入信号，投资者可以大胆跟进。

图 5-13 所示为中国船舶 2021 年 2 月至 9 月的 K 线走势。

从下图可以看到，K 线形成早晨之星后，股价在 13.91 元位置见底回升，转入上升趋势之中。股价波动上行，上涨至 18.00 元价位线附近后止涨，回调整理。2021 年 8 月股价再次上涨，继续之前的上涨行情，且涨势猛烈，股价最高上涨至 30.99 元，涨幅较大。

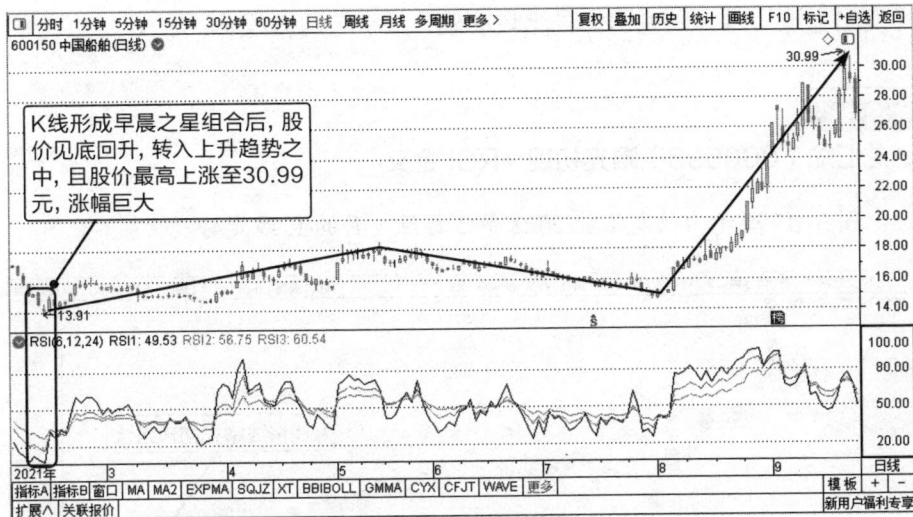

图 5-13　中国船舶 2021 年 2 月至 9 月的 K 线走势

5.2.2　曙光初现 +RSI 买入信号

曙光初现出现在下跌趋势中，由一阴一阳两根 K 线组成，第一天股价下跌，K 线收出一根大阴线或中阴线，接着第二天股价向下跳空低开，开盘价远低于前一天的收盘价，但当天股价表现上涨，K 线收阳，收盘价明显高于前一天的收盘价，且阳线实体深入第一根阴线实体 1/2 以上。

图 5-14 所示为曙光初现示意图。

图 5-14　曙光初现

曙光初现 K 线组合是股价见底信号，后市看涨。但是上涨信号较弱，此时我们可以利用 RSI 指标来综合判断，当曙光初现出现时，RSI 指标同样发出上涨信号，则说明信号比较准确，投资者可以操作。

实例分析

德龙汇能（000593）曙光初现 +RSI 金叉

图 5-15 所示为德龙汇能 2022 年 2 月至 5 月的 K 线走势。

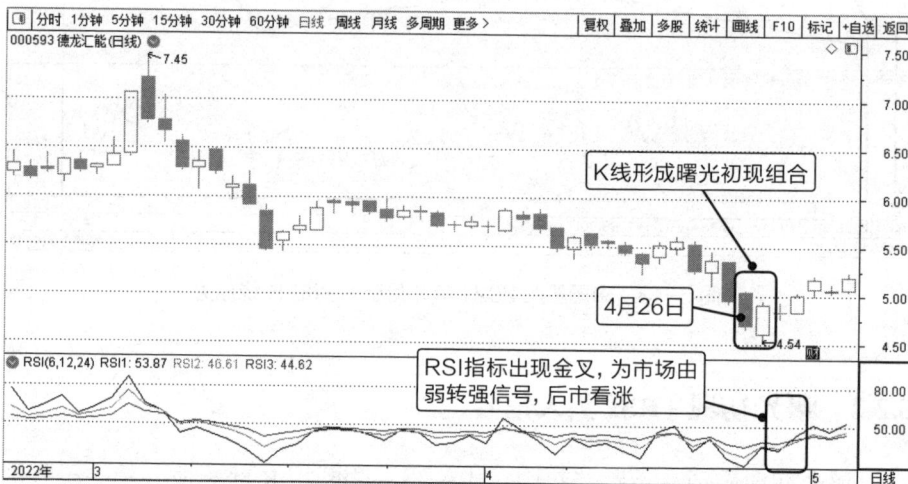

图 5-15　德龙汇能 2022 年 2 月至 5 月的 K 线走势

从上图可以看到，德龙汇能处于下跌行情之中，股价从 7.00 元价位线上方的高位处向下震荡下行。在 3 月上旬左右，股价受 5.50 元价位线支撑跌势减缓，最终在 4 月下旬跌破 5.50 元价位线。4 月 26 日，股价继续下行，K 线收出一根高开低走的大阴线，第二天股价却跳空低开横向震荡，午盘开盘后快速拉高收出一根大阳线，且阳线实体深入前一根阴线实体的一半以上。

两根 K 线形成了曙光初现 K 线组合，说明德龙汇能的这一波下跌行情触底，股价止跌回升，德龙汇能股票即将迎来一波新的上涨行情，为投资者的买入信号。

此时查看下方的 RSI 指标发现，随着股价的止跌回升，RSI 指标也拐头上行，且短线 RSI 拐头向上依次上穿中线 RSI 和长线 RSI，形成金叉，然后 RSI 指标继续上行穿过 50 线，运行至 50 线上方的强势区域，说明场内的多头力量聚集，表现出强势上行的特征，空头动能衰竭，后市极有可能强势上涨，为买入信号。

因此，结合 K 线组合形态和 RSI 指标发出的买入信号进行综合判断，说明股价在此位置见底走强的可能性较大，投资者可以积极买入跟进。

图 5-16 所示为德龙汇能 2022 年 4 月至 7 月的 K 线走势。

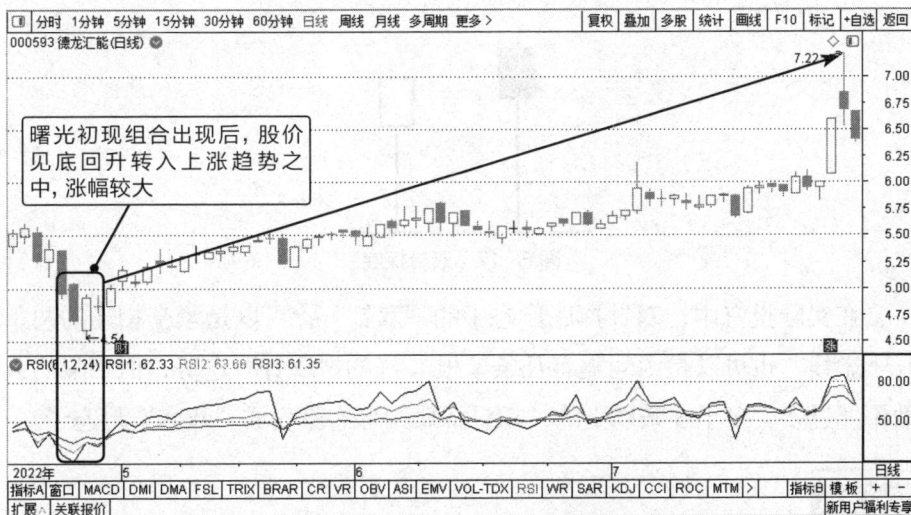

图 5-16　德龙汇能 2022 年 4 月至 7 月的 K 线走势

从上图可以看到，RSI 指标金叉后运行至 50 线上方，并维持在 50 线上的强势区域波动运行，市场表现强势。与此同时，德龙汇能股价在曙光初现 K 线组合位置见底，随后转入上升趋势之中，股价逐浪上行，重心不断上移。

5.2.3　双针探底 +RSI 买入信号

双针探底形态是比较常见的底部反转形态之一。双针形态由两根有一定间隔的带长下影线的 K 线组成，通常出现在价格连续下跌后的低位区域，表示股价已经过两次探底，下档有较强的支撑，是下降趋势可能即将结束的信号，底部基本确认有效，后市极有可能止跌回升。

双针探底形态发生之前，市场处于下降趋势中，第一天，K 线收出一根带长下影线的 K 线，向下试探市场支撑的力度。第二天 K 线同样收出一根带长下影线的 K 线，则表明市场空头已丧失抵抗力，多头已经逐渐掌握了市场的主动权，将展开一定级别的拉升行情。两根 K 线都带有较长的下影线，并且下影线的位置非常接近或相同。

图 5-17 所示为双针探底示意图。

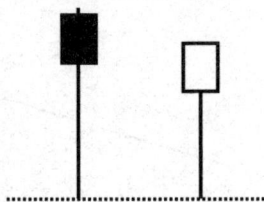

图 5-17　双针探底

在实际投资中，双针探底形态中的"双针"，可以是紧密相连的两条长下影线，也可以是中间隔有几条单根 K 线的"双针"走势，但相隔的天数不能过多，多于 5 条以上的"双针探底"形态就变成"双底"形态了。

实例分析

中国天楹（000035）双针探底 +RSI 金叉

图 5-18 所示为中国天楹 2021 年 5 月至 8 月的 K 线走势。

图 5-18　中国天楹 2021 年 5 月至 8 月的 K 线走势

从上图可以看到，中国天楹股票的股价处于弱势行情中，股价震荡下行。2021 年 7 月底，股价下跌至 4.20 元价位线附近，创下 4.10 元的新低后止跌。7 月 29 日 K 线收出一根带长下影线的阴线，最低价为 4.10 元，7 月 30 日，K 线收出一根带长下影线的阳线，最低价为 4.11 元。连续两根最低价基本相同的长下影线 K 线形成了双针探底形态，说明 4.10 元位置有较大支撑，股价继续下跌的可能性较低，后市极有可能止跌回升。

查看下方的 RSI 指标发现，RSI 指标拐头上行，短线 RSI 依次上穿中线 RSI 和长线 RSI 形成金叉，说明空头动能衰竭，多头动能增强，后市看涨，为买进信号。

结合 K 线组合信号与 RSI 指标信号，判断股价在此位置筑底的可能性较大，后市极有可能转入上升行情，投资者可以积极建仓。

图 5-19 所示为中国天楹 2021 年 8 月至 2022 年 1 月的 K 线走势。

图 5-19　中国天楹 2021 年 8 月至 2022 年 1 月的 K 线走势

从上图可以看到，股价果然在双针探底位置见底，随后中国天楹股价转入上升趋势之中，股价逐浪上行，涨势猛烈，最高上涨至 6.18 元，涨幅较大。可见，双针探底与 RSI 指标发出的买入信号比较准确。

5.2.4　红三兵 +RSI 买入信号

红三兵是比较经典的一个 K 线形态，它是在连续的阴线下跌行情后 K 线连续拉出了 3 根阳线，说明股价短期表现强势，有上涨空间，是市场反转的强烈信号。

需要注意的是，红三兵是股价运行过程中连续出现 3 根阳线，每天的开盘价在前一天阳线的实体之内，每天的收盘价高于前一天的收盘价。图 5-20 为红三兵示意图。

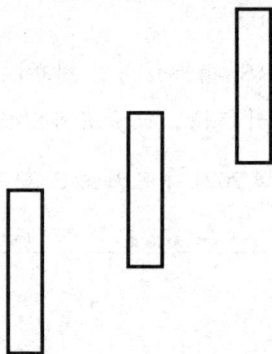

图 5-20　红三兵

红三兵是比价强烈的短期上涨信号，如果此时下方 RSI 指标同步发出强势上涨信号，则更能确定买入信号的准确性。

实例分析
蓝焰控股（000968）红三兵 +RSI 多头排列

图 5-21 所示为蓝焰控股 2019 年 7 月至 2021 年 8 月的 K 线走势。

从下图可以看到，蓝焰控股处于下跌趋势之中，股价逐浪下行，不断创出新低，跌势沉重。2021 年 2 月，当股价下跌至 6.00 元价位线附近后止跌企稳，并在 6.00 元至 7.00 元区间横盘窄幅波动。2021 年 7 月底，股价再次下行跌破 6.00 元价位线，创下 5.57 元新低后止跌回升，K 线连续收出多根上涨阳线，市场出现走强迹象。

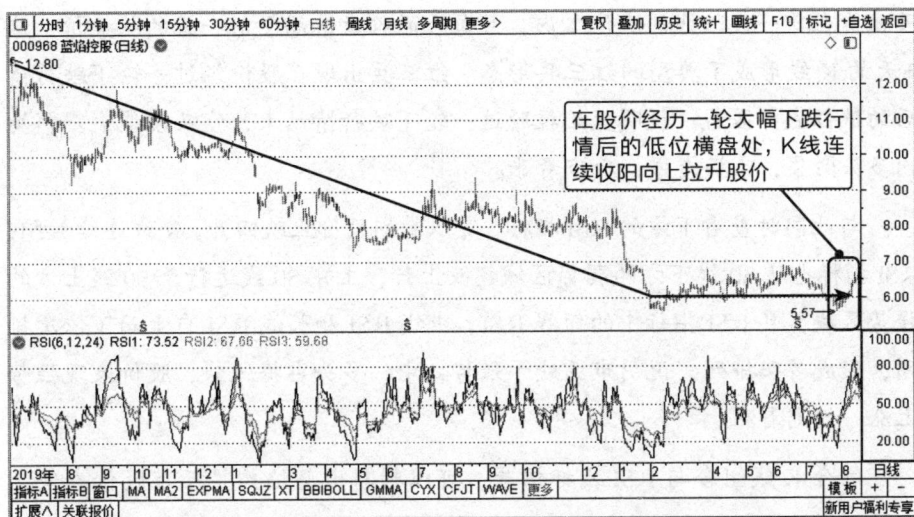

图 5-21　蓝焰控股 2019 年 7 月至 2021 年 8 月的 K 线走势

仔细查看 K 线连续收出阳线时的走势图，如图 5-22 所示。

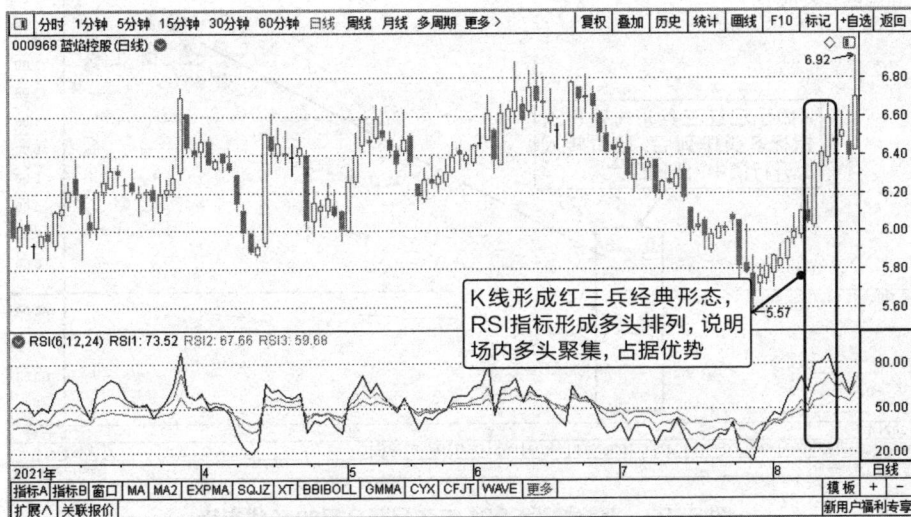

图 5-22　蓝焰控股 2021 年 3 月至 8 月的 K 线走势

从上图可以看到，股价在 5.57 元位置止跌，K 线连续收阳向上拉升股价，并且仔细观察 2021 年 8 月 10 日、11 日和 12 日这 3 天的 K 线，发现每天的开盘价在前一天阳线的实体之内，且每天的收盘价高于前一天的收盘价，这3天的K线形成了典型的红三兵形态。红三兵出现在股价经过一轮下跌行情后的低位底部区域，说明蓝焰控股这一轮下跌行情结束，空头动能衰竭，场内多头聚集，市场走强，后市看涨。

与此同时查看下方的RSI指标，可以看到股价止跌回升，K线连续放阳，RSI指标也从50线下方的弱势区域拐头上行，上穿50线运行至50线上方的强势区域，且RSI指标中的短线RSI、中线RSI和长线RSI自上而下依次排列，形成多头排列，说明市场处于强势之中，多头占据优势，股价表现强势上涨，短期看涨。

结合K线组合与RSI指标信号，可以判断出蓝焰控股后市股价表现上涨的可能性较大，此时为投资者建仓买进的好机会。

图5-23所示为蓝焰控股2021年7月至9月的K线走势。

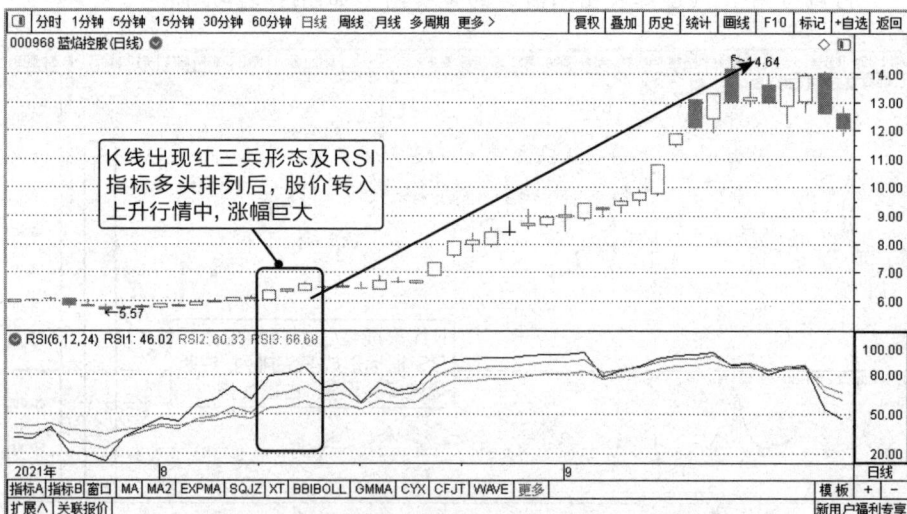

图5-23　蓝焰控股2021年7月至9月的K线走势

从上图可以看到，红三兵K线组合形态和RSI指标多头排列出现后，蓝焰控股股票转入上升趋势之中，股价震荡上行，不断向上抬高，短短1个月左右的时间，股价最高上涨至14.64元，涨幅超125%。

5.2.5 黄昏之星 +RSI 卖出信号

黄昏之星是与早晨之星相反的一种形态，如果早晨之星代表着希望，那么黄昏之星则是黑暗来临之前最后的光亮。黄昏之星同样由 3 根 K 线组合而成，第一根为继续上涨的中阳线或大阳线，它的出现加强了原有的上升趋势，给人以涨势继续的假象。第二天，股价向上高开，但交易发生在较小范围内，收盘价同开盘价接近持平。第三天，股价低开，收盘更低，说明转势已经开始。

黄昏之星 K 线组合具有的形态特征如下：

①第一天的 K 线与趋势方向一致，为大阳线。

②第二天实体较小的十字星线与第一天阳线实体有缺口，十字星线的阴阳并不重要。

③第三天的 K 线与第一天 K 线的阴阳相反，为大阴线。

图 5-24 所示为黄昏之星 K 线组合示意图。

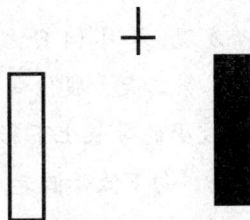

图 5-24 黄昏之星

黄昏之星通常出现在股价经过一番上涨后的高位顶部区域，是股价见顶回落的信号，如果此时下方 RSI 指标也发出顶部卖出信号，则更进一步确认信号的准确性。

实例分析
越秀金控（000987）黄昏之星 +RSI 超买

图 5-25 所示为越秀金控 2020 年 3 月至 8 月的 K 线走势。

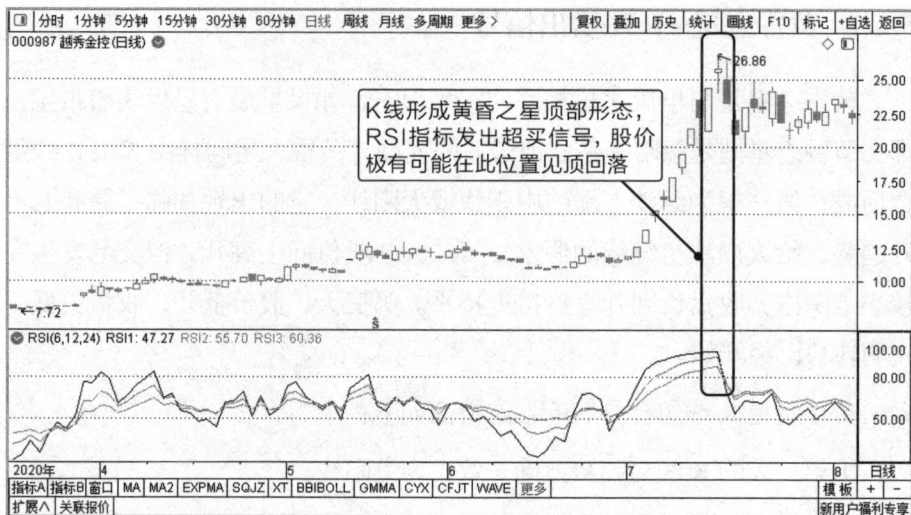

图 5-25　越秀金控 2020 年 3 月至 8 月的 K 线走势

从上图可以看到，越秀金控处于上升行情中，股价从 7.72 元低位处开始向上攀升，尤其是 2020 年 7 月，股价更是进入直线拉升状态，短短几个交易日的时间，将股价从 12.50 元位置拉升至 25.00 元价位线上方，涨势惊人。

仔细查看股价的上涨走势发现，7 月 14 日，股价低开高走，K 线收出一根大阳线，表明市场涨势强劲。第二天，股价向上高开，但收盘价与开盘价基本持平，K 线收出一根实体较小的带长上下影线的阳线，并创出 26.86 元的新高。第三天，股价一反常态，向下低开低走，K 线收出一根跌停大阴线。这 3 根 K 线形成了黄昏之星形态，说明越秀金控这一波上涨行情结束，场内多头实力转弱，上涨乏力，股价见顶，后市极有可能转入下跌趋势之中。

此时查看下方的 RSI 指标发现，在股价急速上冲的过程中，RSI 指标快速上行，短线 RSI、中线 RSI 和长线 RSI 纷纷运行至 80 线上方的超买区域，说明场内的买气过于强烈，超出市场承受力，后市极有可能止涨回落转入下跌。

结合黄昏之星 K 线组合形态和 RSI 指标超买信号，可以判断股价在此位置见顶的可能性较大，投资者应趁高位横盘整理机会及时离场。

图 5-26 所示为越秀金控 2020 年 7 月至 2021 年 5 月的 K 线走势。

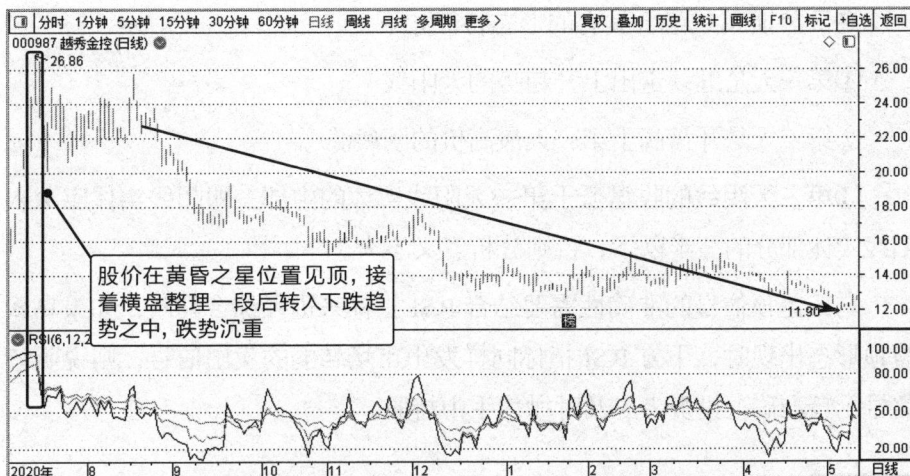

图 5-26　越秀金控 2020 年 7 月至 2021 年 5 月的 K 线走势

从上图可以看到，股价在黄昏之星位置见顶，随后高位横盘整理，在 2020 年 9 月开始转入下跌趋势之中，股价逐浪下行，跌势沉重，跌幅较深。下方的 RSI 指标也从超买区同步下行至 50 线下的弱势区域，并在 50 线下波动运行。

5.2.6　乌云盖顶 +RSI 卖出信号

乌云盖顶 K 线组合通常出现在股价上升趋势之中，是股价见顶回落的转势信号。乌云盖顶 K 线组合由两根 K 线组合而成，第一天 K 线收出大阳线，涨势继续，前途光明，但第二天行情急转直下，股价向上跳高开盘，收盘时股价却下跌至前一天阳线的实体内，K 线收出阴线，如图 5-27 所示。

图 5-27　乌云盖顶

乌云盖顶 K 线组合具有的形态特征如下：

①第一天是继续走出上升趋势的大阳线。

②第二天是开盘高于第一天最高价的阴线。

③第二天阴线的收盘低于第一天阳线实体的中部，即阴线实体应深入阳线实体部分的一半以下，否则分析意义不大。

乌云盖顶信号的准确性需要结合 RSI 指标来进行综合判断，如果乌云盖顶形态出现时，下方 RSI 指标同样发出市场转弱的卖出信号，则说明该信号比较准确，投资者应及时抛售手中持股。

实例分析

闽东电力（000993）乌云盖顶 +RSI 顶背离

图 5-28 所示为闽东电力 2021 年 5 月至 11 月的 K 线走势。

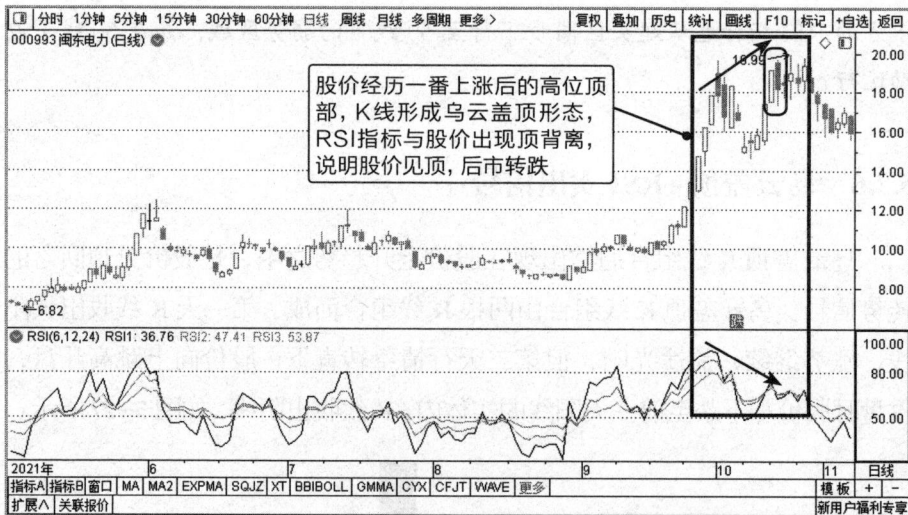

图 5-28　闽东电力 2021 年 5 月至 11 月的 K 线走势

从上图可以看到，闽东电力股票的股价处于不断上涨的强势行情中。2021 年 9 月底，股价上涨至 18.00 元价位线上方后止涨回落。但是股价跌幅不深，仅仅下跌几个交易日至 16.00 元价位线附近后便止跌回升。然而股价再次上涨至 18.50 元附近便止涨横盘，有见顶迹象。

此时查看股价上涨时的 K 线发现，10 月 20 日，股价向上跳空高开高走收出一根涨停大阳线，表现出强势上涨，但第二天股价却高开低走，收出一根大阴线，且大阴线实体深入前一日阳线实体的 1/2 以上。两日的 K 线形成了典型的乌云盖顶形态，说明闽东电力的上涨行情将发生转变，后市极有可能转入下跌趋势之中。

与此同时，查看下方 RSI 指标发现，2021 年 10 月，股价表现为上升行情，在向上拉升股价的过程中，RSI 指标却拐头下行，走出一波比一波低的下跌走势，由此，RSI 指标与股价形成顶背离。顶背离是股价见顶、后市看跌的强烈信号。结合上方乌云盖顶 K 线组合，可以判断股价继续上涨乏力，在此位置见顶下跌的可能性较大，投资者应尽快离场，锁定前期收益。

图 5-29 所示为闽东电力 2021 年 9 月至 2022 年 4 月的 K 线走势。

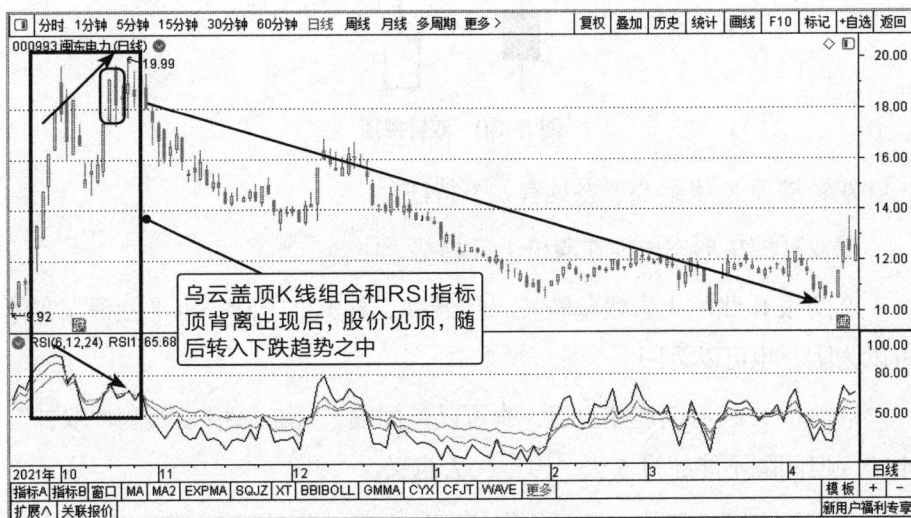

图 5-29　闽东电力 2021 年 9 月至 2022 年 4 月的 K 线走势

从上图可以看到，乌云盖顶 K 线组合和 RSI 指标顶背离出现后，股价在 19.99 元位置见顶，随后转入下跌趋势之中，股价波动下行，最低跌至10.00 元附近，跌势沉重，跌幅较大。

5.2.7 双针探顶 +RSI 卖出信号

双针探顶 K 线组合通常出现在股价上升趋势之中，股价两次上冲到同一位置时均受到空头力量的强力打击，说明该高点具有较强的阻力，表明上涨行情很可能暂时结束，股价极有可能在此位置见顶回落，转入下跌趋势之中或震荡市场中。

双针探顶形态由两根 K 线组合而成，第一根为带长上影线的 K 线，说明上方压力明显，多头因阻力无法推高价格。第二天股价再次上冲，在同一位置受阻，同样收出带长影线的 K 线。

图 5-30 所示为双针探顶示意图。

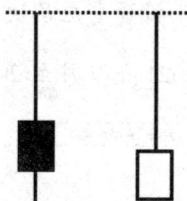

图 5-30　双针探顶

双针探顶 K 线组合形态具有如下特征：

①双针探顶形态出现在股价上升趋势之中。

②两根 K 线的上影线都较长，且最高点基本处于同一水平位置，实体可以为阴，也可以为阳。

③两根 K 线可以连续出现，也可以是间隔有几条单根 K 线的"双针"走势，但间隔不能超过 5 天，否则失去意义。

当双针探顶在股价上涨后的高位区域出现，此时下方 RSI 指标配合发出见顶卖出信号，投资者就可以进一步确认股价顶部信号的准确性，及时抛售手中持股。

实例分析

昆仑万维（300418）双针探顶 +RSI 死叉

图 5-31 所示为昆仑万维 2021 年 8 月至 2022 年 1 月的 K 线走势。

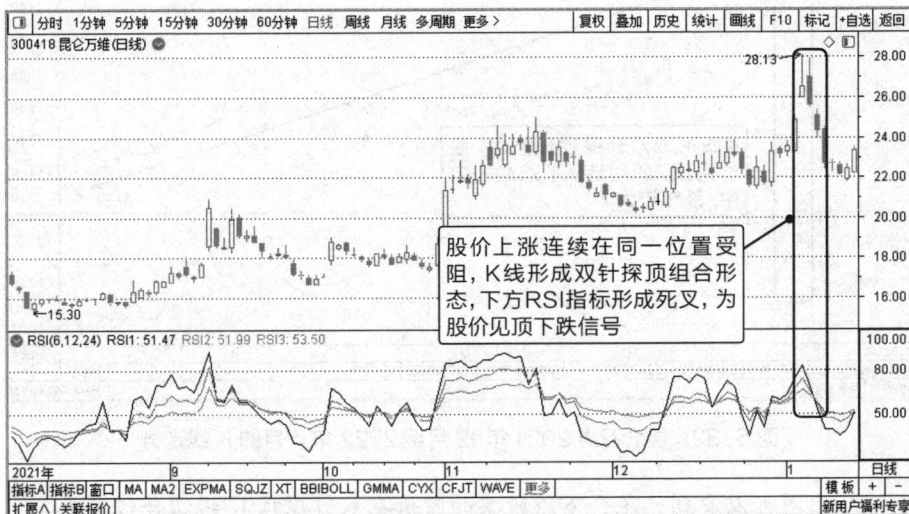

图 5-31　昆仑万维 2021 年 8 月至 2022 年 1 月的 K 线走势

从上图可以看到，昆仑万维处于上涨趋势之中，市场强势，股价震荡上行，涨幅较大。2022 年 1 月初，股价上涨至 26.00 元价位线上方，K 线收出一根带长上影线的小阳线，紧接着第二天股价高开低走，收出一根带长上影线的阴线。

进一步查看发现，两根 K 线的上影线基本处于同一水平位置，形成了典型的双针探顶 K 线组合形态，说明 28.00 元位置上方压力较重，股价连续上涨至 28.00 元附近均受到空头的打击，难以继续上涨，股价极有可能在此位置见顶。

查看下方的 RSI 指标发现，双针探顶形态形成后，RSI 指标拐头下行，短线 RSI 依次下穿中线 RSI 和长线 RSI，形成死叉，是市场转弱、股价下跌的信号。结合双针探顶 K 线组合形态及 RSI 指标死叉信号，判断股价在此位置见顶可能性较大，投资者应尽快离场。

图 5-32 所示为昆仑万维 2021 年 12 月至 2022 年 4 月的 K 线走势。

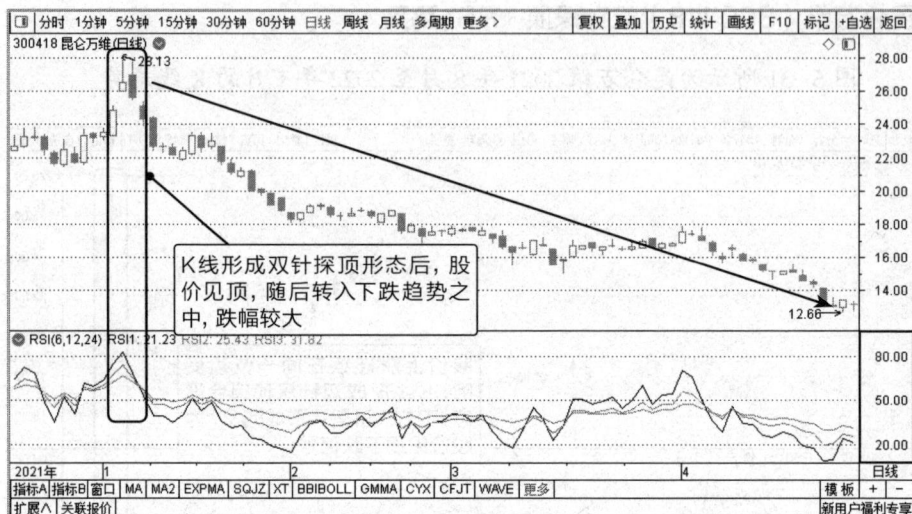

图 5-32 昆仑万维 2021 年 12 月至 2022 年 4 月的 K 线走势

从上图可以看到,昆仑万维股票的股价在双针探顶 K 线组合位置见顶,随后转入下跌行情中,股价波动下行,最低跌至 12.66 元,跌幅较大。与此同时,下方的 RSI 指标出现死叉信号后继续下行,跌破 50 线运行至 50 线下方的弱势区域,并维持在 50 线下方波动运行,市场处于极度弱势之中。如果投资者没有利用双针探顶和 RSI 指标死叉信号离场,将遭受重大经济损失。

5.2.8　三只乌鸦 +RSI 卖出信号

三只乌鸦也被称为暴跌三杰,指当股价大涨后出现连续阴线,这是股价暴跌前的征兆,表明这一波上涨行情已经走到尽头,为卖出信号。投资者一旦发现该 K 线组合,就应该立即引起警惕,及时离场,才能最大限度地将损失控制到最小范围内。

三只乌鸦由 3 根阴线组成,表明连续 3 天的收盘价都向下跌,每根阴线的实体大小大致相当,并且第二根和第三根 K 线高开低走,接近当日最低价收盘。

图 5-33 所示为三只乌鸦示意图。

图 5-33　三只乌鸦

三只乌鸦是比较强烈的转势信号，通常该形态出现已经表明股价转入下跌走势中，如果投资者还想进一步确认信号的准确性，可以查看 RSI 指标是否发出卖出信号。

实例分析

中亚股份（300512）三只乌鸦 +RSI 死叉

图 5-34 所示为中亚股份 2021 年 1 月至 9 月的 K 线走势。

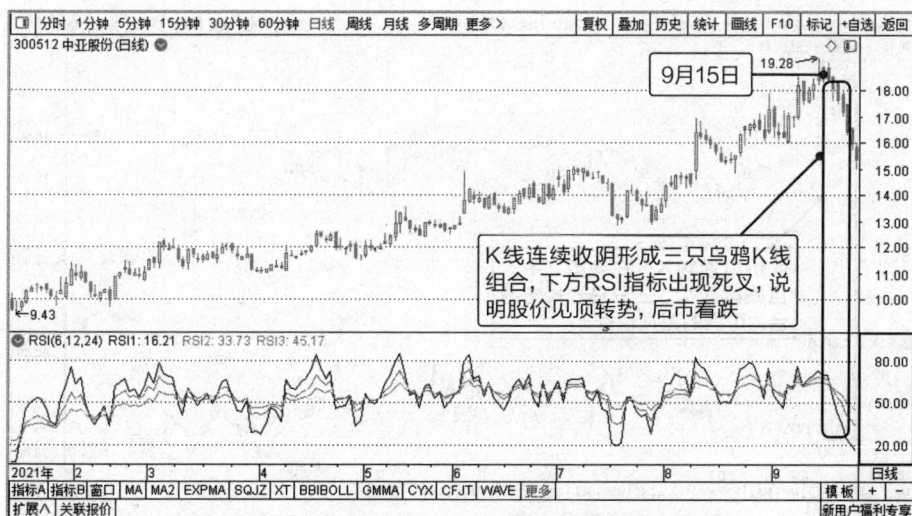

图 5-34　中亚股份 2021 年 1 月至 9 月的 K 线走势

从上图可以看到，中亚股份处于稳定上升趋势之中，股价从 9.43 元的相对低位处向上攀升，股价逐浪上行，走势稳健，开启了一轮大幅、长期的上涨行情。

2021 年 9 月上旬，股价上涨至 18.00 元价位线附近后止涨横盘调整。但 9 月 15 日开始，股价一改之前的平稳走势，K 线连续收出多根阴线，拉低股价。仔细观察 9 月 22 日、23 日和 24 日这 3 根下跌阴线，可以看到这 3 根 K 线都高开低走，接近最低价收盘，且实体大小大致相同，形成了三只乌鸦 K 线组合形态。三只乌鸦是典型的行情暴跌信号，说明中亚股份的这一波上涨基本结束，后市看跌。

此时查看下方的 RSI 指标发现，短线 RSI 拐头下行跌破中线 RSI 和长线 RSI 形成死叉，随后继续下行，呈现空头排列。说明市场表现弱势，空头力量占据绝对优势，股价近期看跌。

因此，综合三只乌鸦组合形态和 RSI 指标信号，可以判断股价短期下跌的可能性较大，投资者应尽快离场。

图 5-35 所示为中亚股份 2021 年 9 月至 2022 年 5 月的 K 线走势。

图 5-35　中亚股份 2021 年 9 月至 2022 年 5 月的 K 线走势

　　从上图可以看到，股价在 19.28 元位置见顶，随后转入下跌趋势之中，股价波动下跌，最低跌至 10.06 元，跌幅较大。当 K 线连续收出阴线，形成三只乌鸦 K 线组合时，已经基本确定股价的转势信号，投资者就不应该将其简单视为上涨途中的调整，应结合 RSI 指标死叉信号，及时判断转势，做出卖出决策。

5.3　K 线形态与 RSI 指标结合分析

　　K 线形态指的是股价经过一段时间的运行，形成具有指示意义的、特殊的 K 线形态，例如 V 形底、倒 V 形顶、双重底及双重顶等，在判断阶段底部和顶部方面有非常突出的作用。当其与 RSI 指标结合使用，可以准确判断市场买卖点，抓住合适的投资机会。

5.3.1　V 形底 +RSI 买入信号

　　V 形底也被称为尖底形态，是指股价经过连续长阴下跌到重要支撑位，然后 K 线以 V 形反转方式连续收出长阳上攻，形成 V 形反转的底部形态。它是一种变化较快、转势力度极强的反转形态。

　　图 5-36 所示为 V 形底示意图。

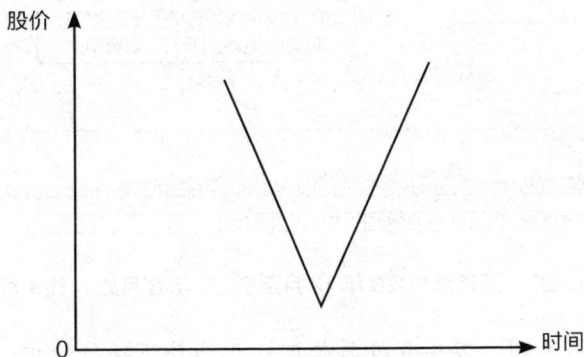

图 5-36　V 形底

V 形底形态是比较常见的一种底部形态，首先在接近底部位置，主力以连续长阴下跌的方式，使投资者产生恐慌心理，在低位抛出手中筹码。然后利用连续长阳快速上攻，使深度被套尚未平仓的投资者在上涨初期减亏平仓，以便在下跌后期和上涨初期加快建仓进程。

V 形底形态往往在形态完成前不容易被确认，对于场外的投资者来说，比较稳健的投资方式是等待 V 形底形态形成、成交量明显放大时再追进，此时风险较小。

如果投资者对 V 形底形态不能准确判断，此时还可以借助 RSI 指标，如果 RSI 指标走强，发出明显的买入信号，说明短期看涨，则进一步确认股价的转势信号，可放心买进。

实例分析
万年青（000789）V 形底 +RSI 金叉

图 5-37 所示为万年青 2020 年 12 月至 2021 年 8 月的 K 线走势。

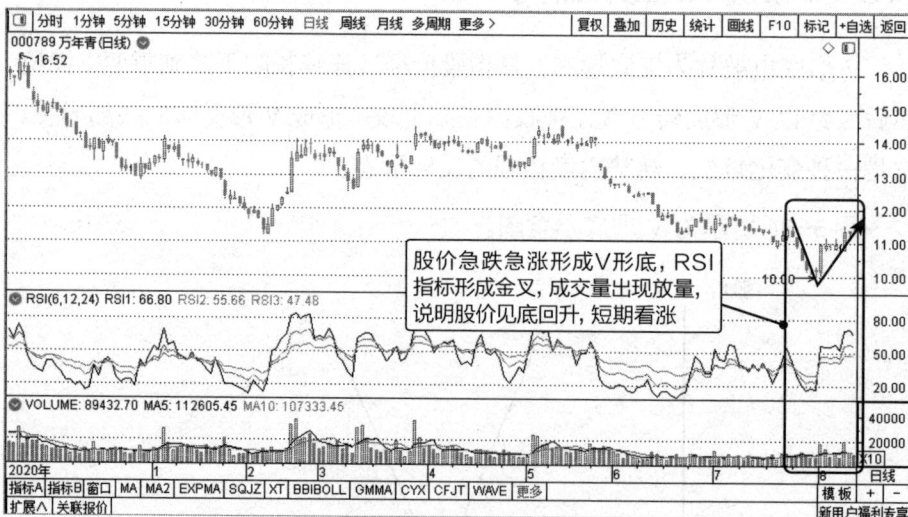

图 5-37　万年青 2020 年 12 月至 2021 年 8 月的 K 线走势

从上图可以看到，万年青股票长期处于弱势下跌行情中，股价不断向下波动。2021 年 7 月初，股价下跌至 11.50 元价位线附近后止跌横盘整理。7 月底，K 线突然连续收阴，股价向下急跌，当股价跌至 10.00 元价位线上后止跌，K 线又收出大阳线向上拉升股价，随后 K 线继续收阳，股价向上攀升。

　　股价的急跌急涨，K 线形成了 V 形底形态，说明万年青这一波下跌行情见底，股价回升转入上升趋势之中，短期看涨。下方成交量也在股价止跌回升的过程中出现明显放量，说明场内多头聚集，后市走强的可能性较大。

　　同时，查看 RSI 指标发现，在 K 线形成 V 形底的过程中，RSI 指标拐头上行，短线 RSI 依次上穿中线 RSI 和长线 RSI 形成金叉，说明场内做多力量强劲，多头占据优势，短期将迎来一波上涨。综合种种技术指标可以判断，万年青股票这一波下跌行情结束，后市极有可能转入上升趋势中，此时为投资者追涨买进的好机会。

　　图 5-38 所示为万年青 2020 年 12 月至 2021 年 9 月的 K 线走势。

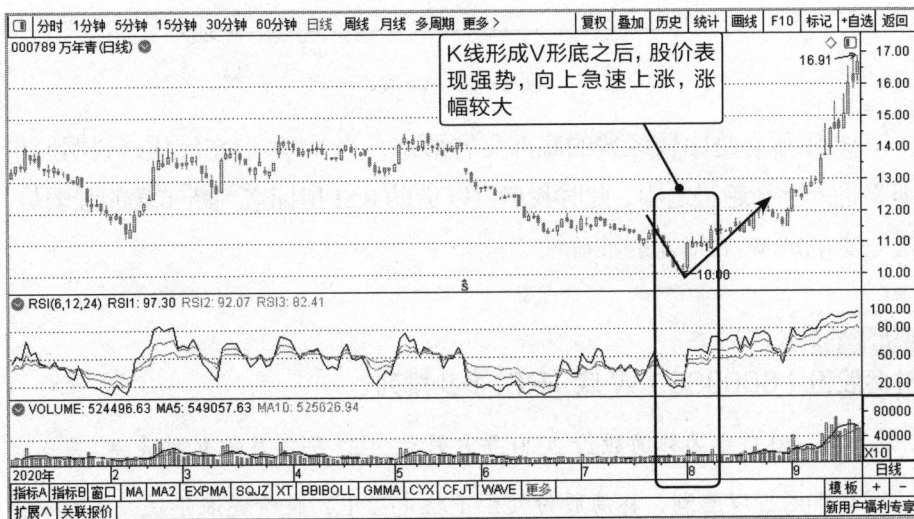

图 5-38　万年青 2020 年 12 月至 2021 年 9 月的 K 线走势

　　从上图可以看到，V 形底形态形成后，万年青股票转入上升行情中，股价向上直线拉升，短短 1 个月左右的时间，股价快速上涨至 16.00 元价位线上方，涨势急促，涨幅较大。

5.3.2　W 底 +RSI 买入信号

W 底也被称为双重底形态，在前面 RSI 指标形态中也介绍过双重底，K 线形态中的双重底与 RSI 指标中的双重底大致相同，但它是由于股价连续两次下跌的低点大致相同而形成的股价走势图形。

图 5-39 所示为 W 底形态示意图。

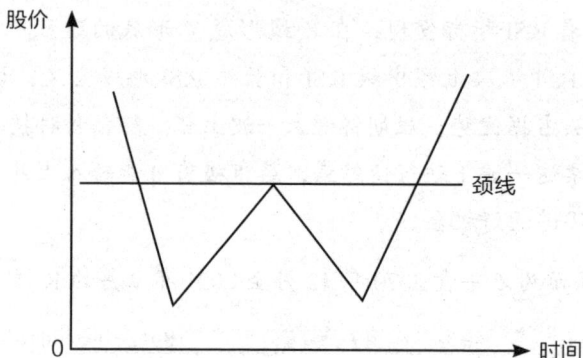

图 5-39　W 底

W 底形态是比较经典的底部反转形态，当 W 底形态完成，说明股价即将进入上升趋势之中，此时我们可以借助 RSI 指标来判断市场的强弱势，进一步确定 W 底形态的准确性。

实例分析

林海股份（600099）W 底 +RSI 多头排列

图 5-40 所示为林海股份 2020 年 8 月至 2021 年 3 月的 K 线走势。

从下图可以看到，林海股份处于下跌走势中，股价逐浪下跌，不断创出新低，市场处于弱势行情中。2021 年 1 月上旬，股价下跌至 5.50 元价位线下方，创下 5.31 元的新低后止跌回升，但是仅维持几个交易日，股价上涨至 6.00 元价位线附近便止涨下跌。股价再次下跌，跌至前期低点 5.31 元附近再次止跌回升。

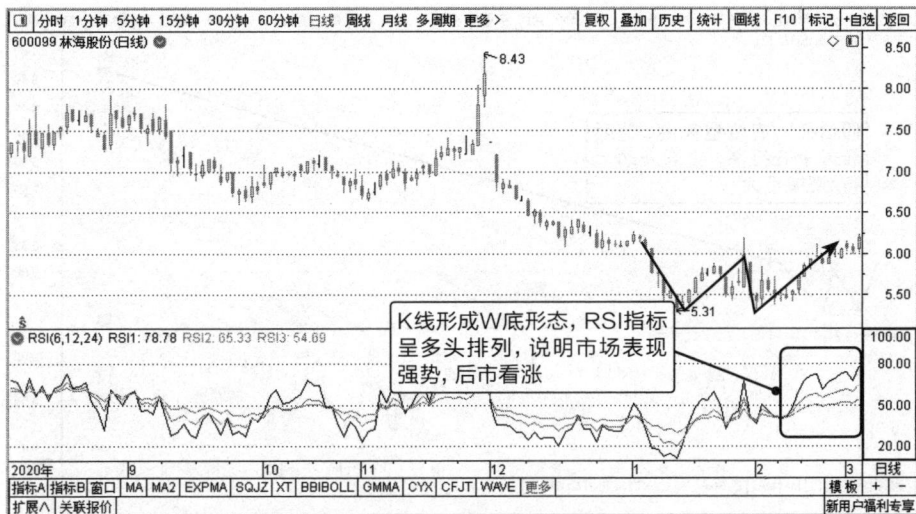

图 5-40 林海股份 2020 年 8 月至 2021 年 3 月的 K 线走势

连续两次的下跌回升形成两个明显的低点，且两个低点大致处于同一水平位置上，由此形成了典型的 W 底形态，这是股价筑底回升的信号，说明林海股份的这一波下跌行情结束，后市即将转入上升趋势之中。

此时查看下方的 RSI 指标发现，在股价第二次下跌回升的过程中，RSI 指标上行，上穿 50 线运行至 50 线上方的强势区域，并维持在强势区域中波动运行。仔细查看，发现 RSI 指标在波动中短线 RSI、中线 RSI 和长线 RSI 自上而下依次排列，形成多头排列，说明市场中多头占据绝对优势，涨幅较大，股价表现强势，后市看涨。

结合 K 线走势形态和 RSI 指标信号，可以判断股价在此位置筑底回升，转入上升趋势的可能性较大，该股极有可能迎来一波大幅上涨行情，投资者可以积极跟进。

图 5-41 所示为林海股份 2020 年 12 月至 2022 年 3 月的 K 线走势。

从下图可以看到，股价果然在 W 底位置筑底，随后转入上升行情，RSI 指标基本维持在 50 线上的强势区域波动运行，市场表现强势，股价逐浪上行，最高上涨至 9.95 元，涨幅巨大。

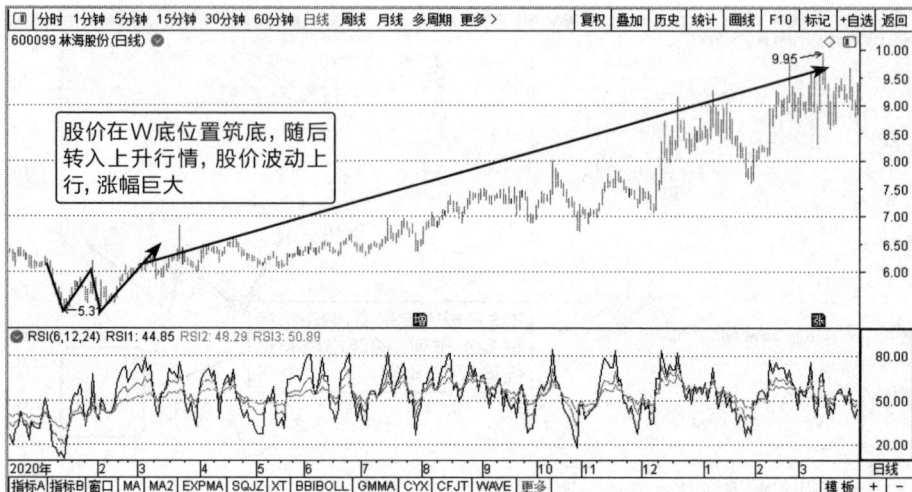

图 5-41　林海股份 2020 年 12 月至 2022 年 3 月的 K 线走势

5.3.3　倒 V 形顶 +RSI 卖出信号

倒 V 形顶也被称为尖顶形态，它与 V 形底形态相对应，通常出现在一段上涨行情的末尾，是顶部反转形态。其形态表现为股价先是经过一段快速上涨行情，上涨到一定高度后掉头向下，又开始了一段快速下跌行情，在 K 线上形成了一个形状像倒置的英文字母"V"的顶部走势。

图 5-42 所示为倒 V 形顶示意图。

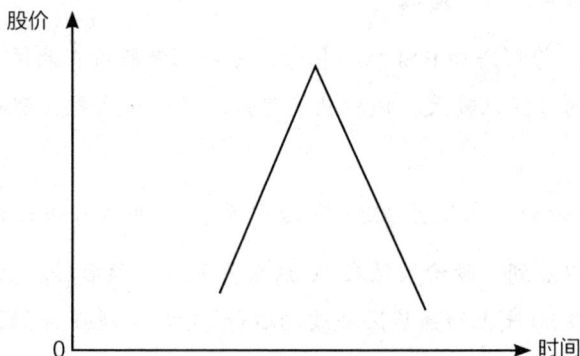

图 5-42　倒 V 形顶

倒 V 形顶形成的时间通常比较短，投资者往往来不及反应就已经形成，甚至很多投资者会将其视为上涨途中的回调，此时可以借助 RSI 指标进行判断，如果 RSI 指标同样发出转势卖出信号，投资者就不应再抱有幻想。

实例分析

苏宁环球（000718）倒 V 形顶 +RSI 空头排列

图 5-43 所示为苏宁环球 2020 年 12 月至 2021 年 6 月的 K 线走势。

图 5-43　苏宁环球 2020 年 12 月至 2021 年 6 月的 K 线走势

从上图可以看到，苏宁环球处于上升趋势之中，股价表现强势，涨势稳定。2021 年 5 月上旬，K 线连续收出上涨阳线，将股价拉升至 11.00 元上方，并创下 11.21 元的新高后止涨回落。紧接着 K 线收出多根带长上影线的小阳线和小阴线，说明上方压力较大，股价上涨乏力，随后 K 线继续收出连续阴线，股价快速下跌。股价的这一波急涨急跌，在 K 线图中形成了明显的倒 V 形顶形态，说明股价在此位置见顶，苏宁环球这一波上涨行情结束，后市看跌。

此时查看下方的 RSI 指标发现，在股价止涨回落的过程中，RSI 指标下行呈空头排列，表现极度弱势，说明空头占据绝对优势，股价短期看跌，场内投资者应尽快了结离场，落袋为安。

图 5-44 所示为苏宁环球 2021 年 5 月至 2022 年 3 月的 K 线走势。

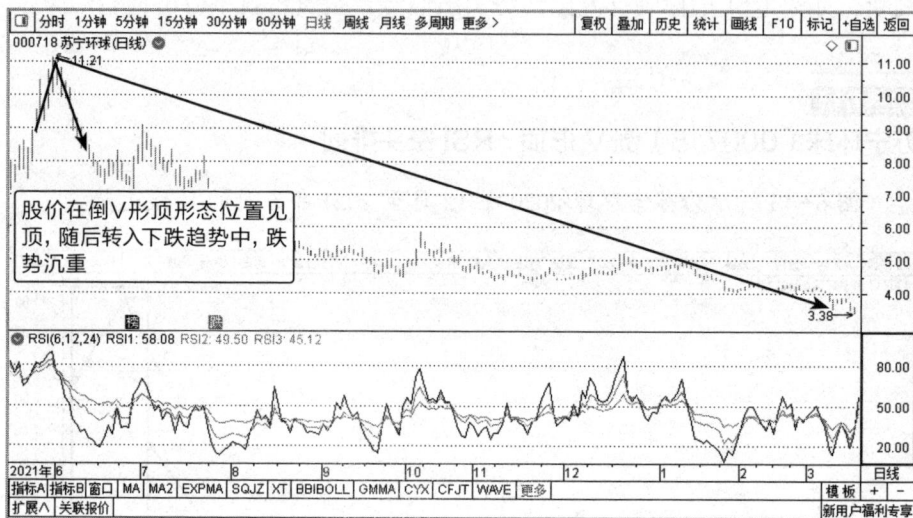

图 5-44　苏宁环球 2021 年 5 月至 2022 年 3 月的 K 线走势

从上图可以看到，股价在倒 V 形顶形态位置见顶，随后转入下跌趋势中，RSI 指标同步下行，跌破 50 线运行至 50 线下方的弱势区域，并长期维持在 50 线下的弱势区域波动运行，市场表现极度弱势。股价从最高价 11.21 元跌至最低 3.38 元，跌幅近 70%。

5.3.4　M 顶 +RSI 卖出信号

M 顶形态与 W 底形态相对应，是 K 线图中较为常见的顶部反转形态之一，由两个较为相近的高点构成，其形状类似于英文字母 "M"，所以称为 M 顶。股价在连续上升过程中，上涨至某一价格水平便止涨掉头回落，下跌至某一位置时，股价再度反弹上行，当反弹至前期高点附近后再次下跌，并跌破第一次回落的低点，股价移动轨迹像字母 M，双重顶形成。

图 5-45 所示为 M 顶形态示意图。

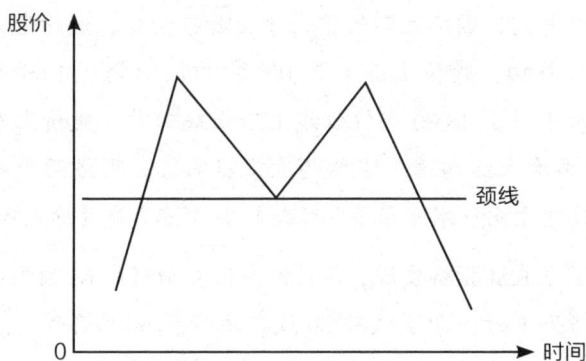

图 5-45 M 顶形态

当 M 顶形态形成，投资者还不能确定股价是否转势时可以结合 RSI 指标进行判断，如果 RSI 指标同步发出市场转弱的卖出信号，投资者应立即离场。

实例分析

国际医学（000516）M 顶 +RSI 空头排列

图 5-46 所示为国际医学 2020 年 9 月至 2021 年 7 月的 K 线走势。

图 5-46 国际医学 2020 年 9 月至 2021 年 7 月的 K 线走势

从上图可以看到，国际医学股票处于上升行情中，股价震荡上行，涨幅较大。2021 年 6 月初，股价上涨至 21.00 元附近，创出 21.66 元的新高后止涨回调，当股价下跌至 18.00 元价位线上后止跌回升，股价上涨至前期高点 21.00 元附近时再次止涨回落。连续两次上涨回落，形成两个明显的高点，且两个高点大致处于同一水平位置，形成 M 顶形态，是股价见顶回落的信号。

此时查看下方 RSI 指标发现，在股价高位波动形成 M 顶形态的过程中，RSI 指标已经拐头下行，向下跌破 50 线，运行至 50 线下方，且短线 RSI、中线 RSI 和长线 RSI 自下而上呈空头排列，说明场内空头占据优势，市场表现弱势，股价短期看跌，是卖出信号。因此，投资者结合 M 顶形态和 RSI 指标信号，判断股价转势信号准确，后市看跌，应尽快离场。

图 5-47 所示为国际医学 2021 年 5 月至 2022 年 2 月的 K 线走势。

图 5-47　国际医学 2021 年 5 月至 2022 年 2 月的 K 线走势

从上图可以看到，M 顶形态形成后，股价在 21.00 元位置附近见顶，转入下跌趋势之中。股价逐浪下行，最低跌至 6.73 元，跌势沉重。如果投资者利用 K 线 M 顶形态和 RSI 指标准确判断这一转势信号，能避免这一段损失。

第6章

RSI指标与均线组合分析

均线即移动平均线，是股市分析中比较常用的一种趋势技术指标，也是股市投资者应用最普遍的技术指标之一，它能帮助投资者确认现有趋势、判断即将出现的趋势、发现趋势的反转等，将其与RSI指标组合分析，可以大幅提高投资者投资分析的能力与投资获胜概率。

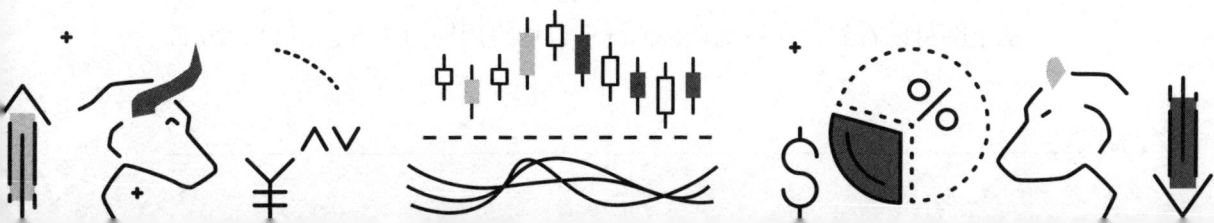

6.1 移动平均线的基础认识

在利用移动平均线做股价变动分析之前，我们需要简单地对移动平均线做一个基本了解，明白其基本特征，才能在日后的实战投资中快速上手，轻松应用。

6.1.1 移动平均线的基本特征

移动平均线简称均线，英文名称 Moving Average，简称 MA，它是利用统计分析的方法将一定时期内股票价格加以平均，并把不同时间的平均值连接起来，形成的一根 MA 曲线，用于观察股价的变化趋势。

同 RSI 指标一样，依据不同的时间周期可以将移动平均线分为短期均线、中期均线和长期均线。一般来说，5 日和 10 日均线为短期均线；20 日和 30 日为中期均线；120 日和 240 日为长期均线。但这并非强制规定，投资者可以根据自己的投资需要来调整均线的时间周期，如图 6-1 所示。

图 6-1　移动平均线

从上图可以看到，在系统默认情况下，均线周期为 5 日、10 日、20 日和 60 日。这里的短期均线就为 5 日均线，中期均线为 10 日均线和 20 日均线，长期均线为 60 日均线。短期均线、中期均线和长期均线只是相对而言，并非绝对。

均线作为股市分析中的重要技术指标，受到众多投资者的青睐与追捧，这离不开它的独有特点，具体如下：

- ◆ **追踪趋势**：均线是一款趋势指标，能够准确表示股价运行的趋势方向，帮助投资者判断当前运行趋势，以及预测后市的趋势变化。
- ◆ **滞后性**：因为均线是利用统计分析的方法对过往数据加以计算得来的，并且由于其追踪趋势的特点，所以在反应速度方面显得比较迟缓，具有滞后性，这也是其最大的缺点。
- ◆ **稳定性**：因为均线计算的是股票价格平均值，所以一天的股价变化被几天分摊消化，使其看起来更为稳健。
- ◆ **助涨助跌性**：均线具有一定的助涨助跌性，即当股价穿过均线时，股价还会继续朝着突破的方向再走一段。
- ◆ **支撑线与压力线特性**：均线对股价具有一定的支撑和压力作用。

6.1.2 MA 与 RSI 指标组合优势

在 MA 的特点中，我们提到 MA 具有滞后性的缺点，且时间周期越长，其滞后性也就越明显。然而 RSI 指标对市场的反应速度比均线快，二者结合能够形成互补，弥补均线这一缺点，进而更准确地判断出后市股价行情的走势变化。

下面我们以一个具体的例子来进行说明。

实例分析

皖维高新（600063）MA 与 RSI 组合分析

图 6-2 所示为皖维高新 2021 年 8 月至 2022 年 1 月的 K 线走势。

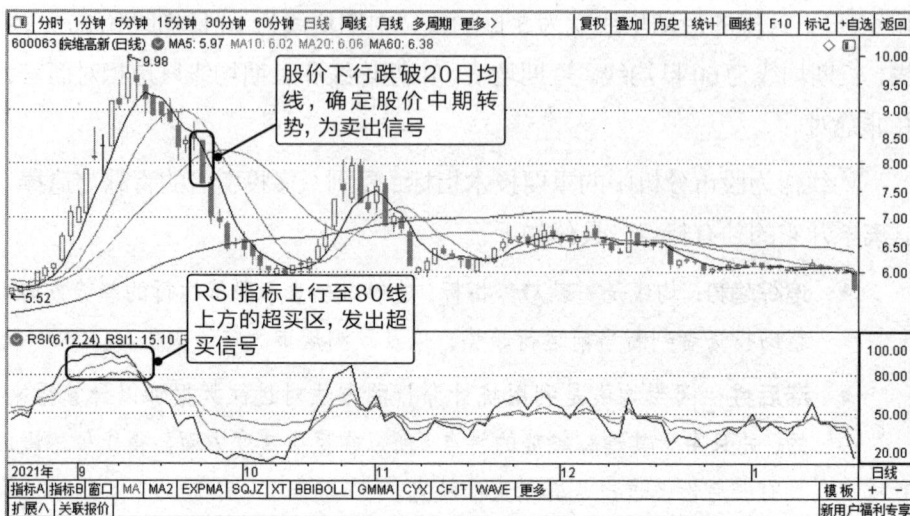

图 6-2　皖维高新 2021 年 8 月至 2022 年 1 月的 K 线走势

从上图可以看到，皖维高新前期处于上升趋势之中，股价向上大幅拉升，涨势猛烈，股价在均线上方运行。2021 年 9 月上旬，股价上涨至最高 9.98 元后止涨回落，此时如果仅以均线来做股价转势分析，当股价下行跌破 5 日均线时，说明股价短期看跌走弱，但并不能说明股价转势。当股价跌至 8.00 元价位线，K 线收出一根大阴线跌破 20 日均线时，此时可以判断皖维高新中期转势。因为 20 日均线为中线指标，代表股价的中期走势，当股价有效跌破 20 日均线时，基本可以判断该股中期趋势发生转变，后市看跌。

但是，可以看到投资者利用股价下跌跌破 20 日均线做判断，此时，股价已经下行一段了，场内的持股投资者已经损失了一部分收益。如果我们结合 RSI 指标进行组合分析，股价上涨至 9.50 元价位线附近止涨横盘出现见顶迹象，随后 K 线连续收阴，股价下行跌破 5 日均线，短期走弱。此时查看下方的 RSI 指标发现，股价继续上涨的过程中，RSI 指标同步上冲至 80 线的超买区，随后股价止涨下行，RSI 指标从超买区拐头下行，表现弱势，说明空头占据优势，下跌行情启动。

这样的组合分析方式，可以帮助投资者尽早看清市场变化，避免损失过多的前期投资收益。

在实际的 MA 与 RSI 指标组合分析中，并不像上述案例这么简单，还会结合均线的形态、交叉等进行研判分析，在下面的内容中将会详细介绍。

6.2　均线波动形态与 RSI 指标组合

均线系统是由多根不同周期的均线组合而成的，这就使得均线在随着股价波动变化的过程中也会形成不同的形态，其中存在一些比较典型的，具有市场指示意义的形态，需要引起投资者的注意。

6.2.1　均线多头排列与 RSI 指标强势

我们在介绍 RSI 指标形态时提及 RSI 指标存在多头排列，即短线 RSI、中线 RSI 和长线 RSI 自上而下依次排列上行的形态。在均线系统中同样存在多头排列，它与 RSI 指标类似，指短期均线、中期均线和长期均线自上而下依次排列上行的形态，是多头力量强劲，市场表现强势的特征。

通常，均线呈现多头排列时，下方的 RSI 指标同步上行至 50 线上方，并维持在 50 线上方的强势区域波动运行，是投资者追涨买进的大好机会。

实例分析

诺德股份（600110）MA 呈多头排列，RSI 上行至强势区

图 6-3 所示为诺德股份 2021 年 1 月至 6 月的 K 线走势。

从下图可以看到，诺德股份前期表现下跌弱势行情，2021 年 4 月中旬，股价下跌至 7.00 元价位线附近，创下 6.64 元的新低后止跌开始震荡上行。股价在波动过程中上穿均线系统，运行至 5 日均线上方，均线支撑股价上行。仔细观察发现，在股价上涨的过程中，短期均线、中期均线、长期均线自上而下依次排列上行，呈现多头排列，说明市场中多头占据绝对优势，后市看涨。

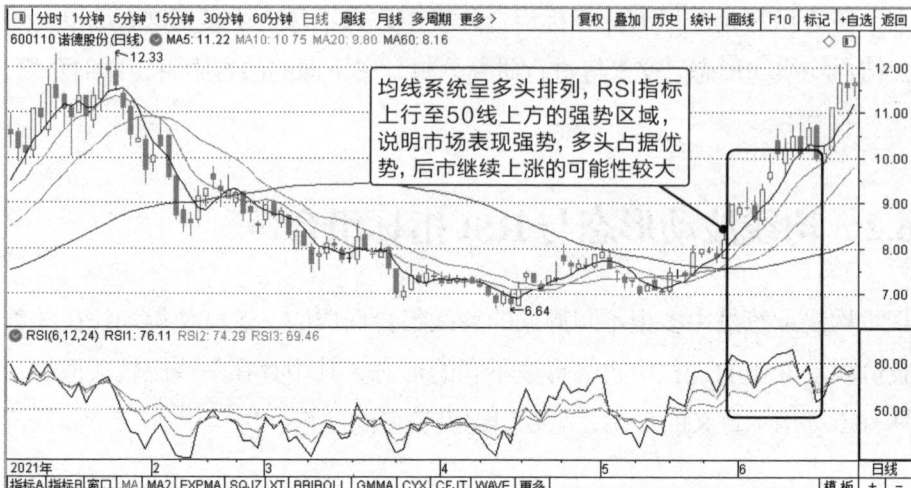

图 6-3　诺德股份 2021 年 1 月至 6 月的 K 线走势

此时查看下方的 RSI 指标发现，在股价止跌回升的过程中，RSI 指标上行突破 50 线运行至 50 线上方的强势区域，并维持在 50 线上的强势区间波动运行，说明场内多头聚集，力量强劲，后市看涨，是较好的追涨信号。鉴于均线和 RSI 指标发出的信号，投资者应及时买进股票追涨，等待后市上涨。

图 6-4 所示为诺德股份 2021 年 4 月至 9 月的 K 线走势。

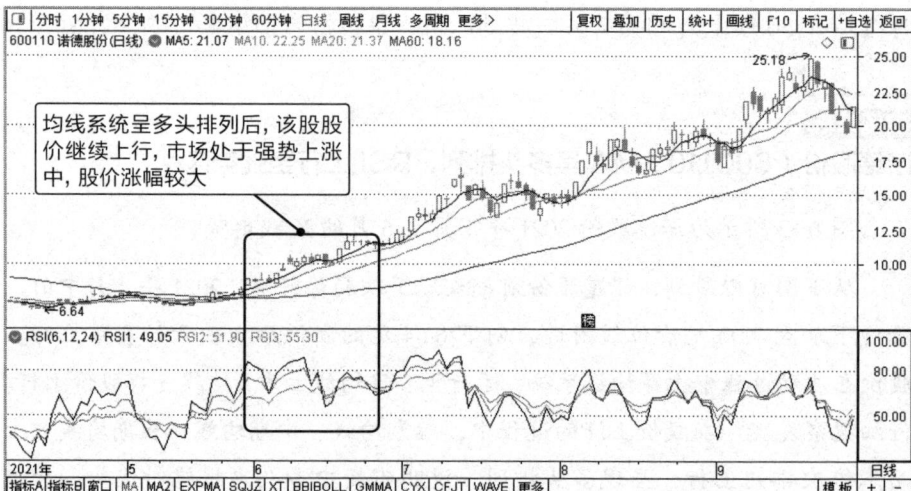

图 6-4　诺德股份 2021 年 4 月至 9 月的 K 线走势

从上图可以看到，诺德股份股票均线系统表现多头排列后，股价继续表现为上涨行情，且股价逐浪攀升，最高上涨至 25.18 元，涨幅巨大。下方的 RSI 指标基本维持在 50 线上方的强势区域中波动运行，说明市场处于强势状态之中。

6.2.2　均线空头排列与 RSI 指标弱势

均线空头排列也与 RSI 指标空头排列相同，指的是短期均线、中期均线和长期均线自下而上依次排列下行，说明市场处于极度弱势之中，后市看跌，是比较准确的卖出信号。

当均线呈现空头排列时，RSI 指标同步下行至 50 线下方的弱势区域，并维持在 50 线下波动运行，说明市场空头占据优势，市场表现下跌，短时间内难以回升。

实例分析
复星医药（600196）MA 呈空头排列，RSI 下行至弱势区

图 6-5 所示为复星医药 2021 年 3 月至 9 月的 K 线走势。

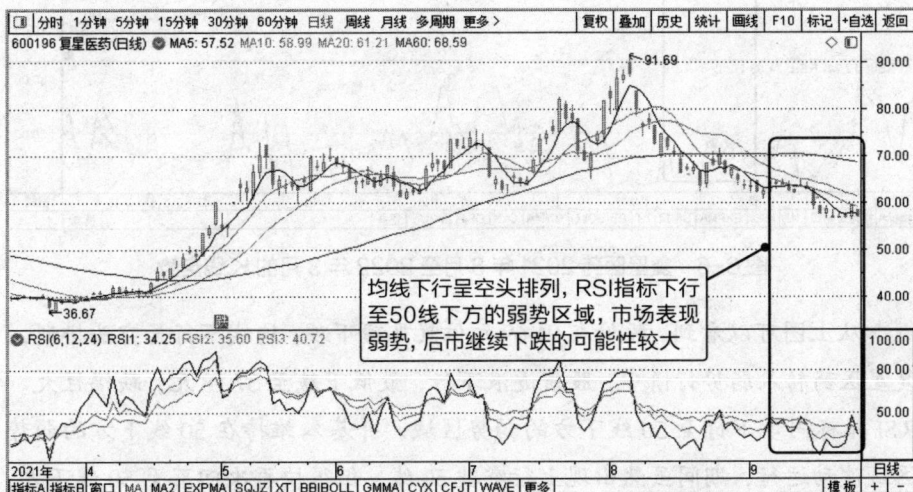

图 6-5　复星医药 2021 年 3 月至 9 月的 K 线走势

从上图可以看到，复星医药前期处于上升行情中，股价震荡上行，最高上涨至 91.69 元，随后止涨回落。股价跌破均线下行至均线下方，均线同步拐头下行。经过连续的下跌后，短期均线、中期均线和长期均线自下而上依次排列下行，呈空头排列，说明市场转入空头市场中，复星医药的上升行情已经结束，后市看跌。

此时查看下方的 RSI 指标发现，在股价见顶回落时，RSI 指标同步下行至 50 线下的弱势区域，并维持在 50 线下方的弱势区域内波动运行，说明市场中空头占据优势，后市可能继续下跌。

结合均线系统和 RSI 指标信号可以得出，市场转入空头市场，后市看跌，场外投资者继续持币观望，场内投资者应尽快离场。

图 6-6 所示为复星医药 2021 年 8 月至 2022 年 3 月的 K 线走势。

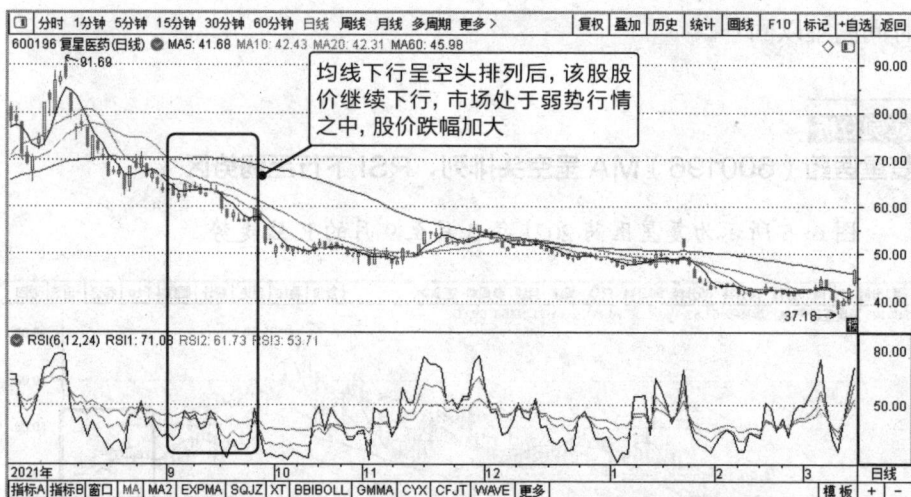

图 6-6　复星医药 2021 年 8 月至 2022 年 3 月的 K 线走势

从上图可以看到，股价在 91.69 元位置见顶下跌，均线下行呈空头排列，复星医药转入弱势行情中，股价逐浪下行，最低下跌至 37.18 元，跌幅巨大。RSI 指标同步下行至 50 线下方的弱势区域，并基本维持在 50 线下方的弱势区域波动运行，期间虽然出现上行突破 50 线，但很快再次回落至 50 线下方，市场处于弱势之中。

6.2.3　均线首次黏合向上发散与 RSI 多头排列

黏合是均线的一种波动状态，指各个周期的均线距离较近，甚至黏连在一起，说明此时市场处于震荡行情中，股价波动幅度不大，市场内的买卖情绪并不高涨，后市走向不明。

图 6-7 所示为均线黏合状态。

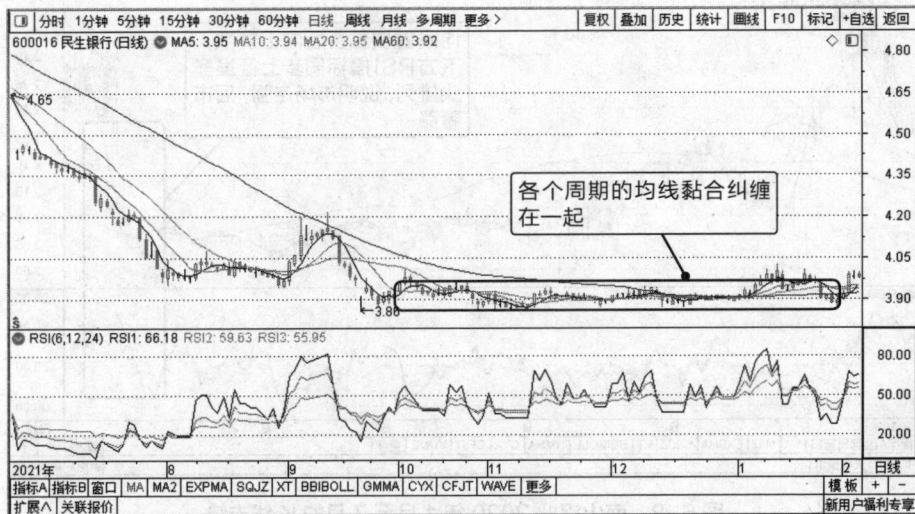

图 6-7　均线黏合状态

虽然黏合状态下的均线表明股价走势不明，市场中难有操盘机会，但是，一旦均线首次黏合后向上发散，则意味着买入机会的到来。均线首次黏合向上发散通常出现在股价长期下跌趋势末期和股价长期上涨趋势初期，5 日、10 日和 20 日均线逐渐收敛，相互缠绕，形成均线黏合形态，然后股价向上突破均线黏合形态，各条均线向上多头发散。由于均线黏合向上发散初期对股价有助涨效应，所以均线黏合向上发散形态属于典型的技术分析看涨信号。

均线首次黏合向上发散时，往往 60 日均线滞后性较强，还处于下行状态，说明股价中长期趋势还没发生转变，股价上涨信号的可靠性还不强，此时可以借助 RSI 指标来进行综合判断。如果 RSI 指标同步拐头上行形成多头排列，则进一步确认了市场走强，后市看涨信号准确。

实例分析

南山铝业（600219）均线首次黏合向上发散，RSI 指标多头排列

图 6-8 所示为南山铝业 2020 年 1 月至 7 月的 K 线走势。

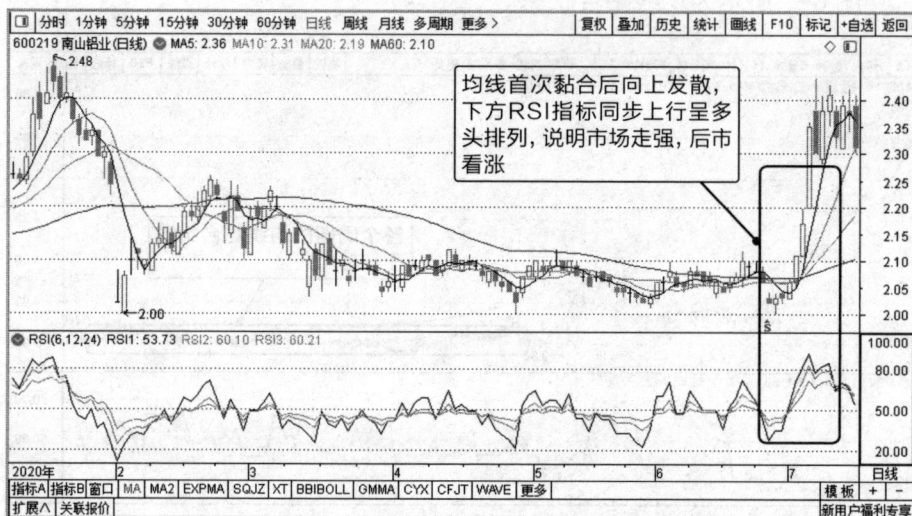

图 6-8　南山铝业 2020 年 1 月至 7 月的 K 线走势

从上图可以看到，南山铝业股票经过一轮下跌行情后，股价运行至 2.00 元价位线上止跌，小幅回升后再次下跌，随后股价在 2.00 至 2.10 元区间做横盘窄幅波动。股价在横盘窄幅波动过程中，均线系统中的 5 日均线、10 日均线和 20 日均线彼此纠缠形成黏合状态，多空双方形成一种新的平衡。

2020 年 7 月初，K 线连续收出上涨大阳线，使得股价向上攀升，均线向上发散开来，说明原本多空平衡的状态被打破，多头占据绝对优势，向上大幅拉升股价，后市极有可能迎来一波上涨行情。

此时查看下方的 RSI 指标，发现在 K 线收阳、股价上涨的过程中，RSI 指标同步拐头上行，在上穿 50 线后，短期 RSI、中期 RSI 和长期 RSI 自上而下依次排列上行，形成多头排列，说明市场中的多头占据优势，市场处于

强势上涨的行情中，后市极有可能迎来一轮大幅上涨行情，为投资者积极买入信号。

图 6-9 所示为南山铝业 2020 年 4 月至 2021 年 3 月的 K 线走势。

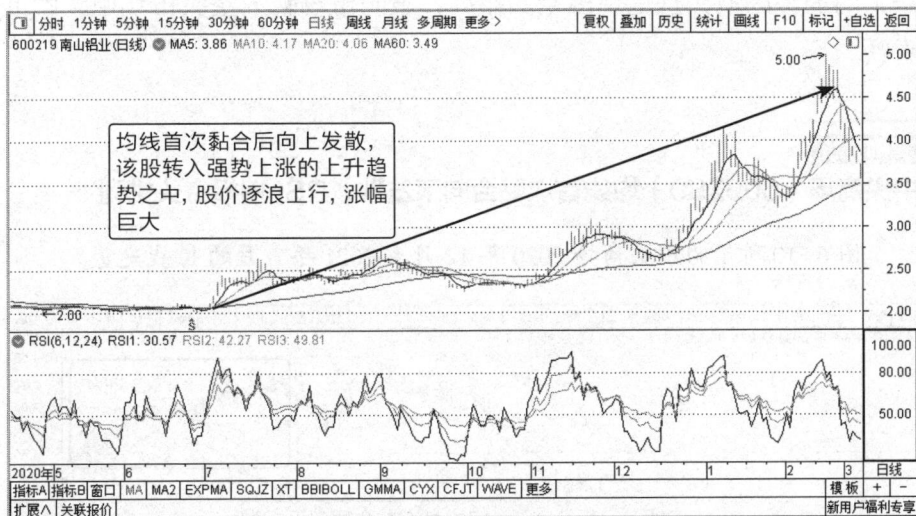

图 6-9　南山铝业 2020 年 4 月至 2021 年 3 月的 K 线走势

从上图可以看到，均线首次黏合向上发散后，南山铝业股票转入上升行情之中，股价逐浪上行，最高上涨至 5.00 元附近，涨幅巨大，市场表现强势。投资者如果依据均线系统和 RSI 指标综合判断买点，及时跟进，可以获得不错的投资回报。

6.2.4　均线首次黏合向下发散与 RSI 空头排列

均线首次黏合后可能向上发散，也有可能向下发散。向下发散是空头占据优势，市场转入下跌趋势的信号。均线首次黏合后向下发散一般出现在股价长期下跌趋势初期，或者是长期上涨趋势末期，这是因为主力手中持有大量的筹码未抛出，所以维持股价不大幅下跌，同时场外大量的投资者依然沉浸在上涨行情中，积极追涨买进，使得股价高位横盘，5 日、10 日和 20 日均线收敛，形成黏合状态。

当均线首次黏合后向下发散，则意味着下跌行情启动，为卖出信号，投资者应立即离场。为了进一步确认信号的准确性，投资者还可以查看下方的 RSI 指标。通常均线首次黏合后向下发散，RSI 指标同步下行至 50 线下的弱势区域，且呈现出空头排列，表明市场转入空头市场中，后市看跌。

实例分析

中央商场（600280）均线首次黏合向下发散，RSI 指标空头排列

图 6-10 所示为中央商场 2020 年 12 月至 2021 年 6 月的 K 线走势。

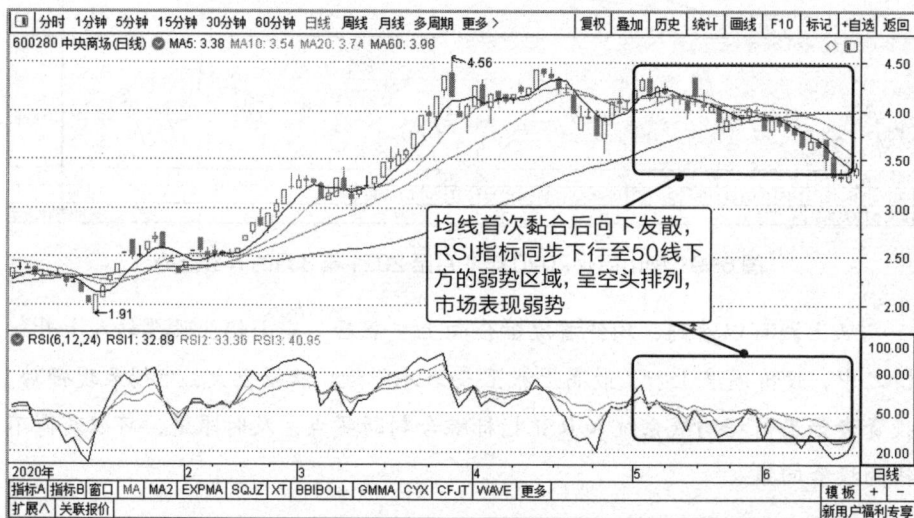

图 6-10　中央商场 2020 年 12 月至 2021 年 6 月的 K 线走势

从上图可以看到，中央商场处于上升趋势之中，股价震荡上行，涨势稳定。2021 年 3 月底，当股价上涨至 4.50 元价位线附近，创下 4.56 元的新高后止涨，随后股价在 4.00 元价位线上横盘整理。此时，均线系统中 5 日、10 日和 20 日均线由原本的多头发散运行逐渐收敛，纠缠在一起，形成黏合状态。

2021 年 6 月，股价向下跌破横盘整理平台后继续下行，均线也由之前的黏合状态向下发散开来，说明股票转入空头市场中，股价即将迎来一波大幅下跌行情，投资者应尽快离场。

与此同时，查看下方 RSI 指标发现，在股价止涨横盘过程中，RSI 指标由 80 线上的超买区拐头下行，跌破 50 线后继续下行，形成空头排列，说明空头力量在市场中占据绝对优势，后市看跌，进一步肯定了卖出信号的准确性。

图 6-11 所示为中央商场 2021 年 4 月至 2022 年 3 月的 K 线走势。

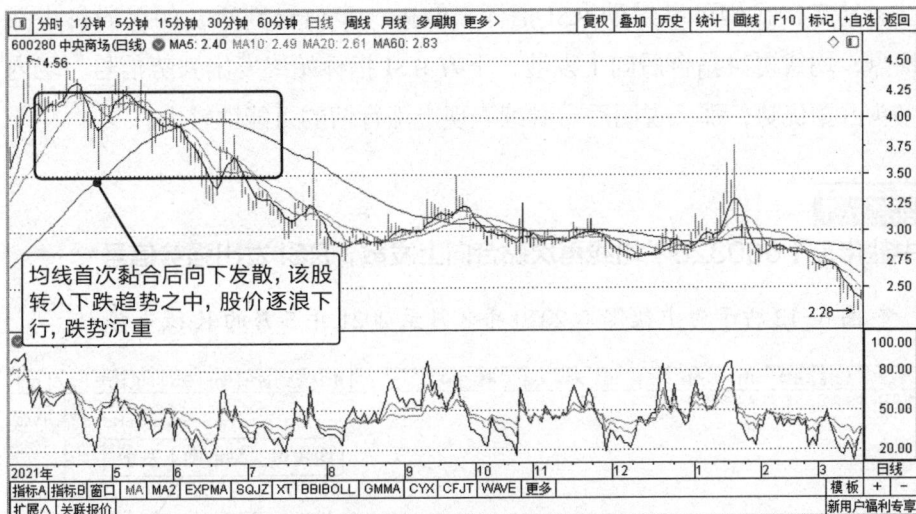

图 6-11　中央商场 2021 年 4 月至 2022 年 3 月的 K 线走势

从上图可以看到，均线首次黏合后向下发散，中央商场股票转入下跌趋势中，股价波动下行，跌势沉重，跌幅较大，整个市场处于弱势行情中。

6.2.5　均线再次黏合向上发散与 RSI 指标强势信号

均线再次黏合向上发散与均线首次黏合向上发散，从技术特征和技术含义的角度来看完全相同，它们唯一的区别在于：均线再次黏合向上发散的位置通常高于均线首次黏合向上发散的位置，并且均线再次黏合向上发散信号的可靠性也明显强于均线首次黏合向上发散。

可以说，均线再次黏合向上发散是对首次黏合向上发散买入信号的确认。因此，投资者可以将其视为加仓买进信号，积极做多。

均线形成再次黏合向上发散的原因主要有两个方面：一方面是因为前期股价经过长期下跌后低位横盘时间较长，场内许多套牢盘被折磨较长时间，一旦出现一定幅度的回升，便会按捺不住纷纷抛售，唯恐错失反弹出局的机会。所以短期内大量的抛盘出现，使得股价再次下跌；另一方面则是因为主力想要吸筹建仓。

其实，我们可以借助 RSI 指标来做进一步信号判断，如果股价止涨横盘，均线再次黏合后向上发散，下方 RSI 指标始终发出强势信号，场内多头占据优势，那么说明后市继续表现上涨行情的可能性较大。

实例分析

中盐化工（600328）均线再次黏合向上发散，RSI 发出强势信号

图 6-12 所示为中盐化工 2020 年 8 月至 2021 年 5 月的 K 线走势。

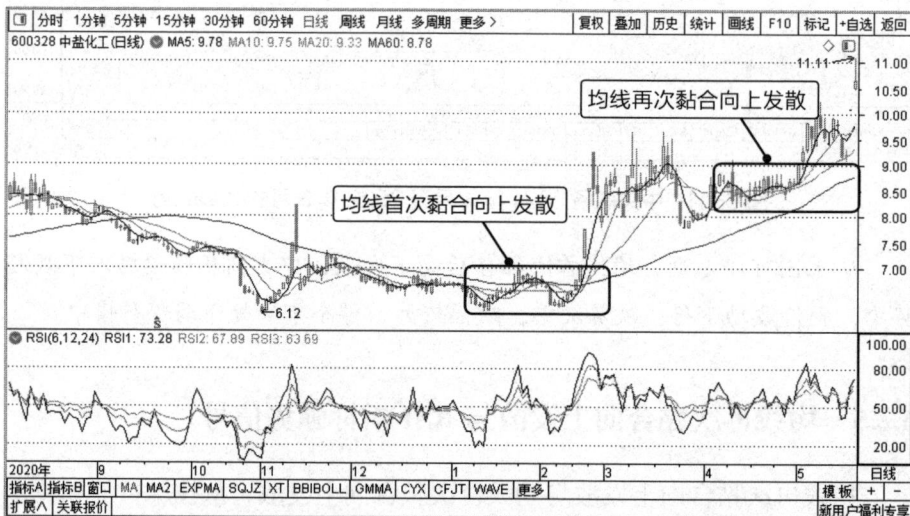

图 6-12　中盐化工 2020 年 8 月至 2021 年 5 月的 K 线走势

从上图可以看到，中盐化工前期处于下跌行情之中，股价波动下行，重心不断下移。2020 年 11 月，股价下跌至 6.00 元价位线下方，创出 6.12 元新低后止跌小幅回升，随后股价在 6.20 元至 7.00 元区间横盘窄幅波动。此时，

均线系统中 5 日、10 日和 20 日均线彼此纠缠，形成黏合状态，说明多头力量与空头力量处于平衡状态。

2021 年 2 月初，均线首次黏合向上发散，多空平衡状态被打破，K 线连续收出阳线，股价表现上涨走势，为买入信号。当股价上涨至 9.00 元价位线上方后止涨，随后横盘震荡整理运行，且波动幅度越来越小，均线系统中的 5 日、10 日和 20 日均线再次形成黏合状态。5 月初，均线再次黏合向上发散，说明股价的上升趋势并未发生改变，后市继续看涨，为加仓信号。

此时查看下方的 RSI 指标，发现虽然股价上涨至 9.00 元价位线后止涨横盘波动，但下方的 RSI 指标一直维持在 50 线上的强势区域内波动运行，说明市场始终处于强势中，多头仍然占据明显优势，后市股价继续上涨的可能性较大。

图 6-13 所示为中盐化工 2021 年 2 月至 9 月的 K 线走势。

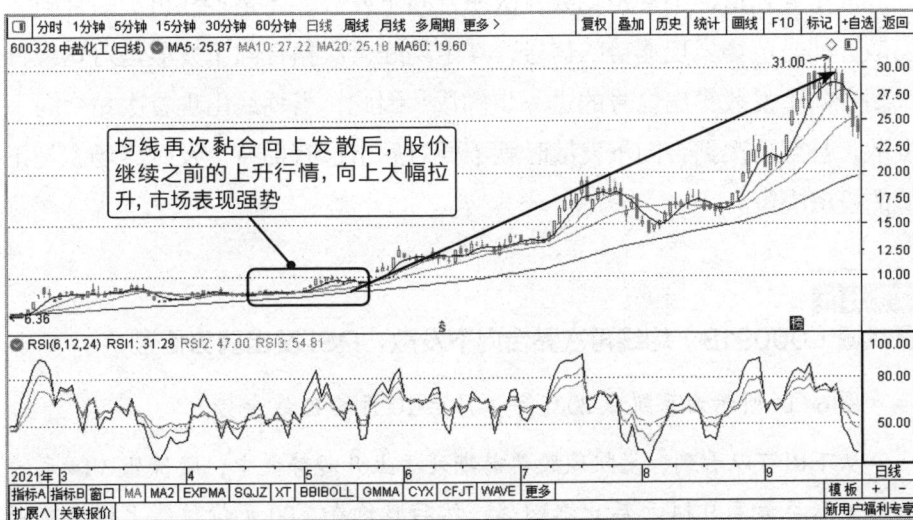

图 6-13　中盐化工 2021 年 2 月至 9 月的 K 线走势

从上图可以看到，均线再次黏合向上发散后，股价继续之前的上升行情，向上大幅拉升，最高上涨至 31.00 元，涨幅超 200%。可见均线再次黏合向上发散为可靠的加仓信号，只要市场没有出现明显的转跌迹象，RSI 指标继续表现强势，投资者就应持股待涨。

6.2.6　均线再次黏合向下发散与 RSI 指标弱势信号

均线再次黏合向下发散与均线首次黏合向下发散的技术特征和技术含义完全一样，它们的区别仅在于：均线再次黏合向下发散的位置通常低于均线首次黏合向下发散的位置；均线首次黏合向下发散有可能出现在长期上升趋势末期，均线再次黏合向下发散只能出现在长期下降趋势初期或中期。

均线再次黏合向下发散是指股价出现一次交叉或黏合向下发散形态之后，再次出现 5 日、10 日和 20 日均线黏合形态，之后向下跌破并走出均线向下空头发散的一种均线形态。

但是要知道，不管是均线首次黏合向下发散，还是均线再次黏合向下发散，都是市场表现弱势的信号，其中均线再次黏合向下发散是对均线首次黏合向下发散卖出信号的进一步确认。因此，当均线出现首次黏合向下发散，甚至再次黏合向下发散时就不要对后市抱有期待，及时离场才是正确的投资决策。

实例分析

嘉凯城（000918）均线再次黏合向下发散，RSI 发出弱势信号

图 6-14 所示为嘉凯城 2021 年 1 月至 10 月的 K 线走势。

从下图可以看到，嘉凯城股票前期处于上升趋势之中，股价从 3.14 元的低位上涨至最高 9.14 元后止涨回落，然后股价在 7.00 元价位线上横盘整理运行，均线系统中的 5 日、10 日和 20 日均线一改之前的多头上行排列，拐头横向运行，彼此纠缠距离较近，形成黏合状态。

2021 年 5 月，均线拐头向下发散开来，K 线连续收阴，股价下行跌破横盘平台。与此同时，查看下方的 RSI 指标发现，股价横盘整理运行时，RSI

指标围绕 50 中心线横向波动运行，当均线向下发散，RSI 指标同步下行至
50 线下方，短期 RSI、中期 RSI 和长期 RSI 自下而上依次排列下行，形成空
头排列，说明市场处于弱势之中，空头占据绝对优势，后市看跌，为股价转
势信号，场内的持股投资者应尽快离场。

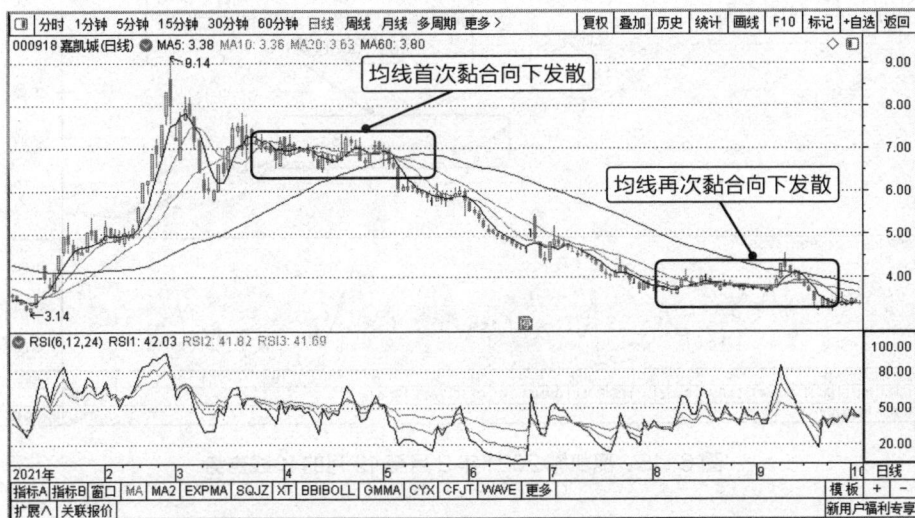

图 6-14　嘉凯城 2021 年 1 月至 10 月的 K 线走势

均线首次黏合向下发散后，嘉凯城股票转入下跌趋势之中，股价逐浪下
跌，跌势惨重。2021 年 8 月，当股价跌至 4.00 元价位线附近后止跌横盘整理，
出现筑底迹象，均线系统中的 5 日、10 日和 20 日均线再次黏合横向运行，
说明未来走势不明。

此情况维持了一个月左右的时间，9 月上旬，均线系统再次黏合后向下
发散，并且下方的 RSI 指标也在 50 线下方波动运行。说明市场仍然处于弱势，
空头力量仍然占据优势，后市继续看跌。场外的投资者应继续持币观望，不
应贸然入市。

图 6-15 所示为嘉凯城 2021 年 3 月至 12 月的 K 线走势。

从下图可以看到，均线再次黏合向下发散后，股价向下再次打破横盘整
理平台，继续之前的下跌趋势，股价逐浪下行，最低跌至 2.21 元附近，跌幅

较大，跌势沉重。下方 RSI 指标同步在 50 线下方的弱势区域内波动运行，说明市场处于弱势之中，空头占据绝对优势。

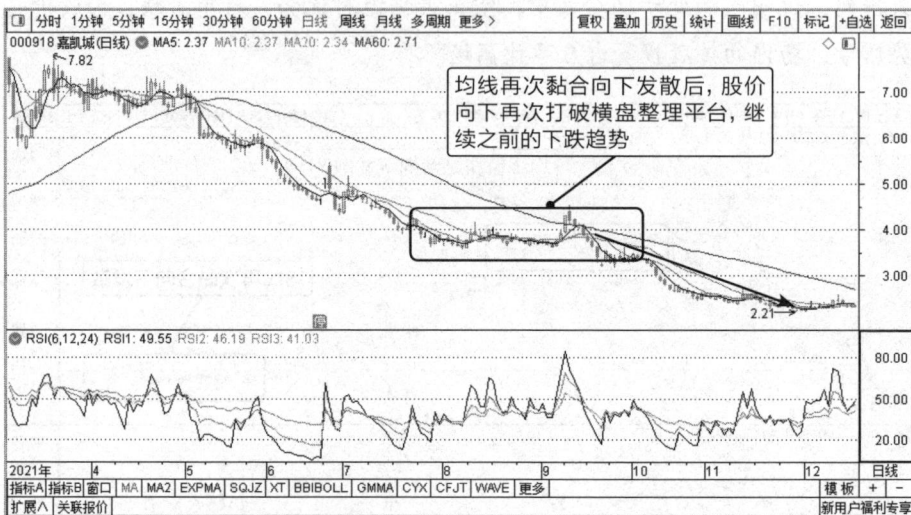

图 6-15　嘉凯城 2021 年 3 月至 12 月的 K 线走势

6.3　均线交叉与 RSI 指标交叉

多条不同周期的均线在跟随股价波动运行的过程中必然会形成一些交叉，这些交叉并非都是无意义交叉，例如黄金交叉和死亡交叉，都能为投资者带来买卖信号。将这些信号与 RSI 指标进行组合分析，可以进一步对信号的强弱性进行判断，进而做出合理的投资决策。

6.3.1　均线金叉与 RSI 金叉共振

在前面的内容中，我们介绍了 RSI 指标黄金交叉为股价上涨、行情看好的信号。同样地，在均线技术指标中也存在黄金交叉，指的是短、中、长期均线在上升过程中形成的交叉点，一般是由上升中的短期移动平均线自下而上穿过上升的长期移动平均线的交叉。当股票走势中均线出现黄金交叉时，表明多空较量中，多头开始占主导地位，后市具有一定的上涨空间，是投资者进场的时机。

需要引起注意的是，这里的长期均线和短期均线是相对而言的。例如，如果投资者选用 5 日均线和 10 日均线，那么在这两条均线之中，5 日均线为短期均线，而 10 日均线则为长期均线，5 日均线由下上穿 10 日均线形成的交叉就是金叉。

另外，均线出现的金叉也有强弱之分，通常时间越长的两根均线出现的金叉要比时间短的两根均线出现的金叉买进信号更强烈。例如 10 日均线与 20 日均线形成的金叉信号，要强于 5 日均线与 10 日均线形成的金叉信号。

当均线指标发出金叉信号时，我们可以借助 RSI 指标进行组合分析判断金叉信号的强弱，如果 RSI 指标同时出现金叉信号，形成共振，则股价上涨的信号更强，成功率也更大。

实例分析

长源电力（000966）均线与 RSI 同步发出金叉信号

图 6-16 所示为长源电力 2020 年 8 月至 2021 年 3 月的 K 线走势。

从下图可以看到，长源电力股票经过一段时间的下跌行情后运行至 4.00 元价位线下的低位区域，并围绕 3.80 元价位线上下波动运行。2021 年 2 月初，股价进一步下跌，运行至 3.40 元价位线下方，创下 3.29 元的新低后止跌企稳。随后 K 线连续收阳，向上拉升股价，均线也纷纷拐头上行。

此时，仔细观察发现，5 日均线首先拐头向上，并自下而上穿过 10 日均线，形成金叉，随后 10 日均线也拐头向上，自下而上穿过 20 日均线，形成金叉，说明场内的做多力量逐渐增强，股价近期极有可能迎来一波上涨。

与此同时，查看下方 RSI 指标发现，均线发出金叉信号的同时，下方的短期 RSI 同步拐头上行自下而上穿过中期 RSI 和长期 RSI，形成金叉，与均线金叉形成共振，进一步肯定了股价走强、近期看涨信号的准确性，投资者可以在此位置积极跟进，持股待涨。

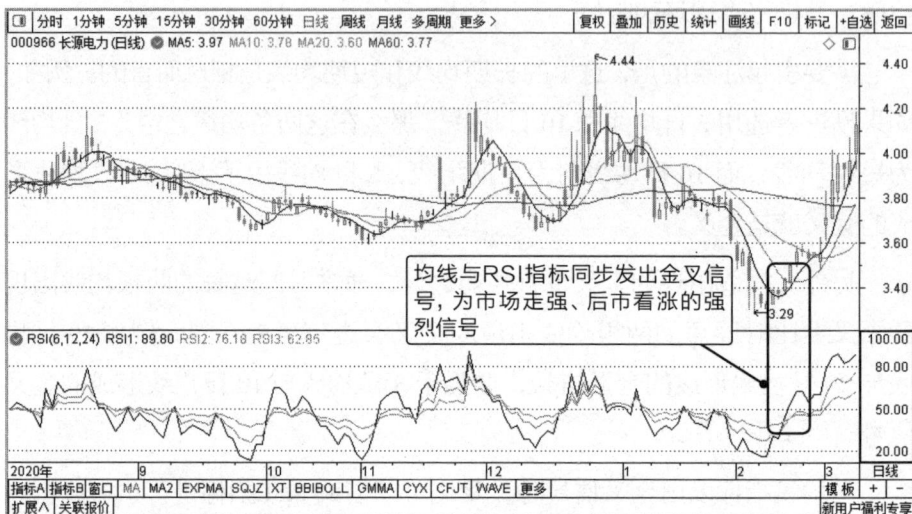

图 6-16　长源电力 2020 年 8 月至 2021 年 3 月的 K 线走势

图 6-17 所示为长源电力 2021 年 2 月至 5 月的 K 线走势。

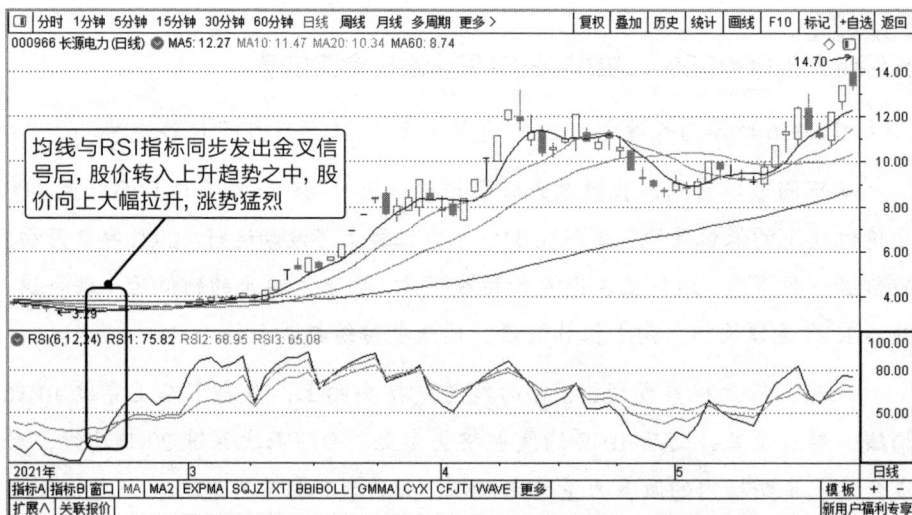

图 6-17　长源电力 2021 年 2 月至 5 月的 K 线走势

从上图可以看到，当均线与 RSI 指标同步发出金叉信号后，长源电力股票转入上升趋势之中，股价大幅向上攀升，上涨强势，两个多月的时间股价最高上涨至 14.70 元，涨幅超 260%。

投资者如果根据均线与 RSI 指标金叉信号及时买进，可以获得丰厚的投资回报。

6.3.2　均线死叉与 RSI 死叉共振

除了金叉之外，均线当然也有死叉。死叉是股价运行到市场阶段顶部时，发出的一个卖出信号，说明此时多头上涨乏力，空头占据优势，后市极有可能转入下跌趋势之中。

均线死叉是由一条短期均线自上而下穿过长期均线形成的交叉。死叉中的短期均线与长期均线也和金叉一样，都是一种相对的说法。其次，死叉信号也存在强弱之分，周期越长的均线形成的死叉，卖出信号越强。

均线死叉信号的强弱也可以结合 RSI 指标进行综合判断。当均线指标发出死叉信号时，RSI 指标同步发出死叉信号，则说明市场由强转弱的可能性较大，股价极有可能在此位置见顶，转入下跌趋势之中，场内投资者应尽快离场。

实例分析
中直股份（600038）均线与 RSI 同步发出死叉信号

图 6-18 所示为中直股份 2021 年 9 月至 2022 年 1 月的 K 线走势。

从下图可以看到，中直股份前期处于上升趋势之中，股价经过一段时间的拉升，上涨至 75.00 元价位线附近后止涨，并在 70.00 元至 78.00 元区间横盘波动运行。

2021 年 12 月，股价向上突破整理平台，运行至 80.00 元上方，但这一波上涨并未维持较长时间,几个交易日后股价创出 84.28 元的新高便止涨回落,K 线连续收阴,股价快速下行。

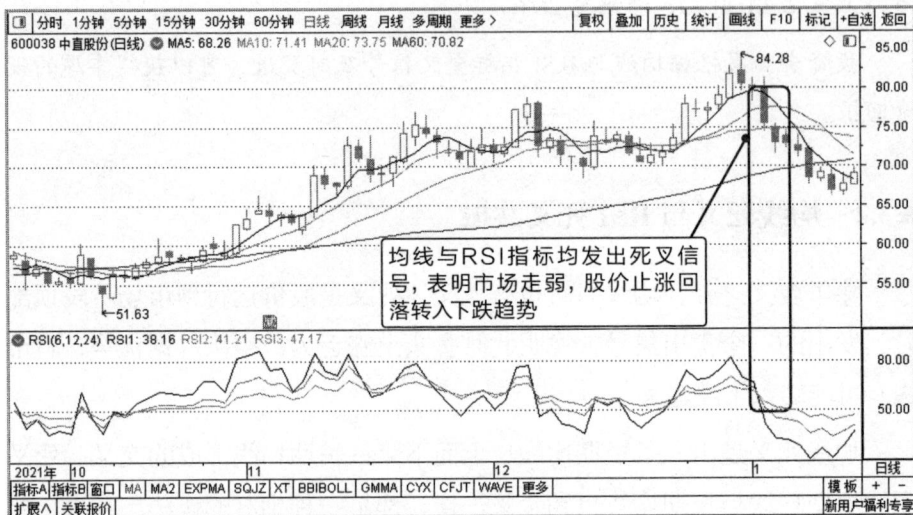

图 6-18 中直股份 2021 年 9 月至 2022 年 1 月的 K 线走势

此时均线也纷纷拐头向下运行,仔细查看发现,在下行过程中 5 日均线自上而下穿过 10 日均线形成死叉,随后 10 日均线自上而下穿过 20 日均线形成死叉,说明股价短期、中期看空,中直股份的这一波上涨行情结束,后市极有可能转入下跌趋势之中。

此时查看下方的 RSI 指标发现,在均线拐头下行形成死叉的过程中,RSI 指标同步拐头下行,短期 RSI 自上而下依次穿过中期 RSI 和长期 RSI,也形成死叉,进一步确认了市场由强转弱,空头占据优势,后市看跌这一信号的准确性。场内投资者应尽快抛售持股,了结出局,避免高位被套。

图 6-19 所示为中直股份 2021 年 12 月至 2022 年 5 月的 K 线走势。

从下图可以看到,当均线和 RSI 指标同步发出死叉信号后,中直股份转入下跌趋势中,股价逐浪下行跌势沉重,市场表现弱势。股价经历了超 5 个月时间的长时间下跌,最低跌至 33.76 元,跌幅近 60%。如果投资者没有及时离场,将面临重大经济损失。

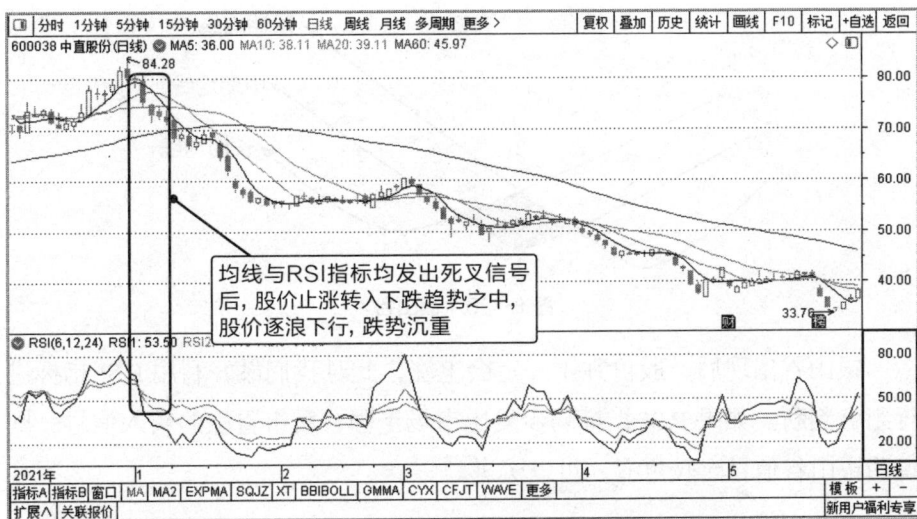

图 6-19　中直股份 2021 年 12 月至 2022 年 5 月的 K 线走势

6.4　均线特殊形态与 RSI 指标

均线系统中不同周期的均线在波动过程中还会形成一些比较特殊的形态，例如银山谷、金山谷及死亡谷等，同样可以发出买卖信号，给投资者提供投资依据。

6.4.1　银山谷与 RSI 表现强势

均线银山谷形态指的是短期均线自下而上依次穿过中期均线和长期均线，中期均线自下而上穿过长期均线，形成的一个尖头向上的不规则三角形或者是四边形，看起来像一个山谷，就是银山谷。银山谷通常出现在股价长期下跌后的低位底部区域，是一个典型的买进信号，说明场内聚集了大量的多头，后市看涨。

图 6-20 所示为银山谷形态示意图。

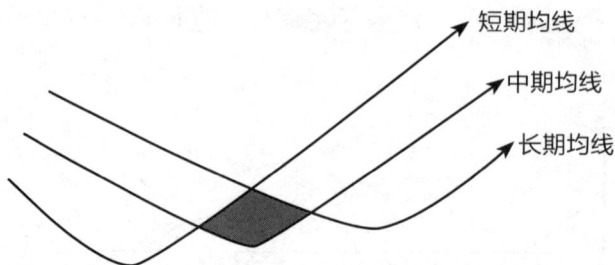

图 6-20　银山谷

　　银山谷出现后，股价并不一定会上涨，此时我们最好利用 RSI 指标进行组合判断。如果 RSI 指标同步发出市场走强、后市看涨的买入信号，则说明银山谷信号比较可靠，可以买进。

实例分析

诺德股份（600110）均线银山谷，RSI 多头排列

　　图 6-21 所示为诺德股份 2021 年 1 月至 6 月的 K 线走势。

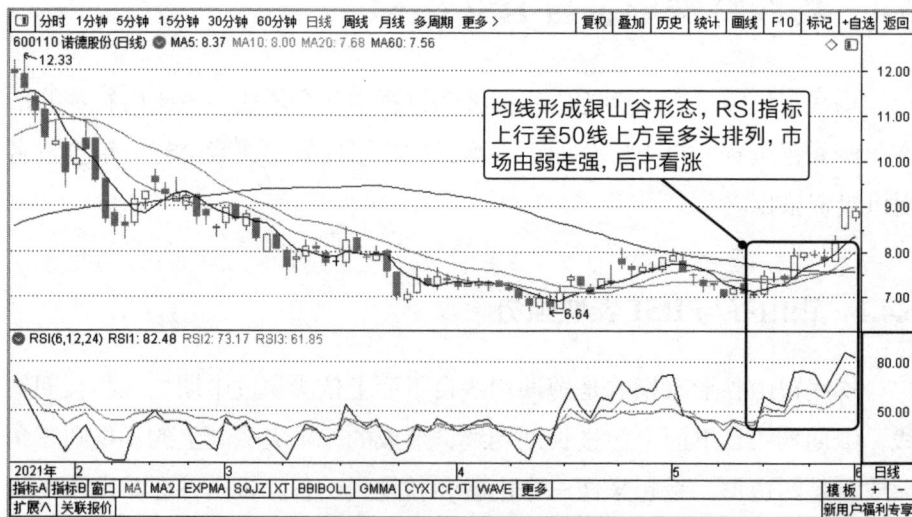

图 6-21　诺德股份 2021 年 1 月至 6 月的 K 线走势

　　从上图可以看到，诺德股份处于下跌趋势之中，股价波动下行，重心不

断下移。2021 年 4 月中旬，股价下跌至 7.00 元价位线附近创下 6.64 元的新低后止跌，随后股价在 7.00 元至 8.00 元区间波动运行。

2021 年 5 月下旬，股价上行突破 8.00 元价位线后继续向上，表现强势，有转入上升趋势的迹象。此时仔细查看均线指标发现，股价跌至 7.00 元价位线上止跌向上拉升时，均线同步拐头上行，且短期均线自下而上依次穿过中期均线和长期均线，中期均线自下而上穿过长期均线，形成银山谷。银山谷的出现，说明股价极有可能在此位置见底回升，转入上升行情，是市场由弱走强的转势信号。

为了验证银山谷信号的准确性，我们进一步查看下方的 RSI 指标，在股价止跌回升的过程中，RSI 指标同步拐头上行，并上穿 50 线运行至 50 线上方的强势区域。另外，短期 RSI、中期 RSI 和长期 RSI 自上而下依次排列，形成多头排列，说明市场中多头力量聚集，占据优势，短期看涨。结合银山谷与 RSI 指标信号判断，诺德股份股价见底回升转入上升趋势的可能性较大，投资者可以积极买进，持股待涨。

图 6-22 所示为诺德股份 2021 年 5 月至 9 月的 K 线走势。

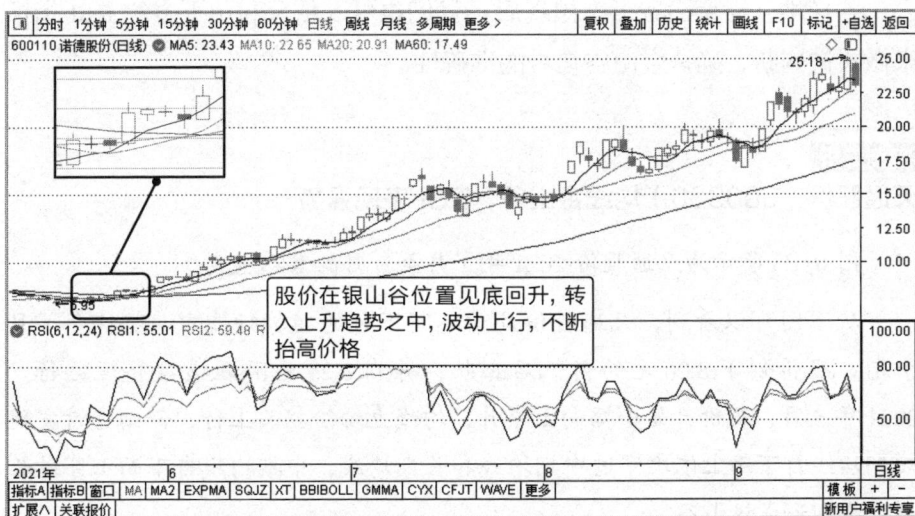

图 6-22　诺德股份 2021 年 5 月至 9 月的 K 线走势

从上图可以看到，诺德股份股价在银山谷位置见底，随后转入上升趋势之中，股价波动上行，表现出稳定上升的强势行情。股价最高上涨至 25.18 元，涨幅超 250%，涨幅巨大。

6.4.2　金山谷与 RSI 发出强势信号

金山谷出现在银山谷之后，即银山谷出现后，股价向上攀升一段后止涨回落，然后再次上行，均线又一次出现短期均线由下向上穿过中期和长期均线，中期均线由下向上穿过长期均线，形成一个尖头向上不规则的三角形或四边形，这就是金山谷。

金山谷为可靠的买入信号，其信号可靠程度高于银山谷，可以说是对银山谷做多信号的再一次确认，后市继续看涨，投资者可以积极跟进。

在实际中，金山谷可能与银山谷位置相近，也可能高于银山谷。但是，金山谷与银山谷彼此相隔的时间越长，所处的位置越高，日后股价上涨的潜力也就越大。

同样地，当金山谷形态出现后，我们也可以结合利用下方的 RSI 指标来做买进判断，确认金山谷信号的准确性。

实例分析
天通股份（600330）均线金山谷，RSI 表现强势

图 6-23 所示为天通股份 2021 年 1 月至 6 月的 K 线走势。

从下图可以看到，天通股份处于不断下行的弱势行情中。2021 年 4 月中旬，股价创下 8.06 元的新低后止跌，并在 8.25 元附近横盘整理运行。2021 年 5 月，股价开始小幅向上攀升，均线也纷纷拐头上行，仔细查看发现短期均线自下而上依次穿过中期均线和长期均线，中期均线自下而上穿过长期均线，形成银山谷。

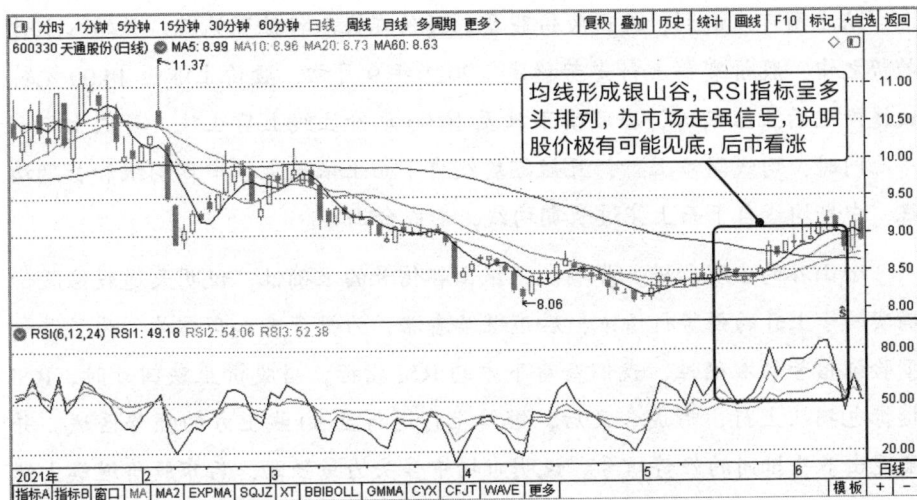

图 6-23 天通股份 2021 年 1 月至 6 月的 K 线走势

与此同时，查看下方的 RSI 指标发现，RSI 指标拐头上行形成金叉后继续上行，运行至 50 线上方的强势区域，并在该区域内波动运行。说明市场中多头力量占据优势，市场处于强势之中。结合均线银山谷和 RSI 指标信号，说明该股极有可能在此位置见底回升，为投资者买进信号。

图 6-24 所示为天通股份 2021 年 5 月至 11 月的 K 线走势。

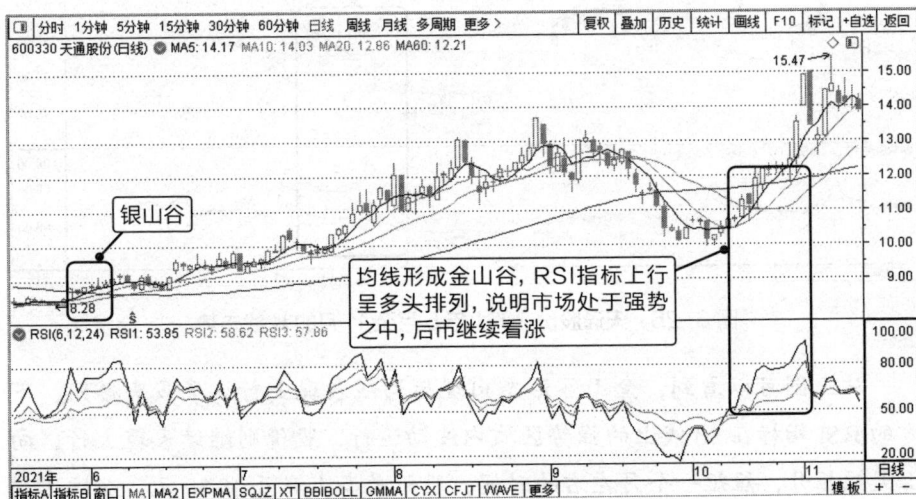

图 6-24 天通股份 2021 年 5 月至 11 月的 K 线走势

从上图可以看到，天通股份股票的股价在银山谷位置见底，并转入上升趋势之中，股价震荡上行走势稳定。2021 年 9 月初，股价上涨至 14.00 元价位线附近后止涨回落，当股价下跌至 10.00 元价位线上后止跌，再次上行。与此同时，均线同步上行，且短期均线自下而上依次上穿中期均线和长期均线，中期均线自下而上穿过长期均线，形成金山谷。

金山谷的出现，进一步确认了银山谷信号的准确性，说明天通股份股价确实处于上升的强势行情中，后市继续看涨，为投资者加仓信号。为了进一步验证信号的准确性，我们查看下方的 RSI 指标，当股价止跌回升时，RSI 指标也拐头上行，形成金叉后，继续上行运行至 50 线上方的强势区域，并呈现出多头排列的强势信号。说明市场中多头力量强劲，后市股价继续上涨的可能性较大。因此，投资者可以大胆跟进，持股待涨。

图 6-25 所示为天通股份 2021 年 8 月至 11 月的 K 线走势。

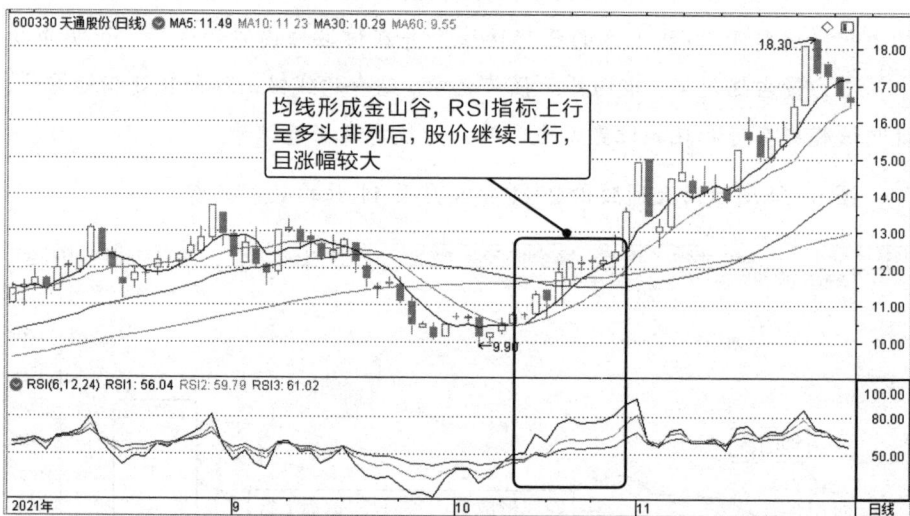

图 6-25　天通股份 2021 年 5 月至 11 月的 K 线走势

从上图可以看到，金山谷形态出现后均线表现上行，呈多头排列，下方的 RSI 指标在 50 线上的强势区域内波动运行，股价则继续表现上行，向上大幅拉升，短短一个月左右的时间，股价最高上涨至 18.30 元，涨幅达到52.5%。

6.4.3　死亡谷与 RSI 发出弱势信号

死亡谷则是与银山谷相对应的一种形态，短期均线自上而下依次穿过中期均线和长期均线，中期均线自上而下穿过长期均线，形成了一个尖头朝下的不规则三角形或四边形，就是死亡谷。

图 6-26 所示为死亡谷示意图。

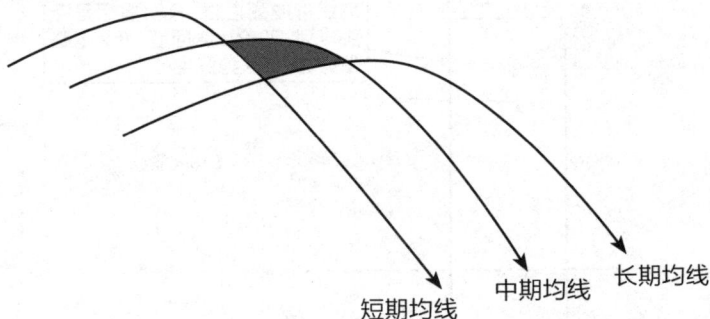

短期均线　　中期均线　　长期均线

图 6-26　死亡谷

死亡谷的出现，说明市场中的空头已经聚集，占据明显优势，后市极有可能转入下跌趋势之中，是一个典型的卖出信号。判断死亡谷信号的准确性，我们仍然可以利用 RSI 指标，如果 RSI 指标也发出市场走弱的卖出信号，则可以进一步确认市场的转势信号。

实例分析
宝光股份（600379）均线死亡谷，RSI 空头排列

图 6-27 所示为宝光股份 2021 年 11 月至 2022 年 5 月的 K 线走势。

从下图可以看到，宝光股份前期处于上涨趋势中，股价经过一波上涨行情后运行至 17.00 元价位线上方后止涨横盘。2022 年 1 月初，K 线连续收阴，股价下行跌破整理平台，均线同步拐头向下，且短期均线自上而下依次穿过中期均线和长期均线，中期均线自上而下穿过长期均线，形成死亡谷。

死亡谷的出现，说明宝光股份这一波上涨行情结束，多头动能衰竭，继续上涨乏力，空头力量聚集占据优势，后市即将转入下跌趋势中。与此同时查看下方的 RSI 指标发现，在股价止涨横盘过程中，RSI 指标拐头下行，当均线形成死亡谷时，RSI 指标下行穿过 50 线运行至 50 线下方的弱势区域，并呈空头排列，说明场内空头力量强劲，后市看跌。结合均线和 RSI 指标信号，可以判断后市转跌可能性较大，是投资者的卖出信号。

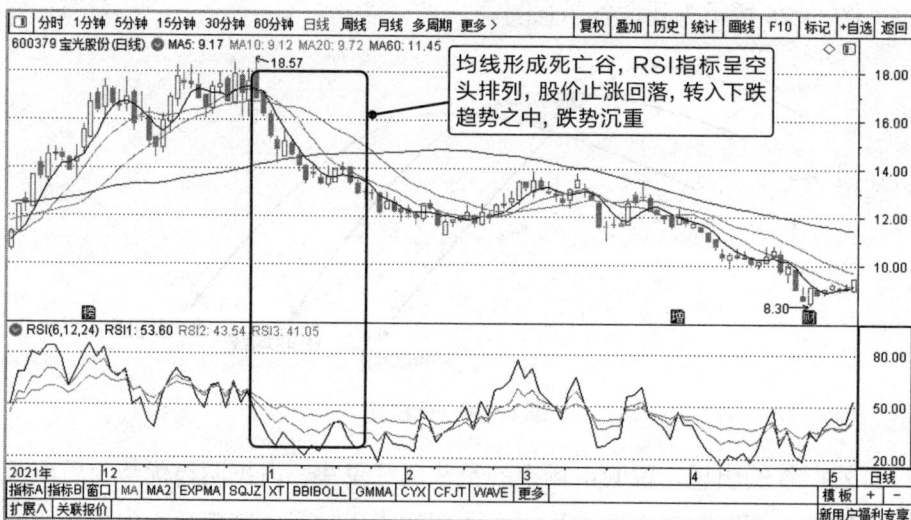

图 6-27　宝光股份 2021 年 11 月至 2022 年 5 月的 K 线走势

从宝光股份的后市走势来看，股价确实在 18.00 元价位线附近见顶，随后转入下跌趋势之中，股价震荡下行，跌幅较大。可见，均线死亡谷和 RSI 指标空头排列确实发出了准确的转势信号。

第7章

RSI指标与其他指标配合

　　股市中有各式各样的技术指标，例如MACD指标、KDJ指标及BOLL指标等。在技术指标组合分析的过程中，我们还可以将RSI指标与这些指标进行组合搭配，提高技术分析的准确率。

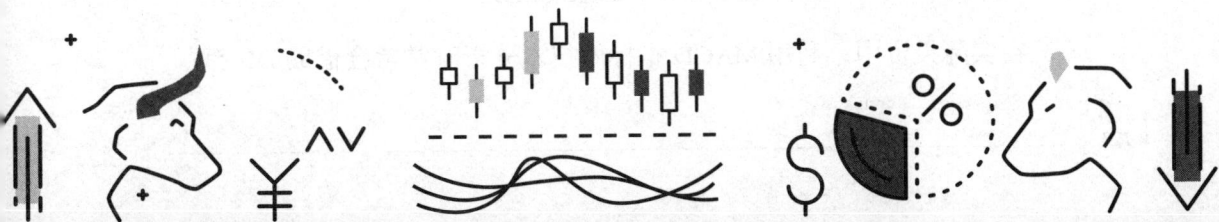

7.1 MACD 指标与 RSI 指标

MACD 指标是股市中运用比较频繁的一种技术指标，受到广大投资者的喜爱，素有"指标之王"的美称。MACD 指标是一种趋势指标，在研判股价中长期走势变化中具有重要作用，可以帮助投资者快速发现股价转变的关键节点。

7.1.1 MACD 指标的基本特性

MACD 中文名称为异同移动平均线，由 3 部分组合而成，分别是 DIF 线、DEA 线和 BAR 柱线。其中，DIF 线为快线，是短期移动平均线和长期移动平均线的离差值；DEA 线为慢线，是 DIF 线的 M 日指数平滑移动平均线；BAR 柱线是 DIF 线与 DEA 线的差值，区分红绿柱状线，当差值为正时为红色，差值为负数时为绿色。

图 7-1 所示为 MACD 指标走势图。

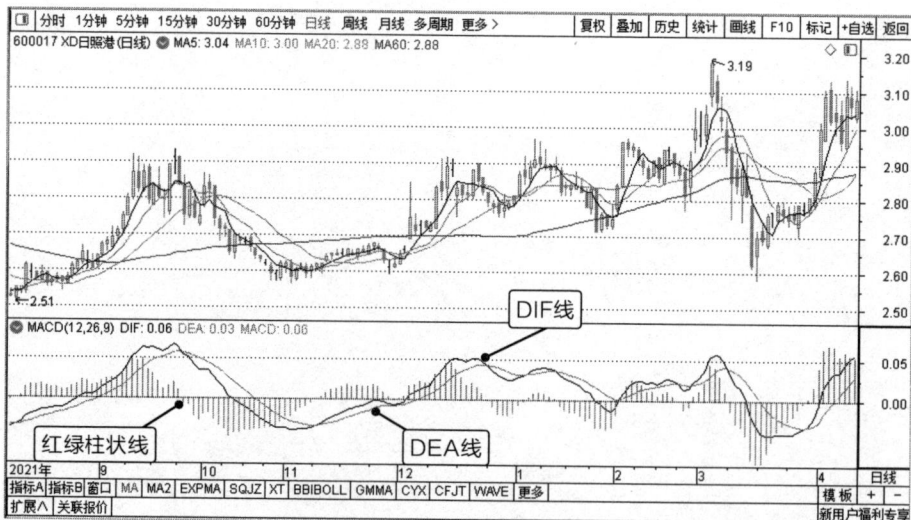

图 7-1　MACD 指标走势

在实际投资中，利用 MACD 指标做技术分析时常常会借助 DIF 线、

DEA 线和红绿柱的位置关系、交叉关系及形态变化来查看市场变化。但是我们要明白，任何技术指标分析都不会百分百成功，只有借助其他指标进行综合分析才能提高获胜率，所以在实际投资中可以将其与 RSI 指标进行组合分析。

7.1.2　MACD 指标与 RSI 指标均发出金叉信号

MACD 指标中也存在金叉信号，它指的是 DIF 线自下而上穿过 DEA 线形成的交叉。MACD 指标金叉是多头走强的买入信号，且 MACD 指标金叉出现的位置不同，买入信号的强弱也存在区别。

当 MACD 指标金叉出现在 0 轴下方时，称为低位金叉，通常出现在股价经过一段下跌后的低位区域，说明市场中的多头暂时占据上风，后市可能上涨，为买入信号，但此时具有一定的风险，谨慎的投资者可以场外持币观望。

当 MACD 指标金叉出现在 0 轴上，称为 0 轴附近的金叉，说明多空双方处于较量之中，多头力量不断聚集，上涨行情开启，为买入信号。

当 MACD 指标金叉出现在 0 轴上方，称为高位金叉，通常出现在股价经过一段时间的上涨后止涨回调，再度开启上涨的走势中，说明市场中的多头占据绝对优势，后市极有可能继续上涨，是比较强烈的追涨信号。

如果 MACD 指标发出金叉信号的同时，RSI 指标同步发出金叉信号，则进一步确认了多头占据优势、市场走强、后市看涨信号的准确性，为投资者的买入信号，可积极跟进。

实例分析

南方航空（600029）MACD 指标和 RSI 指标均发出金叉信号

图 7-2 所示为南方航空 2021 年 3 月至 8 月的 K 线走势。

从下图可以看到，南方航空股票处于下跌的弱势行情之中，股价震荡下行，不断创出新低。2021 年 8 月初，股价下跌至 5.00 元附近创下 5.09 元的新低后止跌，并小幅回升，出现转势迹象。

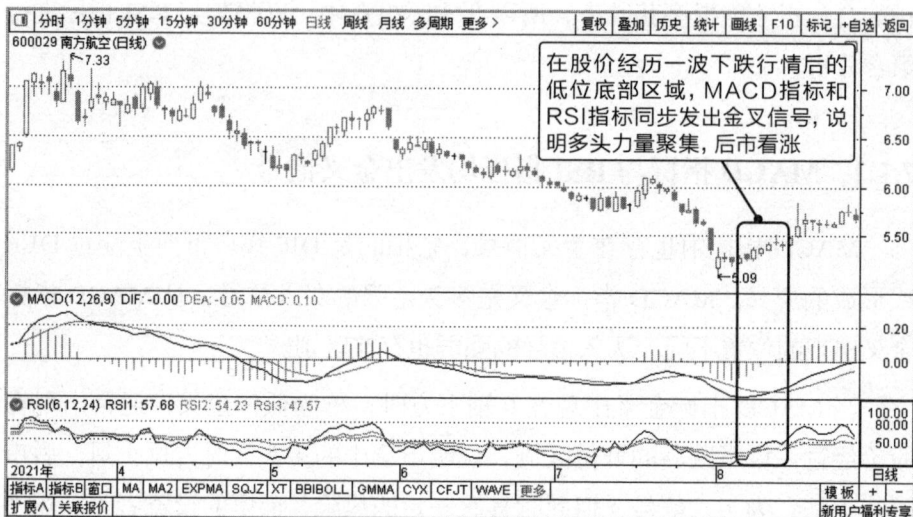

图 7-2　南方航空 2021 年 3 月至 8 月的 K 线走势

此时查看下方的 MACD 指标发现，MACD 指标中的 DIF 线和 DEA 线跟随股价下跌运行至 0 轴下方，并在 0 轴下方波动运行。当股价止跌小幅回升时，DIF 线拐头自下而上穿过 DEA 线形成金叉，然后向上运行，说明市场中的空头力量释放完全，多头占据优势，近期极有可能迎来一波上涨行情。

为了进一步确认转势信号的准确性，查看 RSI 指标发现，在 MACD 指标发出金叉信号的时间段里，RSI 指标中的短期 RSI 自下而上依次穿过中期 RSI 和长期 RSI，形成金叉，然后继续上行，运行至 50 线上方的强势区域。说明市场中的多头聚集，力量强劲，来势汹汹，后市极有可能迎来一波上涨行情。

鉴于 MACD 指标和 RSI 指标同步发出的金叉信号，说明南方航空股票的股价极有可能见底，将转入上升趋势之中，后市看涨，投资者应积极买进，持股待涨。

图 7-3 所示为南方航空 2021 年 7 月至 2022 年 2 月的 K 线走势。

图 7-3 南方航空 2021 年 7 月至 2022 年 2 月的 K 线走势

从上图可以看到，MACD 指标和 RSI 指标同步发出金叉信号后，南方航空股票转入震荡攀升的上升趋势之中，股价波动上行，最高上涨至 8.03 元，涨幅较大。如果投资者依据 MACD 指标和 RSI 指标金叉信号，及时跟进，可以获得不错的投资回报。

7.1.3 MACD 指标与 RSI 指标均发出死叉信号

MACD 指标死叉指 DIF 线自上而下穿过 DEA 线形成的交叉，是行情转弱的卖出信号。同样地，MACD 指标死叉出现的位置不同，也具有不同的市场意义。

当 MACD 指标死叉出现在 0 轴下方，为低位死叉，通常出现在股价下跌过程中，股价出现了短暂的反弹，随后股价止涨，MACD 发出死叉信号，行情继续下行，后市继续下跌。投资者应空仓观望，不要着急入市。

当 MACD 指标死叉出现在 0 轴附近，称为 0 轴附近的死叉。通常此时市场已经经历了一段时间的下跌，在 0 轴附近空方已经积累到一定程度，一旦 0 轴死叉形成，空方势力得到释放，股价持续下跌，投资者应以空仓观望为主。

MACD 死叉出现在 0 轴上方称为高位死叉，一般出现在股价经过一定的回调之后，即高位金叉之后，股价受到打压，开始转入下跌通道时，投资者以清仓为主。

如果 MACD 指标发出死叉信号时，RSI 指标也发出死叉信号，则进一步说明信号转弱，空头力量增强，股价近期看跌。

实例分析
三一重工（600031）MACD 指标和 RSI 指标均发出死叉信号

图 7-4 所示为三一重工 2020 年 7 月至 2021 年 2 月的 K 线走势。

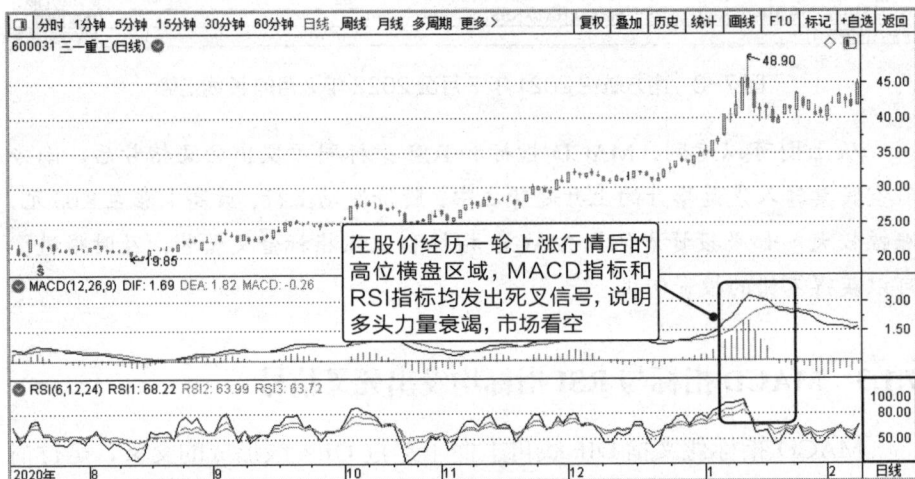

图 7-4 三一重工 2020 年 7 月至 2021 年 2 月的 K 线走势

从上图可以看到，三一重工股票处于稳定上涨的上升趋势之中，股价逐浪上行，不断向上抬升。2021 年 1 月，股价经过一轮大幅上涨行情后运行至 45.00 元价位线上方，创下 48.90 元的新高后止涨，小幅下跌至 40.00 元价位线上后止跌，并在该价位线上横盘整理，有见顶迹象。

此时查看 MACD 指标发现，当股价止涨回调时，MACD 指标中的 DIF 线拐头下行，自上而下穿过 DEA 线形成死叉后向下运行，说明多头力量衰竭，继续上涨乏力，空头力量占据优势，三一重工股价极有可能见顶回落，转入下跌趋势之中。

为了验证信号的准确性，查看 RSI 指标发现，在股价上冲至 45.00 元上方时，RSI 指标同步上行至 80 线上方的超买区域，发出超买信号。随后股价止涨横盘，短期 RSI 指标拐头向下自上而下穿过长期 RSI 和中期 RSI 形成死叉，进一步说明了市场中多头力量转弱，空头力量增强，后市极有可能进入下跌行情，投资者应尽快锁定前期收益离场，避免高位被套。

图 7-5 所示为三一重工 2020 年 12 月至 2021 年 12 月的 K 线走势。

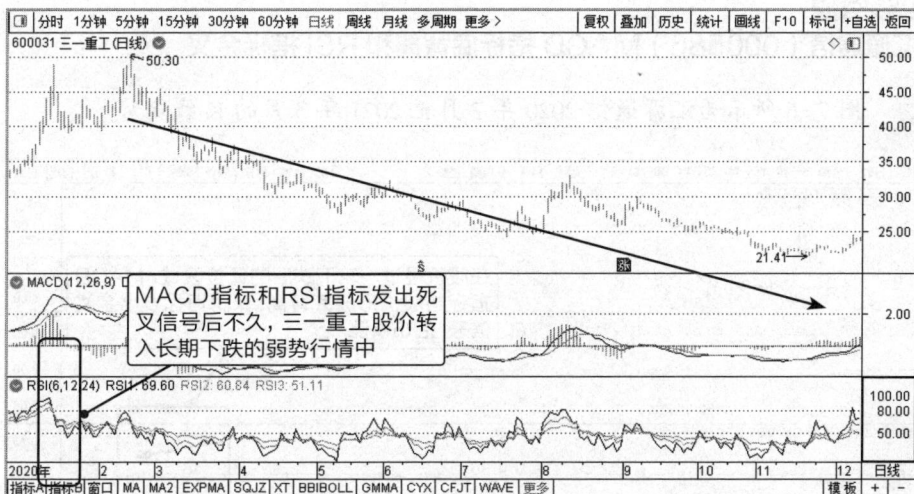

图 7-5　三一重工 2020 年 12 月至 2021 年 12 月的 K 线走势

从上图可以看到，MACD 指标和 RSI 指标均发出死叉信号后，三一重工股价横盘整理结束，继续上冲了几个交易日，创下 50.30 元的新高后止涨回落，转入下跌行情中。股价震荡下行，跌势沉重，跌幅较大，周期较长，如果投资者未能利用市场转弱信号及时离场，将遭受重大经济损失。

7.1.4　MACD 指标底背离与 RSI 指标发出转势信号

MACD 指标底背离指的是当股价 K 线图中的走势跌破前期低点创出新低，走出一底比一底低的走势，而 MACD 指标不仅没有同步下行，还拐头向上，走出一底比一底高的上行走势，由此 MACD 指标与股价形成底背离。

　　MACD 指标底背离通常出现在股价经过一轮下跌后的阶段底部，预示着股价这一波下跌走势或将结束，转入上升趋势之中，为买入信号。当 MACD 指标底背离出现时，查看 RSI 指标，如果 RSI 指标也发出市场走强的强势信号，则投资者可以积极跟进。

实例分析
汇源通信（000586）MACD 指标底背离和 RSI 指标金叉

　　图 7-6 所示为汇源通信 2020 年 7 月至 2021 年 3 月的 K 线走势。

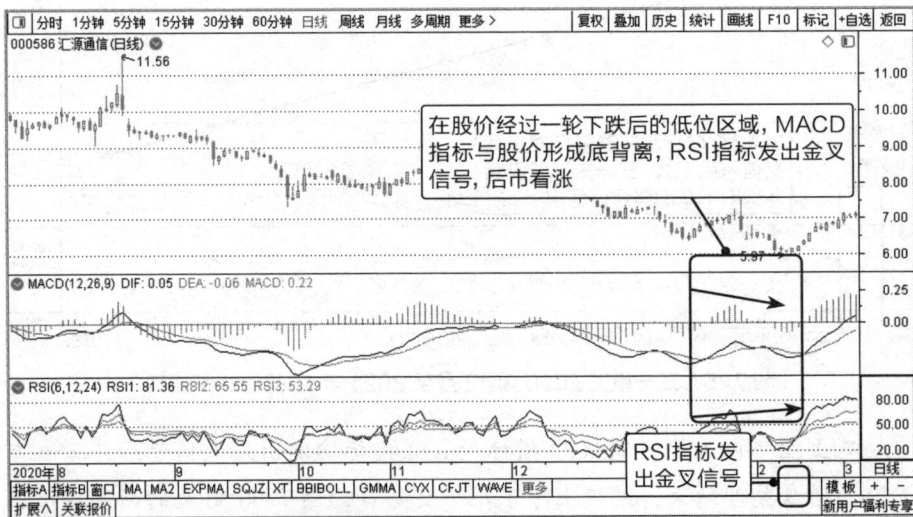

图 7-6　汇源通信 2020 年 7 月至 2021 年 3 月的 K 线走势

　　从上图可以看到，汇源通信股票处于下跌的弱势行情之中，股价震荡下行不断创出新低。2021 年 2 月，股价下跌至 6.00 元价位线附近，创下 5.97 元的新低后止跌回升，出现转势迹象。

　　此时查看 MACD 指标发现，2021 年 1 月股价在继续下行的过程中，K 线走出一底比一底低的下跌走势，但是下方的 MACD 指标却并未同步下行，反而拐头上行，走出一底比一底高的上升走势，由此 MACD 指标与股价形成底背离。说明汇源通信股票的这一波下跌行情触底，空头力量衰竭，多头聚集，后市极有可能迎来一波上涨行情。

同时查看 RSI 指标发现，股价创出新低止跌回升时，短期 RSI 拐头上行上穿中期 RSI 和长期 RSI 形成金叉，然后继续上行运行至 50 线上方的强势区域，且 RSI 指标呈多头排列。说明市场中的多头力量在双方较量的过程中以绝对优势胜出，汇源通信近期看涨。因此进一步确认了股价见底回升信号的准确性，投资者可以在此位置积极买进，持股待涨。

图 7-7 所示为汇源通信 2021 年 1 月至 10 月的 K 线走势。

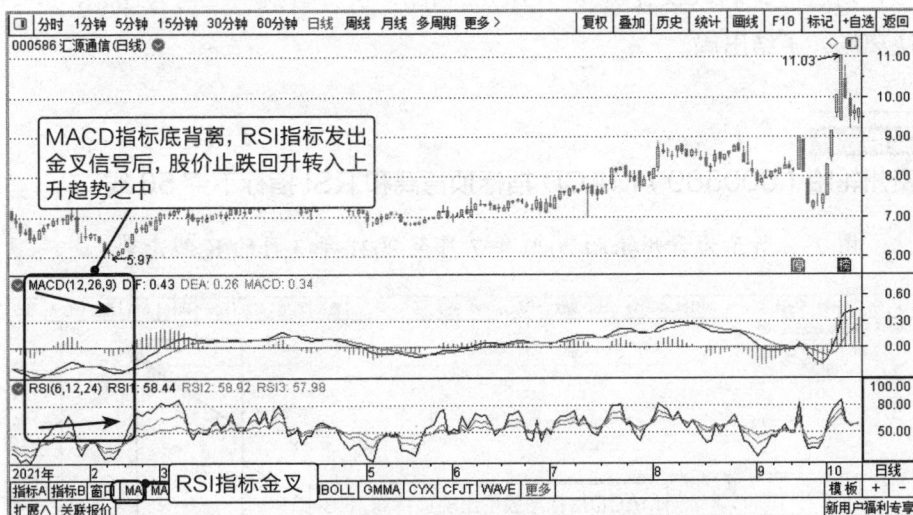

图 7-7　汇源通信 2021 年 1 月至 10 月的 K 线走势

从上图可以看到，MACD 指标底背离出现，RSI 指标出现金叉后，汇源通信股票的股价触底回升，转入上升趋势中，股价波动上行最高上涨至 11.03 元，涨幅较大。可见，MACD 指标底背离结合 RSI 指标组合分析，可准确地判断出股价是否转势。

7.1.5 MACD 指标顶背离与 RSI 指标发出转势信号

MACD 指标顶背离指的是当股价 K 线图中的走势突破前期高点创出新高，走出一波比一波高的走势，而 MACD 指标不仅没有同步上行，反而拐头下行，走出一峰比一峰低的走势，由此 MACD 指标与股价形成顶背离。

MACD 指标顶背离往往出现在股价经过一波上涨后的高位区域，是顶部转势信号，表明股价短期内即将下跌，是卖出信号。同样地，如果 MACD 指标发出顶背离信号的同时，RSI 指标发出市场由强转弱的转势信号，则进一步确认股价走弱信号的准确性，投资者就不应再有迷恋，应尽快离场，了结出局。

实例分析

贵州轮胎（000589）MACD 指标顶背离和 RSI 指标下穿 50 线

图 7-8 所示为贵州轮胎 2020 年 7 月至 2021 年 3 月的 K 线走势。

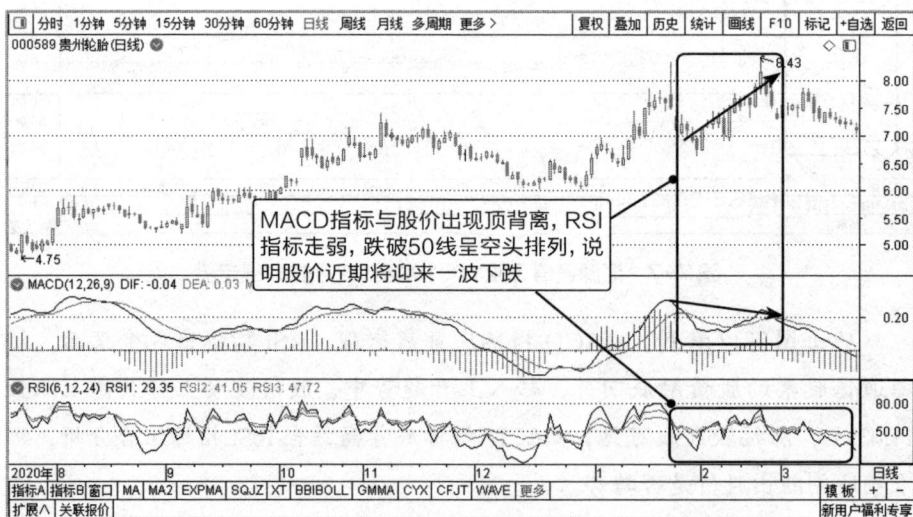

图 7-8　贵州轮胎 2020 年 7 月至 2021 年 3 月的 K 线走势

从上图可以看到，贵州轮胎处于强势上涨的上升趋势之中，股价波动上行涨幅较大。2021 年 1 月下旬，股价上涨至 8.00 元价位线附近后，止涨小幅跌落至 7.00 元价位线上，随后再次上冲至 8.00 元价位线上方，创出 8.43 元的新高，而下方的 MACD 指标却没有同步上行，反而拐头向下，走出一峰比峰低的下跌走势。因此，MACD 指标与股价形成顶背离，说明贵州轮胎这一波上升行情即将结束，转入下跌趋势之中，是卖出信号。

查看下方的 RSI 指标发现，股价高位止涨小幅下跌的过程中，RSI 指标下行穿过 50 线，运行至 50 线下方的弱势区域，股价再次上冲时 RSI 指标又随即运行到 50 线上方，随后又跟随股价下跌而下穿 50 线，且 RSI 指标呈空头排列。表明市场中的空头力量逐渐占据优势，市场转入空头市场，股价近期看跌，因此，投资者应立即离场。

图 7-9 所示为贵州轮胎 2021 年 1 月至 11 月的 K 线走势。

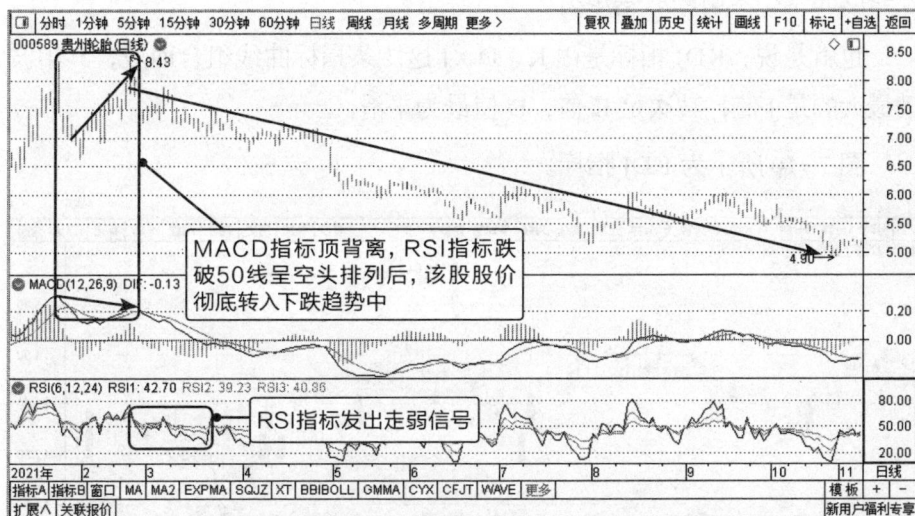

图 7-9　贵州轮胎 2021 年 1 月至 11 月的 K 线走势

从上图可以看到，MACD 指标与股价顶背离，RSI 指标走弱信号出现后，贵州轮胎股票的股价止涨回落转入下跌的弱势行情中，股价波动下跌，跌势惨重，跌幅较深，周期较长。

7.2　KDJ 指标与 RSI 指标

KDJ 指标是一种比较新颖的、实用性较强的技术指标，最先应用于期货市场，随后被广泛应用于股市投资之中。KDJ 指标在短期趋势分析中有其独特的优势，结合 RSI 指标能够帮助投资者快速找到买卖点。

7.2.1　KDJ 指标基础认识

KDJ 指标中文名称为随机指标，是根据统计学原理，通过计算一个特定的周期（常为 9 日、9 周等）内出现过的最高价、最低价及最后一个计算周期的收盘价这三者之间的比例关系，然后计算最后一个计算周期的未成熟随机值 RSV，再根据平滑移动平均线的方法计算 K 值、D 值与 J 值，并绘成曲线图来研判股票走势。

也就是说，KDJ 指标是由 K、D、J 这 3 条指标曲线组合而成，其中波动最大的是 J 值，其次是 K 值，D 值最为平滑。

图 7-10 所示为 KDJ 指标。

图 7-10　KDJ 指标

KDJ 指标具有高灵敏度，反应非常迅速，当股价运行趋势出现细微变化时，KDJ 指标总能在第一时间发出对应的交易指示，帮助投资者迅速、精准地发现行情变化，进而做出正确的投资决策。

7.2.2　KDJ 指标超买与 RSI 指标超买

在 KDJ 指标中，K 值、D 值几乎永远都处于 0～100，但 J 值可能出现在 100 以上，也可能出现在 0 以下。当 K 值、D 值在 80 以上时，为超买区，即 KDJ 超买，指场内投资者过度买入，短期内股价回调下跌的可能性较大，是卖出信号。持股投资者应考虑减仓或平仓离场，规避风险。

当 KDJ 指标发出超买信号时，RSI 指标如果同步发出超买信号，则再次确认了股价止涨回调下跌这一信号的准确性，投资者应立即离场。

实例分析

皖维高新（600063）KDJ 指标和 RSI 指标超买

图 7-11 所示为皖维高新 2020 年 12 月至 2021 年 9 月的 K 线走势。

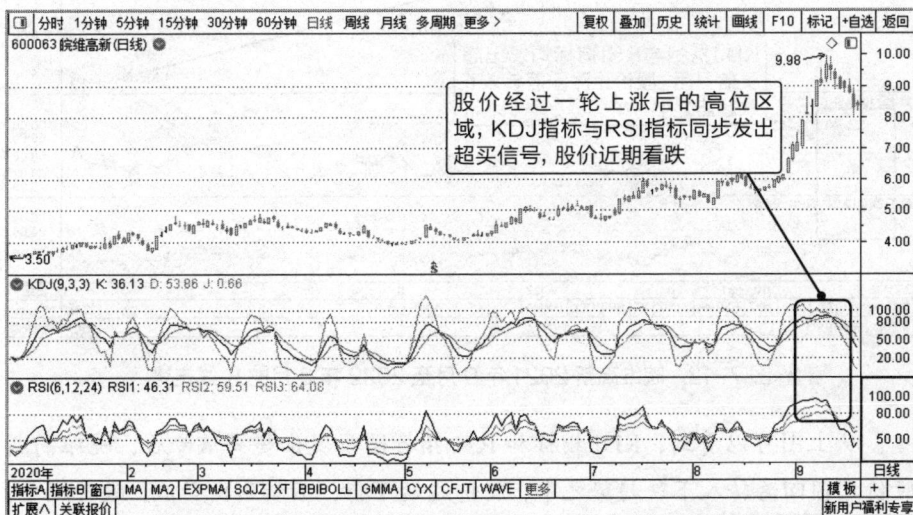

图 7-11　皖维高新 2020 年 12 月至 2021 年 9 月的 K 线走势

从上图可以看到，皖维高新处于强势上涨的上升行情之中，股价震荡上行，不断向上创出新高，与此同时，KDJ 指标的 K 线和 D 线在 20 线至 80 线内波动运行，而 RSI 指标则基本维持在 50 线至 80 线的强势区域内波动。

2021 年 9 月，股价上涨至 9.00 元价位线上方创出 9.98 元的新高后止涨，K 线连续收出多根低开低走的阴线，使得股价下跌，出现转势迹象。此时查看 KDJ 指标发现，在股价上冲至 9.98 元时，KDJ 指标中的 K 线和 D 线同步上行至 80 线上，进入超买区，发出超买信号，并且 RSI 指标也跟随股价的上涨而上行至 80 线上的超买区域，同样发出超买信号。

KDJ 指标和 RSI 指标同时发出超买信号，说明市场内的多头力量过盛，面临后续力量不足的风险，皖维高新极有可能转入下跌趋势之中，为可靠的卖出信号，投资者应立即离场。

图 7-12 所示为皖维高新 2021 年 9 月至 2022 年 3 月的 K 线走势。

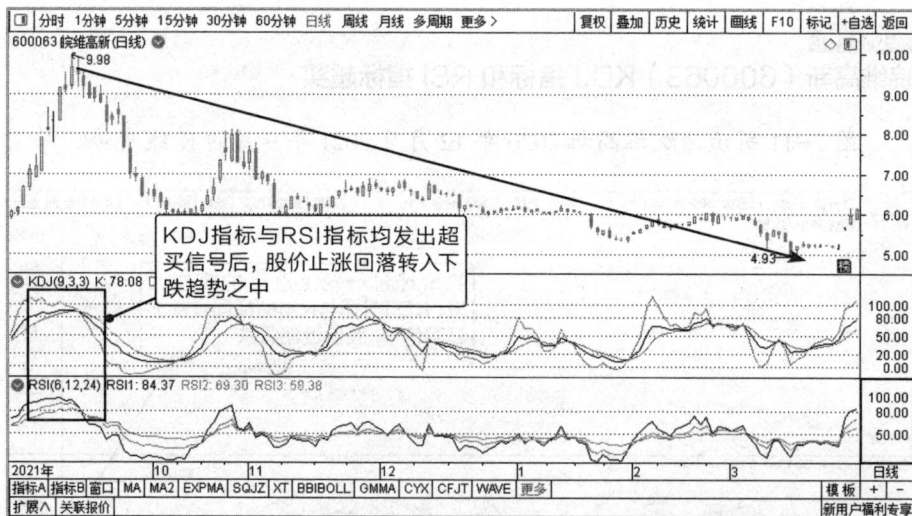

图 7-12　皖维高新 2021 年 9 月至 2022 年 3 月的 K 线走势

从上图可以看到，KDJ 指标和 RSI 指标同步发出超买信号后，皖维高新股价见顶回落转入下跌趋势之中，股价波动下行，不断创出新低，跌势沉重，跌幅较大。

7.2.3　KDJ 指标超卖与 RSI 指标超卖

KDJ 指标超卖指的是 KDJ 指标中的 K 值和 D 值运行至 20 线以下的超卖区，即 KDJ 超卖，指场内投资者基本看空该股，存在过度卖出的情况，股价短期下跌动能减弱，反弹回升的概率较大，持股投资者可以继续持股等待反弹，场外短线投资者也可以趁机介入，抢一波反弹。

当 KDJ 指标发出超卖信号时，如果 RSI 指标同步发出超卖信号，则进一步确认了市场走强的转势信号，投资者可以积极跟进。

实例分析

保利发展（600048）KDJ 指标和 RSI 指标超卖

图 7-13 所示为保利发展 2021 年 3 月至 8 月的 K 线走势。

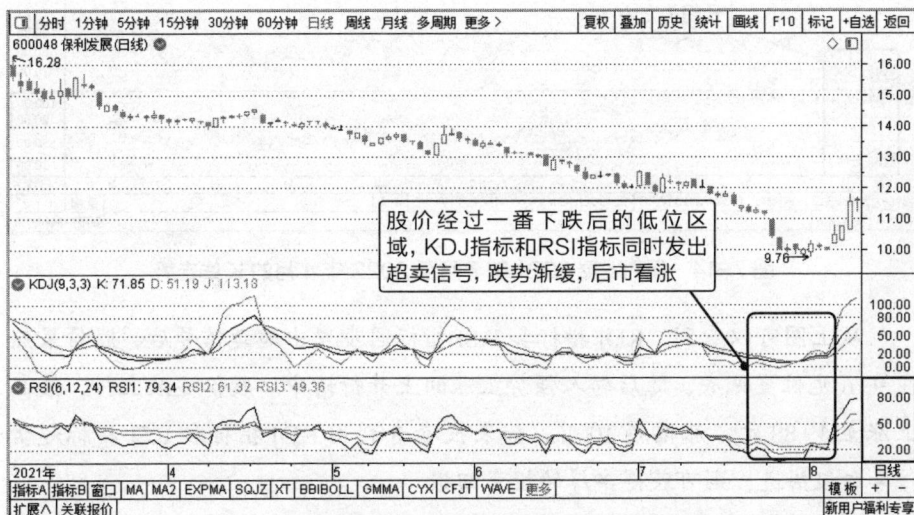

> 股价经过一番下跌后的低位区域，KDJ指标和RSI指标同时发出超卖信号，跌势渐缓，后市看涨

图 7-13　保利发展 2021 年 3 月至 8 月的 K 线走势

从上图可以看到，保利发展股票处于持续下跌的弱势行情中，股价震荡下行，跌势稳定，途中难有反弹。2021 年 8 月初，股价下跌至 10.00 元价位线创出 9.76 元的新低后止跌企稳，随后 K 线连续收阳股价回升，出现转势迹象。

此时查看 KDJ 指标发现，2021 年 7 月底，KDJ 指标跟随股价下跌而同步下行，运行至 20 线下的超卖区，发出超卖信号，并且 RSI 指标也同步下行至 20 线下的超卖区，同样发出超卖信号，说明场内做空氛围过浓，后市极有可能止跌回升，转入上升趋势之中。股价止跌企稳回升为涨势启动的信号，投资者可立即跟进，持股待涨。

图 7-14 所示为保利发展 2021 年 7 月至 2022 年 4 月的 K 线走势。

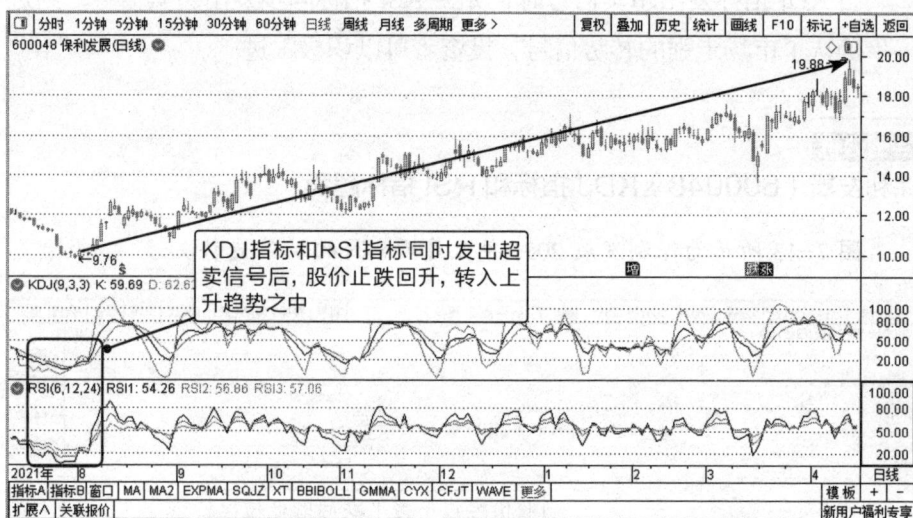

图 7-14　保利发展 2021 年 7 月至 2022 年 4 月的 K 线走势

从上图可以看到，KDJ 指标和 RSI 指标同步发出超卖信号后，股价果然在 9.76 元位置见底，随后转入强势上涨的上升行情中。股价逐浪上行，最高上涨至 19.88 元，涨幅超 100%。如果投资者利用 KDJ 指标和 RSI 指标超卖信号积极买进，则可获得丰厚的投资回报。

7.2.4　KDJ 指标金叉与 RSI 指标金叉

KDJ 金叉指 K 线自下而上与 D 线形成交叉，简单来说就是当 K 线与 D 线相交，形成有效的向上突破就是金叉，为买入信号。但是 KDJ 金叉出现的位置不同，其买入信号的强弱也不同。

当股价经过了一段较长时间的低位盘整行情，且 K、D、J 三线都处于 50 线以下时，一旦 J 线和 K 线几乎同时向上突破 D 线形成金叉，表明股市即将转强，股价跌势已经结束，将止跌朝上，为强烈的买入信号。

当股价经过一段时间的上升，进入盘整行情，并且 K、D、J 三线都处于 50 线附近徘徊时，一旦 J 线和 K 线几乎同时再次向上突破 D 线形成金叉，成交量再度放出时，表明股市处于一种强势之中，股价将再次上涨，可以加码买进股票或持股待涨。

但如果前期股价经过了较大幅度的涨幅，已经处于高位区域，此时出现 KDJ 金叉，则风险较大，需要谨慎处理。

在判断 KDJ 指标金叉信号强弱时，我们也可以结合 RSI 指标，如果 KDJ 指标发出金叉信号，RSI 指标同步发出金叉信号，则进一步说明空头力量走弱，多头力量走强，近期股价将迎来一波上涨。

实例分析
金种子酒（600199）KDJ 指标和 RSI 指标金叉共振

图 7-15 所示为金种子酒 2021 年 12 月至 2022 年 2 月的 K 线走势。

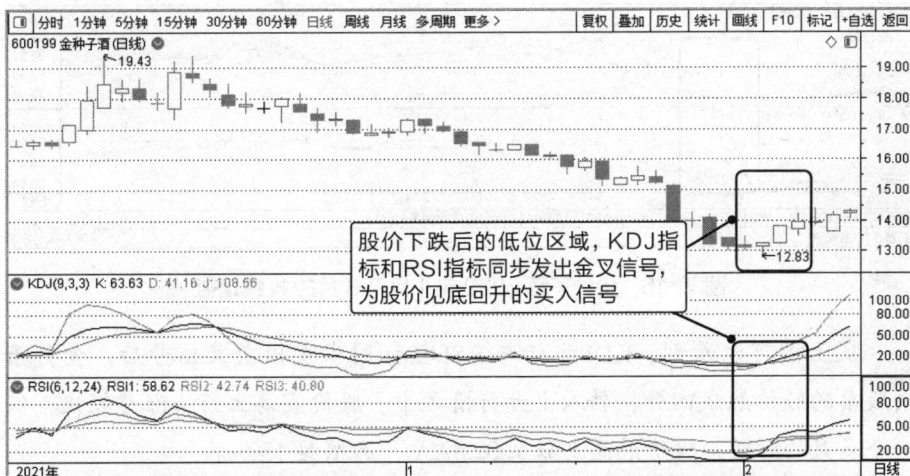

图 7-15　金种子酒 2021 年 12 月至 2022 年 2 月的 K 线走势

从上图可以看到，金种子酒处于下跌行情中，股价从相对高位处快速向下滑落，跌势急促。2022 年 2 月初，股价下行至 13.00 元价位线上，创下 12.83 元的新低后止跌，小幅回升出现转势迹象。

此时查看下方 KDJ 指标发现，KDJ 指标跟随股价下跌而运行至 20 线下的超卖区，当股价止跌回升时，K 线拐头上行，自下而上穿过 D 线，形成金叉，随后三线同步上行。RSI 指标也一样，当股价止跌回升时，短期 RSI 拐头上行，自下而上穿过中期 RSI 和长期 RSI，形成金叉。

KDJ 指标与 RSI 指标在股价经历了一波下跌行情后的相对低位区域，共同发出金叉信号，说明金种子酒的这一轮下跌行情见底，市场中多头力量逐渐聚集，后市看涨，转入上升趋势中的可能性较大，为买入信号。

图 7-16 所示为金种子酒 2022 年 1 月至 3 月的 K 线走势。

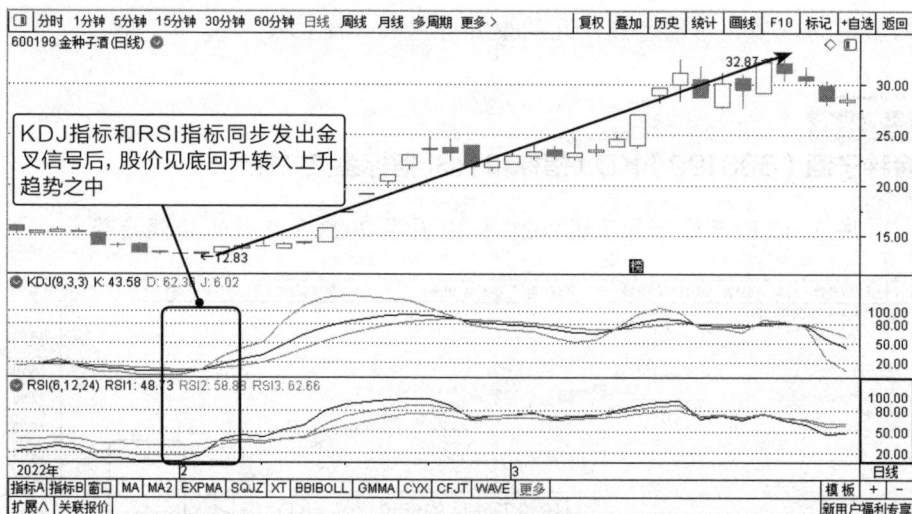

图 7-16　金种子酒 2022 年 1 月至 3 月的 K 线走势

从上图可以看到，KDJ 指标与 RSI 指标同步发出金叉信号后，金种子酒股票的股价触底回升，转入上升行情之中。股价震荡上行，涨势较快，仅一个多月的时间，股价最高上涨至 32.87 元，涨幅超 150%。

7.2.5　KDJ 指标死叉与 RSI 指标死叉

KDJ 指标死叉指 K 线自上而下穿过 D 线形成的交叉。KDJ 死叉是市场由强转弱的信号，说明后市股价将出现大跌，投资者应该及时卖出持股。

根据 KDJ 死叉出现的位置不同，又可以分为高位死叉（80 线附近）和中位死叉（50 线附近），两者都发出了卖出信号，但高位死叉的信号更强，投资者一旦发现该信号，应及时卖出持股。

当 KDJ 指标发出死叉信号时，我们可以结合 RSI 指标进行综合分析，如果 RSI 指标同步发出死叉信号，则说明市场转弱信号准确性较强，投资者应尽快离场。

实例分析

云天化（600096）KDJ 指标和 RSI 指标死叉共振

图 7-17 所示为云天化 2021 年 4 月至 9 月的 K 线走势。

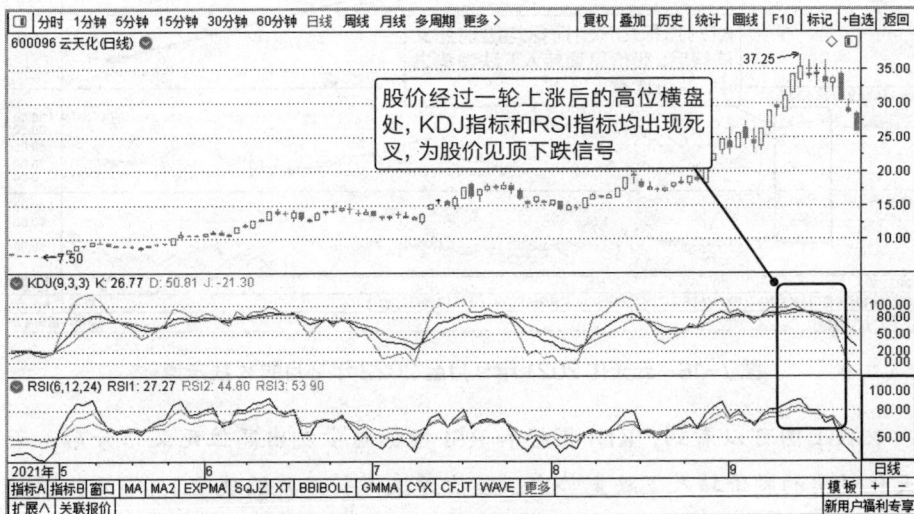

图 7-17　云天化 2021 年 4 月至 9 月的 K 线走势

从上图可以看到，云天化股票处于波动上涨的强势行情中，重心不断上移，走势稳定。2021 年 9 月，股价上涨至 35.00 元价位线上方，创下 37.25 元的新高后止涨横盘，出现见顶迹象。

此时查看 KDJ 指标发现，股价向上拉升的过程中，KDJ 同步上行至 80 线上的超买区，随后股价止涨横盘，KDJ 指标中的 K 线拐头下行，并自上而下穿过 D 线形成死叉。与此同时查看 RSI 指标发现，当股价高位横盘时，短期 RSI 拐头下行，自上而下依次穿过中期 RSI 和长期 RSI，形成死叉。

KDJ 指标和 RSI 指标共同发出死叉信号，说明云天化股票的这一波上涨行情减弱，股价见顶，多头力量衰竭，后市即将转入下跌趋势之中，为卖出信号，场内持股投资者应立即抛售持股。

图 7-18 所示为云天化 2021 年 9 月至 2022 年 2 月的 K 线走势。

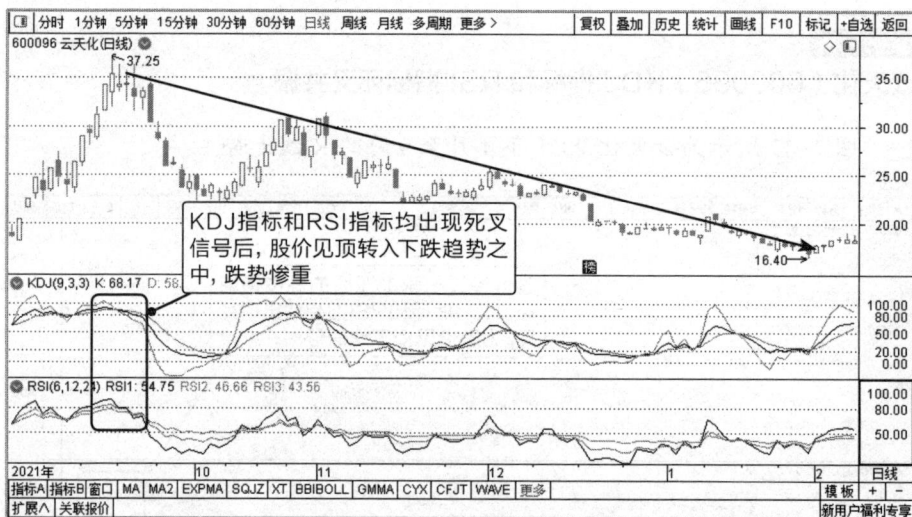

图 7-18　云天化 2021 年 9 月至 2022 年 2 月的 K 线走势

从上图可以看到，KDJ 指标和 RSI 指标同步发出高位死叉信号后，云天化股票的股价转入下跌走势中，股价逐浪下行，最低跌至 16.40 元，跌势沉重，跌幅较大。

7.3　BOLL 指标与 RSI 指标

BOLL 指标也是股市投资中经常会运用到的一种技术指标，BOLL 指标反映股价在 BOLL 通道内的波动情况，投资者可据此判断后市股价的走势情况。

7.3.1　认识 BOLL 指标

BOLL 指标中文名称为布林线，是约翰·布林先生利用统计学原理，求出股价的标准差及其信赖区间，进而确定股价的波动范围，利用波带显示股价的安全高低价位的指标。股价基本上维持在波带形成的股价通道范围内波动运行，并且通道的宽窄变化会随着股价波动幅度的大小变化而产生变化。

图 7-19 所示为 BOLL 指标。

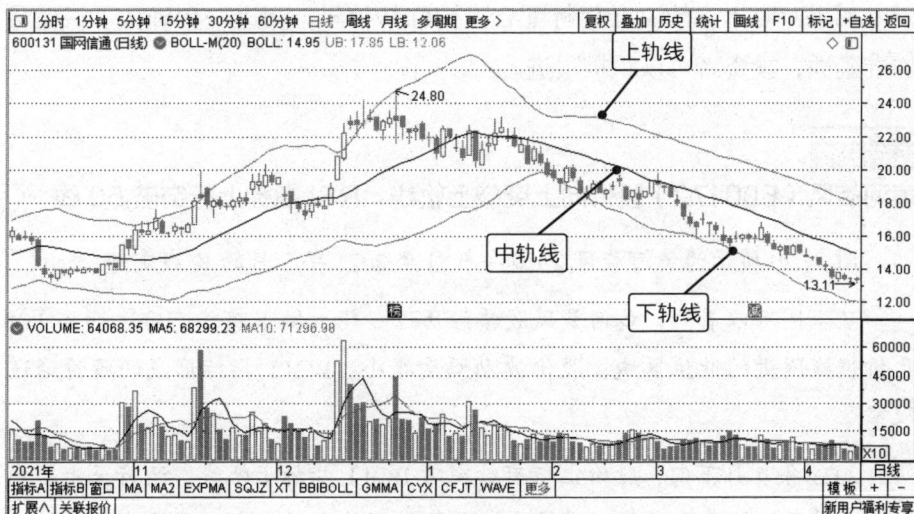

图 7-19　BOLL 指标

从上图可以看到，BOLL 指标由 3 条曲线，即上轨线、中轨线、下轨线组成。其中，上轨线是上轨数值的连线，通常用黄色线表示；中轨线是中轨数值的连线，常用白色线表示；下轨线是下轨数值的连线，常用紫色线表示。股价红绿色阴阳线在布林线通道内运行。

上轨线为股价的压力线，对股价具有阻力作用；下轨线为股价的支撑线，对股价具有支撑作用；中轨线是股价通道的基准线，可以反映股价的运行方向。在利用 BOLL 指标做市场分析时，往往利用股价与 3 条轨道线的变化情况来做分析。

在实际的分析中，也可以结合 RSI 指标进行组合分析，提升信号判断的准确性。

7.3.2　股价向上突破上轨线继续上行，RSI 表现强势

在股价经历过一轮下跌行情后的低位底部区域，股价通常在 BOLL 指标形成的股价通道内窄幅波动运行，当股价向上突破上轨线后继续向上，则说明市场中做多力量聚集，市场由弱转强，上涨意愿强烈，股价短期看涨。

如果此时下方的 RSI 指标配合发出强势信号，则进一步确认了该信号的准确性，投资者可以积极跟进。

实例分析

黄河旋风（600172）股价向上突破上轨线，RSI 指标上行突破 50 线

图 7-20 所示为黄河旋风 2020 年 3 月至 2021 年 5 月的 K 线走势。

从下图可以看到，黄河旋风股票经历过一轮大幅下跌行情后运行至 3.00 元价位线附近的低位区域，股价波动幅度减小，BOLL 指标形成的股价通道较窄。

2021 年 4 月下旬，股价上行有效突破 BOLL 指标上轨线，运行至上轨线上方，随后继续向上运行。随后 BOLL 指标股价通道变宽，上轨线和中轨线向上，下轨线向下，表明市场中的多头聚集，做多意愿强烈，股价处于强势拉升的走势中，后市看涨。

与此同时，查看下方 RSI 指标发现，在股价上行突破上轨线的过程中，

原本下行的 RSI 指标拐头上行，并向上突破 50 线，运行至 50 线上的强势区域，说明市场中的多头占据绝对优势，涨势猛烈，股价短期看涨。

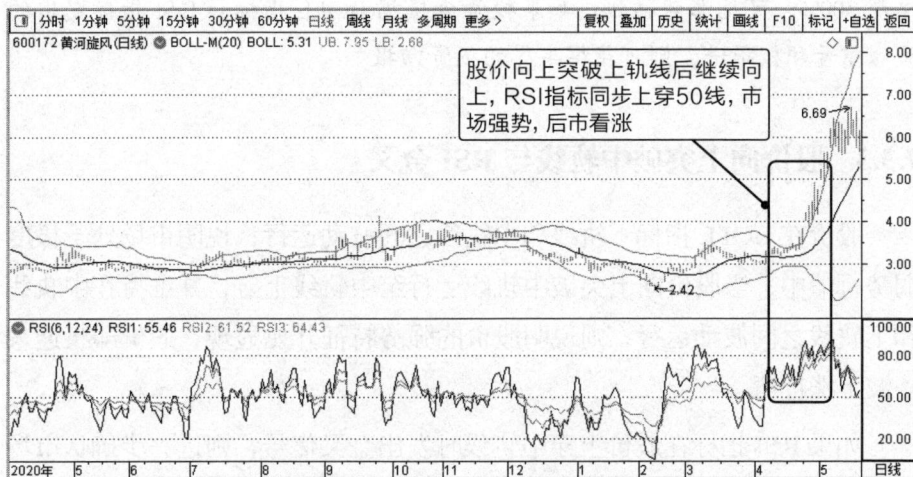

图 7-20　黄河旋风 2020 年 3 月至 2021 年 5 月的 K 线走势

综合 BOLL 指标和 RSI 指标信号，可以判断黄河旋风股价转入上升行情的可能性较大，投资者应积极买进。

图 7-21 所示为黄河旋风 2021 年 3 月至 12 月的 K 线走势。

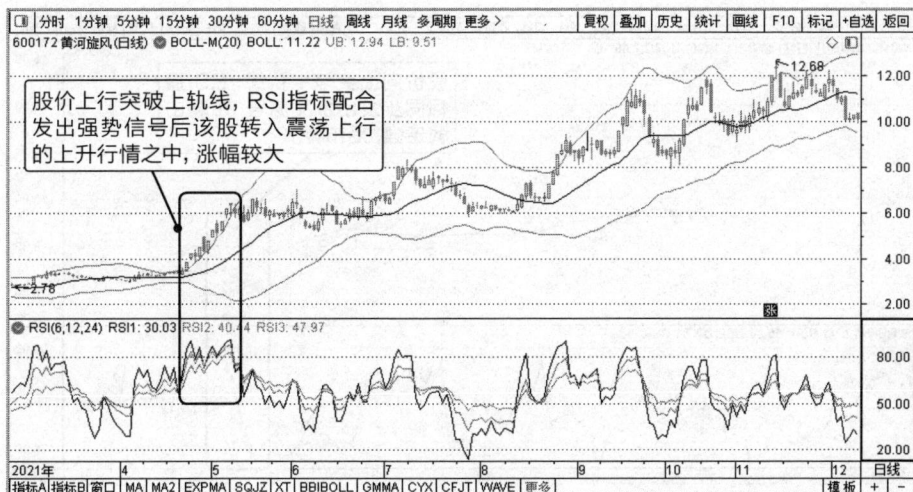

图 7-21　黄河旋风 2021 年 3 月至 12 月的 K 线走势

从上图可以看到，股价上行突破上轨线，RSI 指标配合发出强势信号后，黄河旋风股价转入震荡上行的上升行情之中，股价最高上涨至 12.68 元，涨幅超 300%，可见涨势猛烈。如果投资者根据 BOLL 指标和 RSI 指标发出的买入信号积极跟进，则可获得丰厚的投资回报。

7.3.3　股价向上突破中轨线与 RSI 金叉

股价在 BOLL 指标下轨线和中轨线之间波动运行，说明市场处于极度弱势行情中，当股价向上突破中轨线运行至中轨线上方，并维持在中轨线和上轨线之间波动运行，则说明股价的强势特征开始显现，股价即将迎来一波上涨行情。

如果 RSI 指标在股价上穿中轨线时发出金叉信号，则进一步确认市场走强信号的准确性，股价短期上涨可能性较大，投资者应积极买进。

实例分析
丰原药业（000153）股价向上突破中轨线，RSI 指标金叉

图 7-22 所示为丰原药业 2020 年 8 月至 2021 年 4 月的 K 线走势。

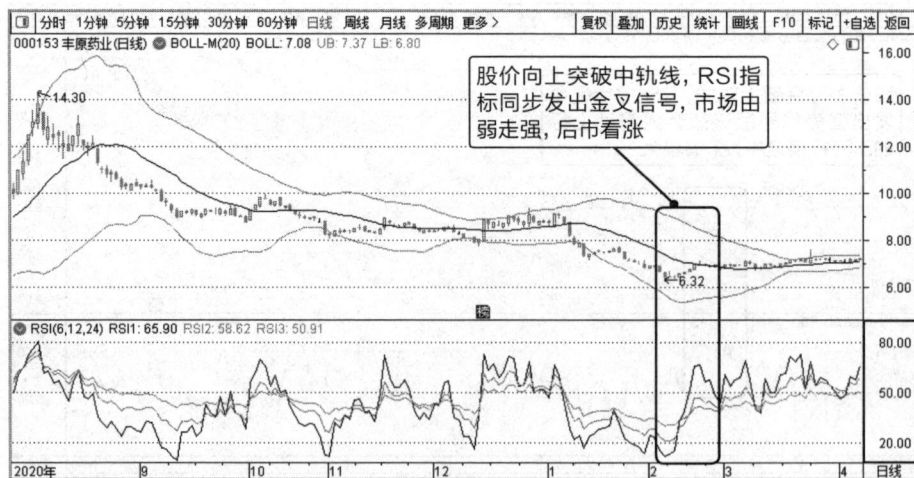

图 7-22　丰原药业 2020 年 8 月至 2021 年 4 月的 K 线走势

从上图可以看到，丰原药业处于持续下跌的弱势行情之中，股价基本维持在中轨线和下轨线之间的通道内波动下行。2021 年 2 月初，股价创出 6.32元的新低后止跌，K 线连续收出上涨阳线，股价向上运行突破中轨线，运行至中轨线上方，说明市场由弱走强。

查看 RSI 指标发现，股价低位区域止跌回升过程中，短期 RSI 拐头向上突破中期 RSI 和长期 RSI 形成金叉，随后继续上行运行至 50 线上的强势区域中。表明股票由原本的空头市场转为多头市场，股价短期看涨，为买入信号。

图 7-23 所示为丰原药业 2021 年 1 月至 9 月的 K 线走势。

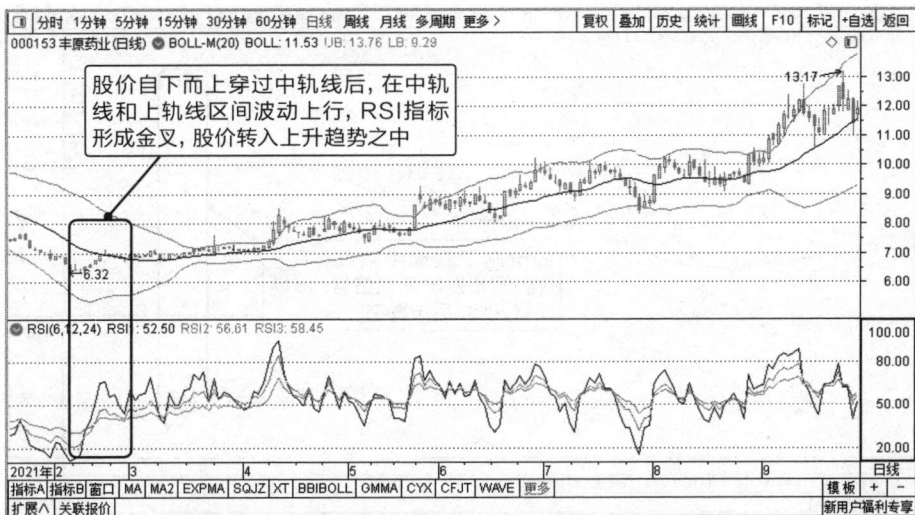

图 7-23　丰原药业 2021 年 1 月至 9 月的 K 线走势

从上图可以看到，股价自下而上穿过中轨线后，在中轨线和上轨线区间波动上行，RSI 指标同步发出金叉信号，股价转入上升趋势之中，最高上涨至 13.17 元，涨幅超 100%，可见股价涨幅巨大，投资者获利不菲。

7.3.4　股价向下跌破中轨线与 RSI 死叉

股价处于上升趋势之中，在上轨线和中轨线之间波动运行，当股价运行至一定高位后止涨回落，向下跌破中轨线，说明该股的这一轮上涨行情已经结束，股价的中期下跌趋势已经形成，后市极有可能转入下跌行情之中，场内的持股投资者应该及时卖出股票，了结出局。

如果此时 RSI 指标也发出死叉信号，则进一步确认了市场转弱、股价上涨行情结束这一信号的准确性，投资者应及时离场。

实例分析

中联重科（000157）股价向下跌破中轨线，RSI 指标死叉

图 7-24 所示为中联重科 2020 年 10 月至 2021 年 3 月的 K 线走势。

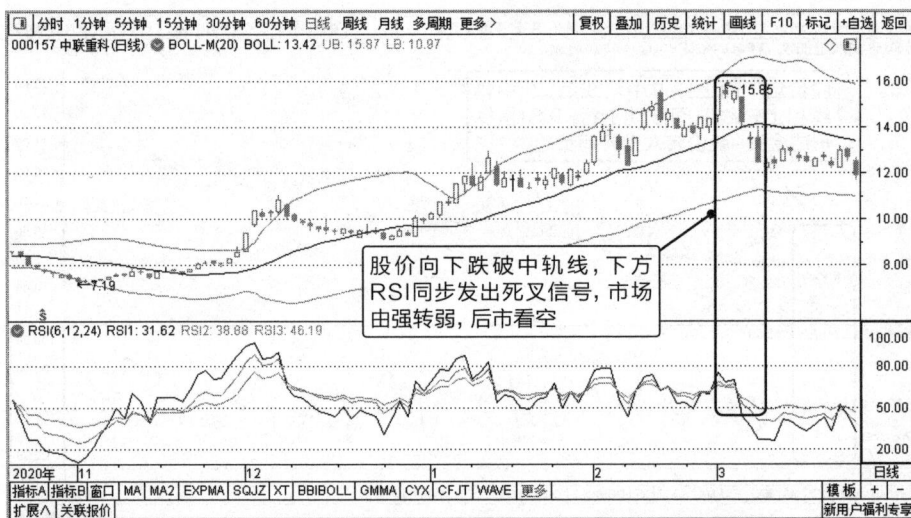

图 7-24　中联重科 2020 年 10 月至 2021 年 3 月的 K 线走势

从上图可以看到，中联重科股票处于强势上升行情之中，股价震荡上行，不断向上抬高股价。2021 年 3 月初，股价创出 15.85 元的新高后止涨回落，股价下行，自上而下跌破中轨线，运行至中轨线下方，说明市场中的强势行情发生转变，逐渐走弱，空头力量逐渐增强，后市极有可能迎来一波下跌行情。

此时查看 RSI 指标发现，股价止涨回落跌破中轨线时，短期 RSI 拐头下行，下穿中期 RSI 和长期 RSI 形成死叉，说明市场由强转弱，股价近期看

跌。结合 BOLL 指标和 RSI 指标信号，判断股价见顶回落转入下跌趋势的可能性较大，投资者应尽快离场。

图 7-25 所示为中联重科 2021 年 2 月至 11 月的 K 线走势。

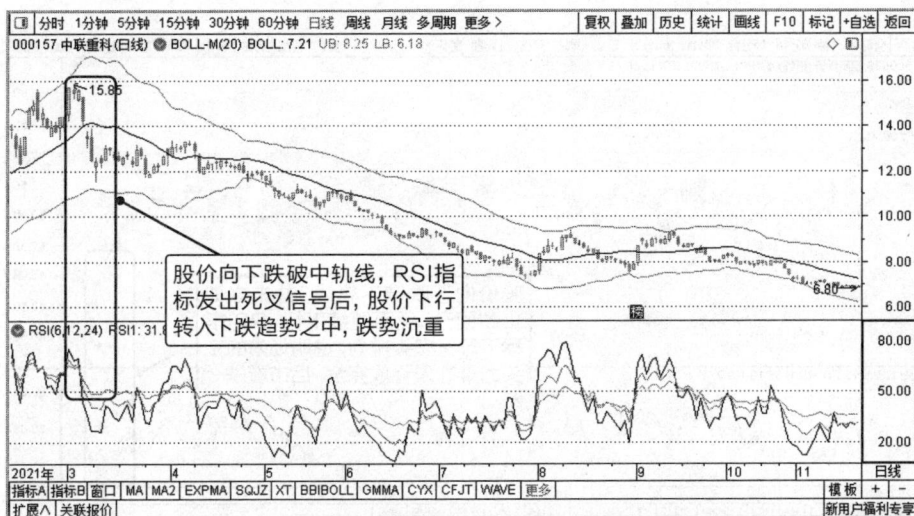

图 7-25　中联重科 2021 年 2 月至 11 月的 K 线走势

从上图可以看到，股价下行跌破中轨线后便维持在中轨线和下轨线之间的区域内波动下行，期间短暂反弹回升突破中轨线，也很快回到中轨线下方，下方 RSI 指标发出死叉信号，该股转入下跌趋势之中，股价波动下行，跌势沉重，跌幅较大。

7.3.5　股价向下跌破下轨线与 RSI 空头排列

股票处于下跌趋势之中，股价经过一番下跌之后，跌势减缓，出现止跌迹象。突然，股价急速下跌，并向下跌破下轨线，通常跌破下轨线后快速止跌反弹回升至布林线通道内。但如果股价跌破下轨线后没有止跌回升，反而继续下行，则说明场内空头力量并未释放完全，后市股价可能还会继续下跌，且布林线通道可能开启新一轮下跌通道。因此，投资者面对这样的走势不能盲目抄底入场，应在场外持币观望，待行情稳定再做决定。如果此时 RSI 指标呈现空头排列则进一步确认信号的准确性。

实例分析

招商银行（600036）股价向下跌破下轨线，RSI 指标空头排列

图 7-26 所示为招商银行 2021 年 6 月至 2022 年 3 月的 K 线走势。

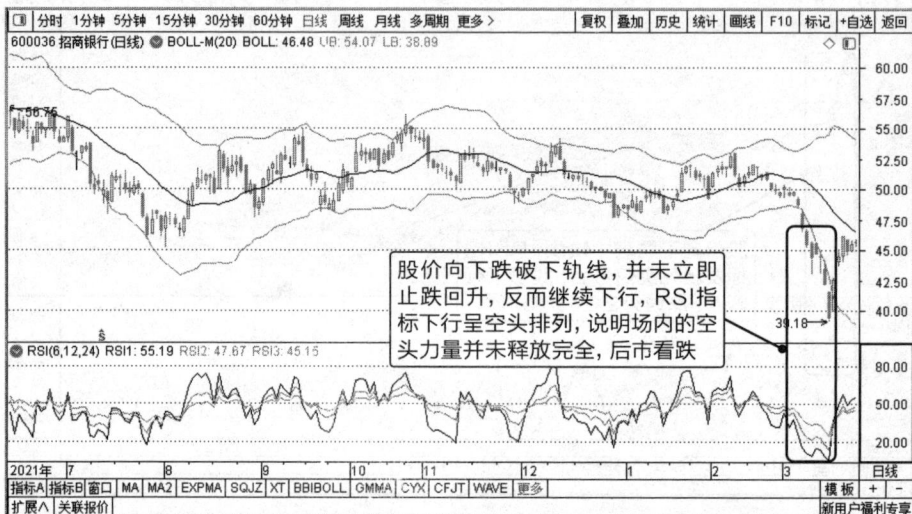

图 7-26　招商银行 2021 年 6 月至 2022 年 3 月的 K 线走势

从上图可以看到，招商银行股票处于震荡下行的行情之中，股价从相对高位处向下震荡运行，当股价跌至 47.50 元价位线上后跌势减缓，随后在47.50 元至 55.00 元价格区间横盘窄幅波动。

2022 年 2 月下旬，股价一改之前横盘波动的平稳走势，K 线连续收阴，股价快速下行，使得股价自上而下跌破中轨线和下轨线，运行至下轨线下方，并继续向下。此时 BOLL 指标上轨线、中轨线和下轨线均拐头下行，说明场内的空头力量并未释放完全，后市可能继续下行。

查看下方 RSI 指标发现，RSI 指标在股价下行跌破下轨线时，同步拐头向下，跌破 50 线运行至 50 线下方的弱势区域中，呈空头排列，说明市场仍然处于弱势行情中，空头在市场中占据绝对优势，后市看空。

结合 BOLL 指标和 RSI 指标可以判断，招商银行后市股价继续表现下行的可能性较大，投资者不要盲目抄底，应以场外观望为主。

图 7-27 所示为招商银行 2021 年 12 月至 2022 年 7 月的 K 线走势。

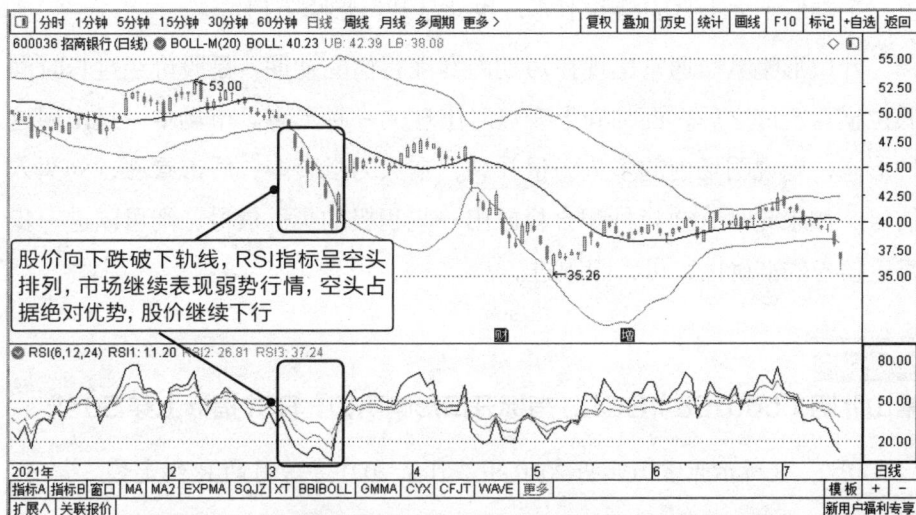

图 7-27　招商银行 2021 年 12 月至 2022 年 7 月的 K 线走势

从图中可以看到，当股价进一步下行跌破下轨线后，市场继续表现弱势行情，空头占据绝对优势，股价继续下行，最低跌至 35.36 元。如果投资者过早盲目抄底，将遭受较大的经济损失。

7.3.6　BOLL 指标喇叭口与 RSI 指标

BOLL 指标上、中、下轨线在跟随股价波动的过程中会形成一些特殊形态，主要包括开口形喇叭口、缩口形喇叭口和紧口形喇叭口，它们是研判股价走势的重要分析形态。

（1）开口形喇叭口

开口形喇叭口指的是当股价经过长时间的整理后，BOLL 指标通道变窄，上轨线和下轨线逐渐收缩，上下轨线之间的距离也越来越近。然后股价突然向上出现急涨，此时布林线的上轨线也同时向上急速上扬，但是下轨线却在向下加速运行，如此一来，布林线指标的上轨线和下轨线就形成了一个类似于大喇叭的特殊形态，也就是开口形喇叭口。

开口形喇叭口通常出现在短期内暴涨行情的初期，是股价经过长时间低位横盘筑底之后，面临向上变盘时出现的一种形态。市场中一旦出现这种形态，则说明场内的多头力量强劲，空头力量衰竭，后市看涨，为买入信号。如果此时 RSI 指标配合释放出一些积极的买进信号，则可以进一步肯定信号的准确性，可大胆跟进。

实例分析

常山北明（000158）BOLL 指标开口形喇叭口，RSI 指标上穿 50 线

图 7-28 所示为常山北明 2020 年 7 月至 2021 年 5 月的 K 线走势。

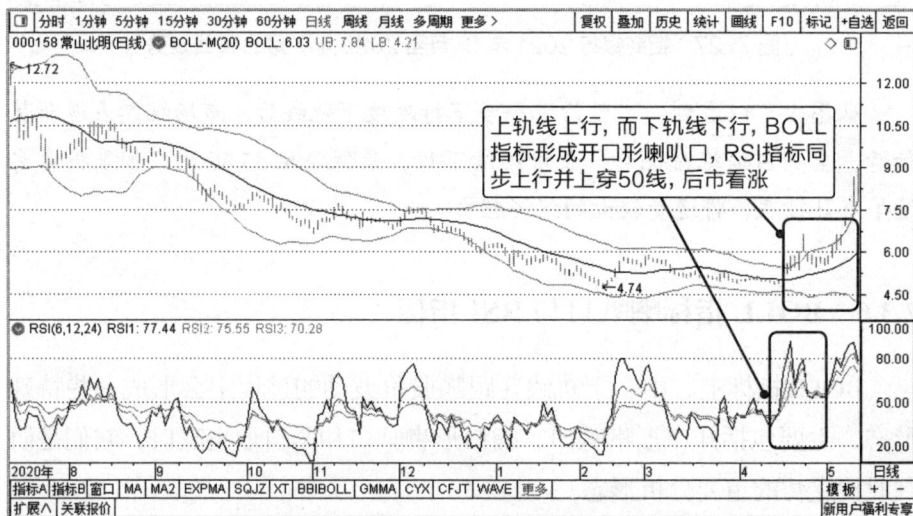

图 7-28　常山北明 2020 年 7 月至 2021 年 5 月的 K 线走势

从上图可以看到，常山北明处于震荡下行的趋势之中，股价从 12.00 元价位线上方向下波动，跌幅较大。2021 年 2 月上旬，股价跌至 5.00 元价位线附近，创下 4.74 元的新低后止跌，并在 5.00 元价位线上横盘整理波动运行。BOLL 指标通道变窄，上下轨线之间的距离逐渐靠近，股价波动幅度减弱。

2021 年 4 月中旬，股价小幅向上并上穿中轨线运行至中轨线上方。此时查看 BOLL 指标发现，上轨线随着股价上涨而上行，而下轨线却拐头下行，形成了典型的开口形喇叭口形态。开口形喇叭口形态的出现表明该股短期内可能迎来一波大幅上涨行情。

与此同时查看 RSI 指标发现，在股价上行的过程中，RSI 指标同步上行并上穿 50 线，运行至 50 线上方的强势区域，说明市场由弱转强，多头占据优势，市场近期看涨。

综合 BOLL 指标开口形喇叭口信号与 RSI 指标强势信号，可以判断该股空头转弱、多头转强、近期上涨这一信号的准确性，后市该股极有可能迎来一波上涨行情。

图 7-29 所示为常山北明 2021 年 4 月至 7 月的 K 线走势。

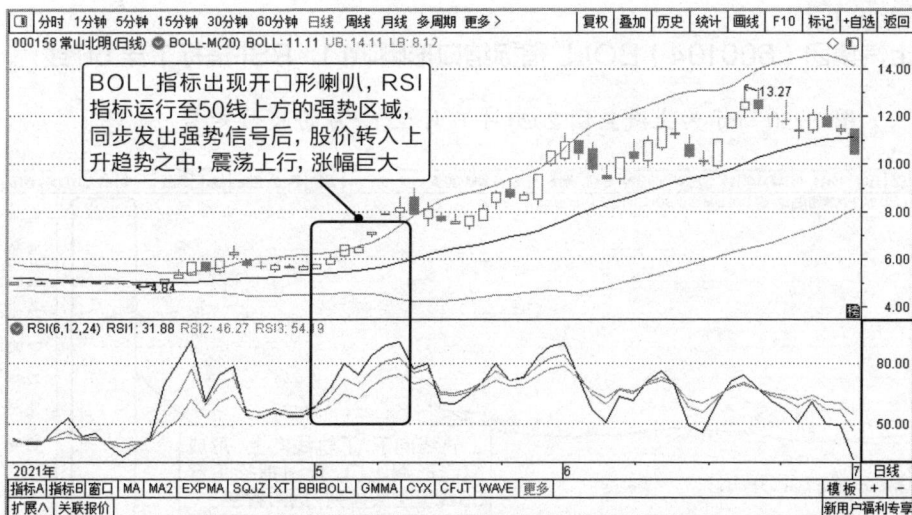

图 7-29　常山北明 2021 年 4 月至 7 月的 K 线走势

从图中可以看到，BOLL 指标出现开口形喇叭口，RSI 指标同步发出买进信号后，常山北明转入上升趋势之中，股价在 BOLL 指标上轨线和中轨线区间波动上行，仅两个月左右的时间，股价最高上涨至 13.27 元，涨幅超170%。

（2）缩口形喇叭口

缩口形喇叭口指的是股价经过一段时期的大幅拉升后，布林线的上轨线和下轨线逐渐扩张，上轨线和下轨线之间的距离也越来越远。当股价运行至高位区域，上涨减缓，下方成交量逐渐减少，股价出现急速下跌行情，此时布林线的上轨线开始拐头向下急跌，而下轨线却还在加速上升，由此布林线的上下轨线之间形成一个反向的喇叭口。

缩口形喇叭口一般出现在股价经过一波上涨后的高位区域，说明股价将进入下跌趋势，一旦股价下行有效跌破中轨线，则意味着股价下跌行情启动。同样地，我们也需要利用 RSI 指标来做组合判断，如果 RSI 指标同步发出转势信号，则投资者应立即离场，避免被套。

实例分析
上汽集团（600104）BOLL 指标缩口形喇叭口，RSI 指标下穿 50 线

图 7-30 所示为上汽集团 2020 年 6 月至 12 月的 K 线走势。

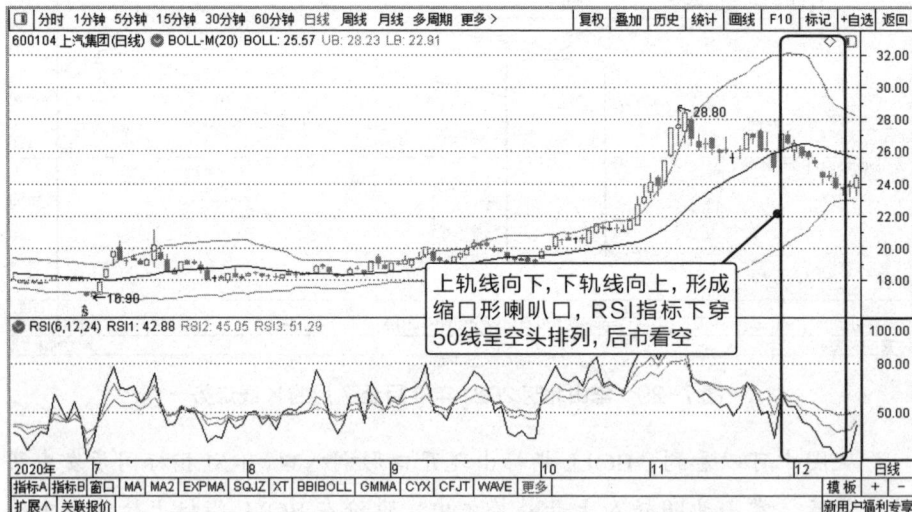

图 7-30　上汽集团 2020 年 6 月至 12 月的 K 线走势

　　从上图可以看到，上汽集团处于上升趋势之中，股价震荡上行不断创出新高。2021 年 11 月上旬，股价上涨至 28.00 元价位线附近，创下 28.80 元的新高后止涨，并在 26.00 元价位线上横盘运行。12 月初，股价下行，有效跌破中轨线，运行至中轨线下方。

　　此时查看布林线指标发现，上轨线拐头向下加速下行，而下轨线则继续加速上行，形成了缩口形喇叭口形态，表明股价的这一波上涨已经结束，后市极有可能转入下跌趋势之中，该股短期内即将迎来一波下跌行情。

　　为验证转势信号的准确性，再查看 RSI 指标发现，股价下行跌破中轨线时，RSI 指标同步下行跌破 50 线，运行至 50 线下的弱势区域内，并呈空头排列，说明市场空头力量占据优势，后市看空。因此，场内的持股投资者应锁定前期收益，尽快离场。

　　图 7-31 所示为上汽集团 2020 年 12 月至 2021 年 6 月的 K 线走势。

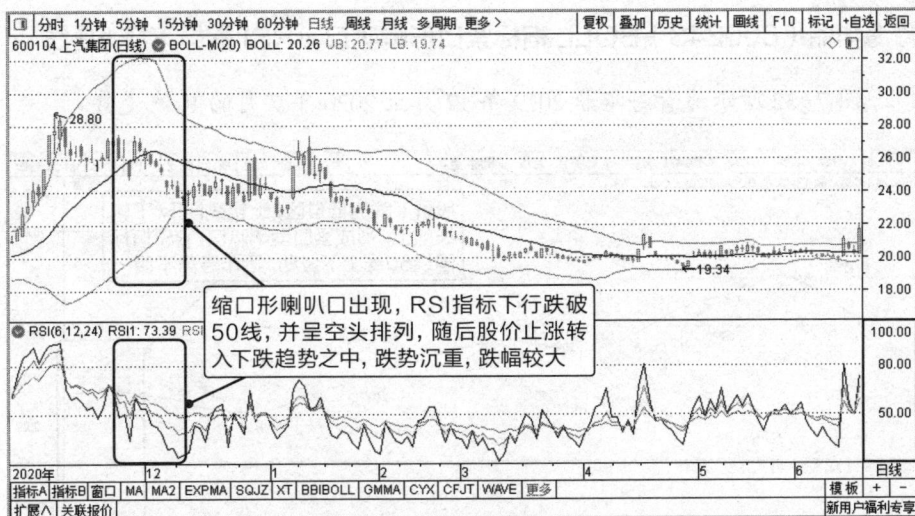

图 7-31　上汽集团 2020 年 12 月至 2021 年 6 月的 K 线走势

　　从上图可以看到，BOLL 指标上下轨线形成缩口形喇叭口，RSI 指标同步发出转势信号后，股价止涨转入下跌趋势之中，股价从 28.00 元价位线上的高位处向下跌落，最低跌至 19.34 元，跌幅较大，跌势沉重。

（3）紧口形喇叭

紧口形喇叭口是 BOLL 指标最后一种喇叭口形态，它通常出现在构筑底部阶段，股价经过长时间的下跌行情之后，布林线指标的上轨线和下轨线逐渐向中轨线靠拢，上、下轨线之间的距离越来越近，下方成交量也越来越小，股价在低位反复震荡波动。此时，布林线的上轨线还在向下运行，而下轨线却开始向上缓慢上升，上、下轨线之间的形态类似于倒置的小喇叭，我们将其称为紧口形喇叭口。

紧口形喇叭口的出现，通常预示着多空双方的力量逐渐达到平衡，股价将长期小幅盘整筑底，处于横盘整理的行情中。对于紧口形喇叭口形态，投资者通常以场外观望等待为主，等待行情到来。如果此时 RSI 指标围绕 50 线上下波动，则进一步说明未来行情走势不明。

实例分析

青海华鼎（600243）BOLL 指标紧口形喇叭口，RSI 指标下穿 50 线

图 7-32 所示为青海华鼎 2019 年 12 月至 2020 年 7 月的 K 线走势。

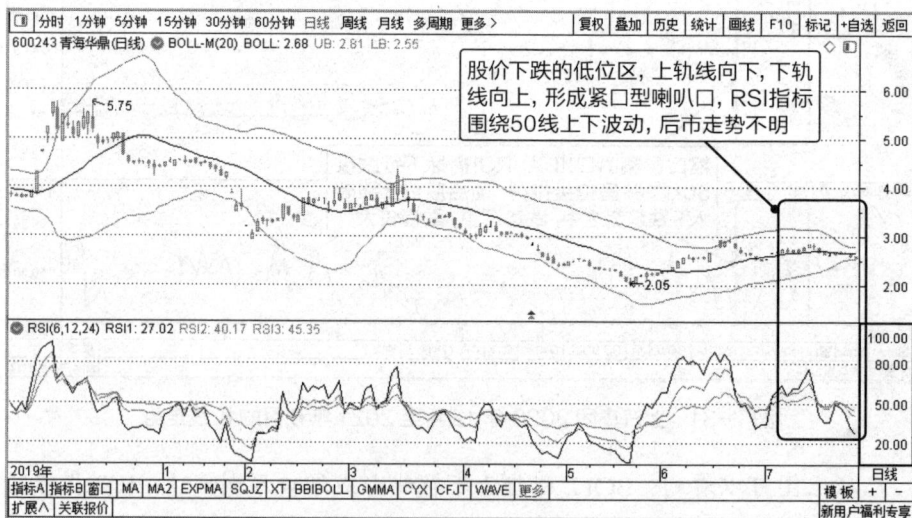

图 7-32　青海华鼎 2019 年 12 月至 2020 年 7 月的 K 线走势

从上图可以看到，青海华鼎处于下跌趋势之中，股价经过一轮下跌行情

之后，运行至 2.00 元附近的低位区域，在创出 2.05 元的新低后小幅回升，并在 2.50 元至 3.00 元区间横盘运行。

此时查看布林线指标发现，布林线上轨线向下，下轨线向上，纷纷向中轨线靠拢，上下轨之间的距离越来越近，形成紧口形喇叭口形态。说明经过一轮下跌之后，场内的空头动能释放完全，多头和空头达成新的平衡，没有明显的优势之分，后市可能迎来一波长时间横盘的沉闷走势。

此时我们查看 RSI 指标，发现 RSI 指标没有出现明显的强弱势信号，而是围绕 50 中心线上下波动，则再一次确认了多空平衡的状态。因此，此时场外的投资者不应盲目抄底，应安心在场外观察，等市场出现明显的上涨信号后再入市，避免被套。

图 7-33 所示为青海华鼎 2020 年 3 月至 2021 年 4 月的 K 线走势。

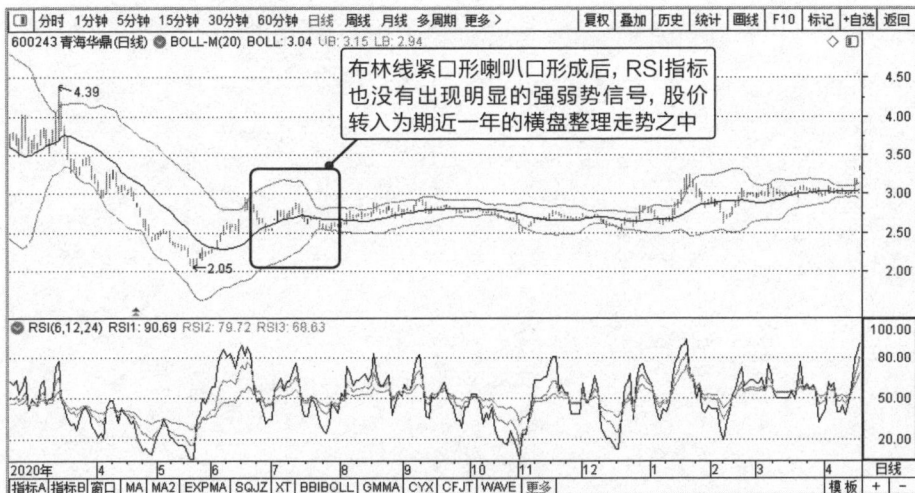

图 7-33　青海华鼎为 2020 年 3 月至 2021 年 4 月的 K 线走势

从上图可以看到，布林线紧口形喇叭口形成后，RSI 指标也没有出现明显的强弱势信号，青海华鼎转入为期近一年的横盘整理走势之中，股价长期在 2.50 元至 3.00 元区间横盘窄幅波动，布林线上轨线、中轨线和下轨线大致上呈水平运行。如果投资者前期贸然抄底，将被套其中，难以脱身。